中國思想與宗教的奔流

宋朝

中国思想と宗教の奔流　宋朝

小島毅—著
游韻馨—譯

第二章 朝廷運作……75

第三章 動亂的世紀……109

第七章 技術革新……233

第八章　文化新潮流……267

第九章 庶民生活……303

第十章　中華民族的驕傲……333

導讀　不要再誤解宋朝了

史學方法→重建歷史→產生史觀

中央研究院歷史語言研究所研究員　柳立言

本導讀主要是針對書中的四大主題作出修訂和補充：政治和制度（第一至四章、第十章）、宗教（第五章）、士大夫（第六章）和庶民（第九章）。主要目的有三個：第一，提出更多和更新的問題，如宗教裡的巫覡、庶民中的婦女，和科舉所產生的中產階級政權。第二，介紹一些研究方法，希望讀者在眼到、心到和口到之餘，也能手到。第三，比對宋代與今日的議題，看看古今的差距是否如我們想像的大。

許多人動輒就說，要用新的史觀詮釋歷史。就邏輯而言，應先重建歷史，然後才產生觀點或理論，如倒過來做，就容易先入為主。根據歷史唯物史觀，人類社會經歷原始、奴隸、封建、資本主義、社會主義，最後到達共產主義，這就不大符合中國歷史的發展，不宜硬套。同理，英美模式的民主能否作為所有國家的歸宿，也一樣說不得準。「歷史」與「歷史研究」不盡相同，前者絕對有真相，後者不一定能找出真相，就好像司法人員不一定能找出殺人凶手，有時還會冤枉好人，所以一定要講究研究的態度、方向和方法。

歷史研究是優是劣，關鍵不在舊或新，而在議題重不重要、論點合不合理。所謂重要，對象是古人而非今人。今人認為重要的議題，古人可能無感。史學家最害怕的，是拿著〈從男女平權看宋代的性別關係〉或〈轉型正義為何沒有在宋代出現〉等論文，通過時光隧道回到宋代，發現沒有人認為有意義，沒有人認為跟他們相關。研究歷史必須設身處地，透過古人的眼睛去看、用古人的思維去想。

所謂合理，是指切合史學三論：論據＋推論＝論點。論據是以史料作為證據，如文言文不好，就無法正確解讀，也抓不出關鍵字句，更可怕的是誤中副車，把跑龍套當作主角，用為主要證據大加發揮也大放厥詞。推論有兩項工作，一是把證據分門別類和排好優先次序，二是對著它們進行邏輯思考。時常聽到的批評是「飛躍的邏輯」，從大小前提得不出作者的論點。就此來說，研究歷史與法律異曲同工，都是搜集證據，進行邏輯分析，希望找出真相和作出公平公正的判決。我一直不明白，歷史系和法律系的入學分數為何相差甚遠，難道邏輯不好的人能唸好歷史嗎？

談宋代而上溯至安史之亂，是否合理？這涉及京都學派的史觀——唐宋變革論。記者出身的內藤湖南及其學院弟子宮崎市定發現，歷史一面延續一面變化，唐宋之間發生一些巨大的變化，足以淹沒那些延續，把唐宋切為兩段。巨變的源頭就是安史之亂，亂前的中國屬於中世，亂後屬於近世（見文末附表）。巨變如革命般的強烈，故稱變革；讀者切勿輕重不分，把強弱懸殊的大、中、小變統統稱作變革。歷史事件的前因和後果往往不只一個，稱之為「多元」是對的，但多元之中，是否有優先次序？一項水利工程也許同時有利於祖國和殖民地，但何者較為優先？優先（不均平）又到了何等程度？這不是誰說了算，應該找出合適的切入點，進行歷史研究而非政治解讀。

從權力鬥爭中誕生：黃袍加身、陳橋兵變

許多人都比較後周太祖郭威與宋太祖趙匡胤的黃袍加身，但往往徒見其表，未悉其裡，其實兩者都有權力鬥爭的性質。後漢高祖留下郭威等舊人為顧命大臣，新君和新臣起而奪權，把他們殺戮殆盡。郭威領兵在外，逃過一劫，但闔家被害，故後來沒有兒子而由外甥柴榮繼承皇位。他殺回京城，皇帝死於亂兵，朝廷宣布另立新君。世上竟有如此不智之人，沒有推辭以便郭威順勢即真，反從地方匆忙上京，不知打算做傀儡皇帝，還是要奪取郭威手裡的大權。接下來便是五代第一次黃袍加身，而準皇帝轉向黃泉報到。世宗柴榮死後，軍權落在太祖和韓通之手，後者較佔優勢，「周之軍政，多決於通」，其子並建議殺掉太祖以獨攬大權。陳橋兵變的重點，是太祖以禦遼為名，帶走

韓通轄下的大軍，透過威逼和談判，把他們降服，本來答應不傷害所有大臣，後來還是由一名部下把韓通殺死，太祖並無加罪。太祖自己以武人君臨天下，卻說其他武人不足以治理大藩，恐怕不無減少權力競爭者的用意。

宋太祖開國，也開了歷史的倒車。五代的一個特點是兵變頻仍，驕兵逐帥，強帥易主。後周世宗是五代最有為和敢為的皇帝，一口氣殺了六十多位不聽號令的將領，足令強帥膽寒，不敢覬覦。陳橋兵變，又大開強帥易主之門，這是太祖不得不趕快杯酒釋兵權的原因。他較前人高明之處有二：一是以利祿和婚姻代替烹殺，此後皇室一直與武家聯姻，直到亡國。二是以制度代替權宜，把軍權作長遠的分割。兩支禁軍中，侍衛馬步親軍司的首長職缺由五個減為兩個，實際上分裂為馬軍和步軍二司；殿前司仍維持一司，但首長由四個減為位望較低的兩至三個。如此一來，難出強帥，縱使仍有悍將，手下亦無大兵。

把權力放進籠子裡：以制度駕馭宦官

漢、唐和明都有宦禍，宋代也出了童貫，即《水滸傳》的童太師，既剿平方臘之亂，也因聯金滅遼，企圖收復燕雲十六州，反招來靖康之禍。童貫入主樞密院，掌管的是軍政，整個宋代唯此一次，其他的宦官從軍，大多負責監軍和領兵，並屢立大功。北宋共有四十三位宦官在《宋史》立傳，二十七位建有邊功，受到武人和史臣的重視。今人難以體會宋代文人與閹人相處的心態，例如有沒有輕視他們。

神宗時，閹將王中正開邊有功，蘇軾作〈聞洮西捷報〉，詠歎「漢家將軍一丈佛，詔賜天池八尺龍。露布朝馳玉關塞，捷書夜到甘泉宮。似聞指揮築上郡，已覺談笑無西戎」。他跟另一位巨璫陳衍頗有交往，後來在政爭中連累陳氏得了「結託詞臣」的罪名。不少宦官能武、能文、能理財、能治水、能開河，簡單說就是作為皇帝的佣人，他們的任務隨皇帝的志趣而轉向。除了徽宗一朝外，北宋君臣大都謹守太祖和太宗的家法，防範宦官濫權和越權。最重要的政策是，當宦官離開內朝到外間工作，大都不是以欽差的身分，而是被任命為外朝官僚制度內的正式一員，交由外朝監督和制衡。第一關要過的，是負責草擬和檢閱詔旨的官員，他們可以拒絕起草或封駁不當的任命。第二關是中書省和樞密院的大臣，如不簽署，任命便難以通過。第三關是言官，可以要求皇帝收回或更改成命。三關都過了，出外當差，便受上司的管轄。仁宗時保州有亂事，都轉運使把監軍的宦官也召來平亂，「不即來，當以軍法從事」。宦官帶著護衛到來，都轉運使看不順眼，罵他「諸軍方集，獨敢以兵隨左右，豈欲反耶？」把護衛逐退。其實，若無宰相蔡京的護航，童貫是當不了樞密使的。文人可制衡而不制衡，反沆瀣一氣，弄到國破家亡，不能獨怪宦官。[1]

重文，但並非輕武

有謂五代重武輕文而宋代重文輕武，何能同屬一個歷史時段？這涉及歷史研究的方法：關鍵詞要明確界定，不要陷入朦朧史學。「文」和「武」相對清楚，但「重」在何處、「輕」些什麼？有人說科舉一方面吸收人才另方面加以攏絡，那麼五代北朝的科舉從未間斷，武人為何要收攏他們看不起的文人？在槍桿子出政權的時代，大多數文人在戰場上是被輕視的，也因此在權力的天平上輕於武人。然而，打仗靠軍餉，要有充足的軍餉，便要發展各行各業，此處便是文人用武之地，他們恐怕也會在此輕視武夫。亂世出人才，五代有些文人兼擅民政、軍政和財政，頗有盛唐宰相之風，例如最先提出「先南後北」大戰略的後周文臣王朴，「馬前拜侯伯，階下列椹斧。叱咤氣生風，將校汗如雨」，他們何敢輕文？

除去少數例外，五代在軍事上輕文，在民事和文化上仍然重文。五代畢竟有五十三年，許多武二代都兼習文武，希望繼承唐代允文允武和出將入相的傳統。讀者要研究五代的文武交流，至少有四個切入點：文武俱習、文武兼治、文武通婚、文武並仕。假如一家之中，父習武而子習文武、叔既領軍也能治民、婿來自武家而媳來自文家、兄為武職而弟為文職，則文武相輕可能不如想像中的嚴重。史料在哪裡？在墓誌裡，其中的家庭資訊，遠多於正史。這樣切入，可將家庭史和政治史一爐共治。

許多人說宋代不是繼「五代」之後的第六代，事實上宋代初年在不少地方繼承五代，尤其是後周的措施。五代武人憑軍功向上流動，成為刺史和節度使等地方首長，必須兼管民政，有時留下吏治敗壞的惡名。對此，不少人相信《宋史・文苑傳》的說法，謂「藝祖（太祖）革命，首用文吏而奪武臣之權，宋之尚文，端本乎此」，亦即重文輕武的由來。又有不少人相信太祖的名言，說「五代方鎮殘虐，民受其禍，朕令選儒臣幹事者百餘，分治大藩，縱皆貪濁，亦未及武臣一人也」，以為宋代不再用武人治理地方。其實兩者都僅說了「部分」而非「全部」的真相，讀者要發掘更多的真相，可從制度切入。

宋代的地方制度是路、府、州、軍、監，都可由文人和武人擔任正副首長。武人大多出任軍、監，和較需用武的路、府和州，如沿邊和盜賊等重區。北宋末年，府大約有三十八個，州二四三，軍五十二，監四，州與軍的比例是四．六七比一，多少可看到武人長貳之眾，遍布今日的河北、河東、陝西、湖南、廣西、廣南等地。宋代對武人的批評，很多是針對他們的民政、文事而非武功。反過來說，能吏治的武人，往往得到士大夫的讚美和重視，而吏治欠佳的文人，同樣受到士大夫的輕視。仁宗時，進士出身的夏竦（英公）為南京留守，喜歡額外用刑，武人馬洵美為路級的提點刑獄（即中劇〈大宋提刑官〉宋慈的職位），實在看不下去，上章彈劾夏竦欺罔。司馬光說，「當時文臣，皆為英公恥之」，可見不管文人武人，都會看不起做歪事的人，不管此人是文是武。讀者必須注意，這裡所輕的是事，不是人。

因此，所謂輕武或抑武，可分兩種情況，同樣適用於文人。一是武人或文人的作為實在可議，這種輕抑或有其合理性和正當性，且對事不對人，不能說是歧視。二是文人為了攬權獨斷等原因而故意貶抑武人，這種就是不合理、別有用心或似是而非的輕武。歐陽修引述武人的抱怨說：「執政盡是文臣，遞相黨助，輕沮武人」，未嘗不是一種黨同伐異或爭權奪利，可能正是所謂武人不得干政、不得進身中書和樞密，及不得為大帥的重要原因。

另方面，武人也受到重視。縱使他們本來因為武人的身分受到歧視，但後來在品德、知書、民事，或司法上有所表現，便由被輕轉為被重。宋代不少高層武臣來自民間，每以百姓疾苦為念，或親力親為，或借助僚幕，成就一番文治，得到范仲淹、韓琦、歐陽修、龐籍、范鎮、梁適、賈昌朝、王安石和曾鞏等許多進士名臣的讚揚、舉薦、立傳或撰寫墓誌。即使是中下層武人，亦有機會賺得朝廷和百姓的賞識，因為宋代以軍人修橋築路滅火治水救災和重建，不乏表現的機會。好男未必不當兵，且可能贏得名垂久遠的頌德碑，或進入供奉武人的諸多官祠和民廟，影響民眾對武人的觀感。《宋史》說：「大抵武夫悍卒，不能無過，而亦各有所長；略其過而用其長，皆足以集事」。這何輕之有，反是重其所長，何況既能集事，宜獲重視矣。

槍桿子：燕雲十六州與澶淵和約

有人說過去的歷史課本因為漢族沙文主義，故重宋輕遼。若論文化，的確是遼向宋學習較多，遼道宗甚至許下「願後世生中國」的願望，寫下〈君臣同志、華夷同風〉的詩章。若論武功，乍看遼勝於宋，其實不然。有人說宋代捨徵兵而募兵，是常敗的一個原因。平心而論，徵兵是業餘兵，兵罷歸農，訓練不如專業兵。五代也是募兵，時常打敗契丹，也曾大輸一次。石敬瑭以燕雲十六州交換契丹的援軍，建立後晉和稱臣，其子不服，引來契丹問罪之師。後晉先是大勝，卻因用人不當，將帥移忠，稍戰便降，不過契丹隨即發現統治不易，匆忙北返。後周世宗收復了部分的燕雲，發展為關南要地。北宋初年也曾屢敗契丹，後來乘勝北伐，打算收復全燕，可惜功敗垂成。休養生息之後，再次北伐失敗，元氣和士氣俱傷，才開始屢敗。遼人反守為攻，也曾慘敗，雙方僵持不下，開啟了澶淵締盟之前長達十年的和平。真宗初生之犢，不願主動謀和，且不憚親自巡邊，曾對一位大將說：「契丹入塞，與卿所請北伐之日同」，可見君臣都有第三次北伐的打算，可能導致遼人先下手為強。

澶淵之戰是遼人進攻、宋人防守。遼人竭盡全力，死傷無數，竟未能攻下關南之重鎮瀛州，故兵抵澶州時不無後顧之憂。澶淵之和是遼人放棄關南的主權，換取宋人的歲幣，是否屈辱，要看讀者如何認定燕雲十六州的歸屬了。無論如何，宋不能攻遼，遼也無力克宋，雙方平等，各有一個朝貢體系。陶晉生先生喻之為天有二日，可謂一語中的。

筆桿子：科舉與中產階級政權

宋代科舉徹底改變了唐宋統治階級的構成和性質。[2]唐代雖有科舉，但名額常被世家大族佔去，寒門難以爭勝，故統治階級仍以世家大族為主，開放程度不高。北宋統一，是以北統南，統治階級其實跟唐末五代差不多。抽象來說，宋初政權仍是北方性格，常以北人的價值觀念來治理天下，例如太祖和太宗看到南方諸國有些已實行父子分居分產，就無法忍受，硬要恢復同籍共財，違者處死。變革是到了北宋中後期才真正發生，拜科舉改良所賜，社會流動快速展開，有四重意義：

一、統治階級達到前所未有的開放程度，舊的和新的世家大族雖仍占有各種優勢，但已無力壟斷。

二、統治階級與被統治階級之間，不再有如天地之隔，彼此的流動是史無前例的頻繁，平民子弟上升為統治者的比例是史無前例的高，仕宦子弟下降為被統治者的比例也是史無前例的高。這既帶給被統治者無盡的希望，認為富貴並非全然命定，後天仍有可期，也帶給統治者無窮的壓力，因為不但富不過三代，貴也是難逾三代，而各種得富貴和保富貴的方法，實質的如家族制度，虛無的如積陰德看風水，乃成熱門話題，超越前代。

三、南方人透過科舉逐漸入主中央政府，登墉拜相者比比皆是，形成南北人共治，打破了宋代開國由北人主政的局面。由北方人以槍桿子打來的政權，現在由四方人士憑著筆桿子共享合治，也算是一種和平的政權轉移，其性格也由北方轉變為兼具四方，未嘗沒有一定的代表性。

四、科舉入仕者的出身是高低與貴賤俱有。就社會地位來說，他們來自士、農、工、商、軍、醫、僕等家庭；就家庭身分來說，他們有的是嫡子，有的是庶子（妾之子如宰相韓琦和史彌遠），甚至私生子，有的是守節婦之子，有的是改嫁婦之子（如副相范仲淹）。他們執政之後，是否多少會照顧這些家庭和人士的利益？

無論如何，能夠負擔舉業的，大多是中產之家（年收入可折合常米二百擔）。可以大膽的說，宋代產生了中國歷史上第一個以中產之家為主體的統治階級，對前代是斷裂，對後代是開啟，直到無產階級取得政權。

統治階級的成分改變了，許多改變隨之而來，例如平民和南人成為立法和司法者之後，將民間和南方的社會習慣和價值觀念帶進法律領域，使宋代的法律文化呈現中產之家的特色。

新的法律主動允許子女與父母同籍而異財，承認子女獨力賺得的財富屬於個人私財，局部打破了同居共財的儒家傳統，反映宋代私有制的蓬勃發展。新法也容許子女控告繼母侵犯他們對家脈或家產的繼承權，局部打破子女不得控告父母的禮法傳統，反映宋代法律由強調當事人的身分，轉而依據其罪行來審判。南方女子多投入生產，有見及此，新法提高未婚女兒對父親遺產的繼受權，她以前只能得到兄弟聘財的一半，現在可得到兄弟繼承分額的一半。新法讓寡妾享有對亡夫遺產的受養權，司法上也讓她享有一定程度的立嗣權。新法也提高贅婿的繼受權，以回饋他們對妻家經濟的貢獻。總之，新的法律注重「責任」與「權利」的對應，不大管這個人的性別或地位。在這前提下，新法造就了有條件的法律之前人人平等，大力保障中產之家的財產權，刺激了宋代經濟的革命性進展。也許資本主義不能在傳統中國發生，問題不在韋伯所說的法律，而在其他因素。

俗世的共業：僧罪與巫風

說來奇怪，在現存的宋代法案裡，時常看到僧人。理論上僧人較凡人更不應犯罪，因為他們每天的修行，都在訓練自己做個好人。佛教的戒律，例如不殺生、不偷盜、不淫亂、不妄語、不飲酒等五戒，從行為上防止僧人犯罪；佛教的信仰，例如地獄輪迴及因果報應等，則從思想上防止僧人犯罪。但是，宋慈的《洗冤集錄》說：「凡檢驗承牒之後，不可接見在近官員、秀才、術人、僧道，以防姦欺，及招詞訴」。似乎僧人的姦欺與凡人無異，不但犯法，還會妨礙司法，共有四個特點：一，無惡不作，犯罪種類包括酒、色、財、氣、殺人，連放生池的魚也劫去謀利。二，無計不施，犯罪手法包括欺詐、恐嚇、禁錮、暴力，公然於白晝為之，手段陰險殘酷。三，無人不害，犯罪對象包括百姓、士大夫、官府。四，無類不黨，犯罪伙伴三教九流，僧俗合夥。僧人不是單獨（個人）或單靠僧眾犯案，而是與各類俗人（頑民、官吏、搢紳、惡霸）聯手。僧人或是主謀，或是合謀，或是得到俗人包庇，有時是臨時組合，有時是早已構成共犯集團，屬於長期性和有組織性的犯罪。

僧人觸犯國法的原因眾多，除了佛教內在的「自律」鬆弛之外，外在「他律」的失效也應負相當責任，例如：一，政府度僧制度的破壞，使僧眾的數目增加而素質下降；二，寺院管教條件（師資、教材、教育環境等）的惡化，無法改善僧眾的素質；三，大寺院的市場化和營利化，使僧眾暴露於物質的誘惑中，追名逐利；四，中小寺院經濟基礎的不穩，使僧眾不得不迎合大眾文化怪力亂神的要求，易觸法紀；五，密宗的咒術法事，跡近旁門左道，使僧人恆成嫌犯；六，禪宗提倡在欲修禪，替犯戒開了方便之門；七，戒律的鬆懈和矛盾，使犯者容易脫身；八，佛教若干基本教義（如酒戒、色戒，和因果報應六道輪迴）被士大夫同化改造，例如醉僧罪該還俗，卻被文人形諸筆墨，傳為佳話，進入士大夫控制的地獄亦能減罪。部分僧人接受這些士大夫文化價值觀，酒色財氣一樣不缺，所謂「文化僧」，不過是「士大夫文化僧」甚至「官僚文化僧」而已。

最值得注意的，是構成一個宗教的核心部分，即思想信仰和行為守則，竟不斷向世俗妥協，形成宗教的「非宗教化」或「異化」，亦即被其他文化所「同化」。士大夫積極參與宗教活動，一方面提高宗教的文化水平，另方面也將士大夫的價值觀和行為習慣（包括酒色財氣）滲入，改變了宗教的信念和行為。抽象來說，若干構成佛學和佛教的成分，失去了主體性（獨立性），淪為其他文化的一部分，例如淪為士大夫文化、大眾文化和城市文化的一部分，並在這些文化裡被改造。在改造的過程中，假如佛學或佛教失去主導性，例如在士大夫文化裡處於弱勢或從屬地位，在大眾文化裡為了擴大市場而迎合大眾口味，在城市文化裡被商品和市場觀念淹沒，那麼佛學和佛教就可能任人宰割，進一步失去主體性，以別人的價值為價值，以別人的道德為道德了。事實上引發僧人犯罪的，不乏士大夫和一般民眾，構成所謂共業。

罪僧進入審判，大都依法而判，其宗教身分並不影響司法，例外的情況主要有四種：一是法官認為佛教徒較常人更不應犯法，乃加重刑罰；二是僧人的靠山強硬，法官無法可施；三是法官本人信佛，會從宗教角度進行審判；四是法官本人反佛，有時作出對佛教不利的判決。這些情況可能持續到今天，不比宋代高明。

中、日、西研究者難得的一個共識是宋代禁巫，其實是誤將「行為」與「行為人」混為一談。一如前代，宋代禁止的不是巫者，而是巫術中的黑巫術如人牲、蠱毒和咒詛之類。僧人和道士使用黑法術，也會被禁和被罰，但我們不會稱之為禁佛和禁道。此外，有一些適用於所有宗教的禁令，例如：一，淫祠，即官方不認可的宗教建築或場所，與之相反的便是正祠。二，淫風，如「男女混居，合黨連群，夜聚明散，託宣傳於法會，潛恣縱於淫風」。三，淫神，主要是祭拜官方不認可的神祇，與之相反便是載於祀典的正神。四，誑惑，如以妄言或妖言惑眾。五，淫祀，即逾禮或逾法的祭祀，如殺牛殺人，與之相反便是正祀。理學家陳淳甚至認為，「支子不當祭祖而祭其祖，伯叔父自有後而吾祭之，皆為非所當祭而祭，亦不免為淫祀」。六，異行，如自殘。七，妖術，如以官方不認可的經文和符咒進行法事。凡觸犯它們的，不管是僧、道或巫，統統都要處罰，不是專門針對巫，更不是禁巫。

有趣的是，徽宗宣和元年，開封府請頒下新訂的《五禮》，詔書竟斥責「俗儒膠古，便於立文，不知達俗，……〔細民〕少有違犯，遂底於法。至於巫卜媒妁，不敢有行，冠昏喪祭，久不能決」，可知在朝廷眼中，請巫卜媒妁是「達俗」，不必禁的。到了南宋中葉，袁采在通俗喻世文《世範》說：「士大夫之子弟，……如不能為儒者，則巫、醫、僧、道、農圃、商賈、伎術，凡可以養生而不至辱先者，皆可為也」，明言作巫不會辱及先人，或可反映當巫的一般性。亡國前不久，理學名臣黃震出任地方官，出榜明示官府接受告狀的優先次序，其中便有巫師。他們不但是今日法律所稱之權利主體，而且排在僧人與道士的前面。對巫師另眼相看的，恐怕不是宋代的百姓或士大夫，而是對巫心存定見或偏見的我們。其實，宋代上自士大夫，下至平民百姓，莫不參與巫風。

宋代各種信仰的特點是愈來愈世俗化或民間化，結果互相滲透，僧人、道士、術士和醫生都沾染巫術。讀者可從三方面切入觀察：首先，從施用咒語來看，施用者涵蓋巫、僧、道、術、醫等人，他們混用來源各異的咒語。第二，從信仰行為來看，在趕鬼驅妖和禳災祈雨等事上，人們不僅召巫，也會召僧、道、醫和方士，顯示他們的角色和功能都有所重疊及混同。第三，從醫療行為來看，無論面對鬼神所致的祟病或一般疾病，有些醫、僧和道都跟巫一樣，透過超自然力量來治病，而非憑藉醫方或醫藥。當僧、道、醫、方士的行為接近或模仿巫覡，自當名列巫風的製造者。有些僧尼、道士和術士就被稱為巫僧、妖巫、巫醫、巫祝，司法判案也稱他們「專行巫蠱之事」。

庶民與士大夫亦參與製造和助長巫風，但以助長為主。就製造巫風而言，庶民也使用咒語，不分男女老幼和農工商祝，且一人同時學習不同宗教的咒語。讓人訝異的是，許多士大夫並非如學人所稱的不語怪力亂神，他們同樣學習和使用來源各異的咒語和法術。《夷堅志》的編撰者洪邁就懂〈主夜神咒〉，並樂於傳授，他的一位族人直接從巫學習咒語。就助長巫風而言，巫風盛衰，與人們是否召巫解決問題直接相關。庶民不分性別、身分、職業、年齡，都在召巫；士大夫不分文臣武將、現任或待任官員，及他們的家人，都在召巫，既為私事，也為公事，上至祈雨，下至偵查命案。當士大夫召巫公開作法，或在可以選擇召僧、道之時優先召巫，猶如昭示眾人：巫術是可信的，巫覡也是可用的，有時更勝僧道等人。當時就有人批評，士大夫之家也較庶民更有能力召巫舉辦迎神賽會，此類集體參與之活動，更有助巫風盛行。士大夫參與巫的活動，「謂之與民同樂，且賞錢賜酒，是又推波助瀾，鼓巫風而張旺之」。要之，宋代的巫風，是由各種身分的人集體形成的，絕非巫覡獨角唱戲。

宋代與前代較明顯的不同，是立法禁止巫覡治病時，只准病人使用宗教力量，不得使用屬於人世力量的醫藥和照顧。必須注意的是，兼用神力和人力治病就不被禁止。其實，兩力並用一直維持到今日科學昌明之世，二〇〇三年十一月十日的*Newsweek*封面主題就是「God and Health. Is Religion Good Medicine? Why Science Is Starting to Believe（上帝與健康。宗教是否良藥？為何科學開始相信？）」強調科學辦案的美國警方，直到今天還會請靈媒協助，時靈時不靈。[3]有謂宋代「抑巫揚醫」，應理解為政府以公權力平衡神力與醫藥在治病的比例，或可視為唐宋變革或宋代踏入近世的一個重要標竿。

程朱理學與學閥

談到程朱理學或道學，讀者必須留意，他們所要建立的「道統」（儒學正統）跟今天的學閥並無兩樣。劉子健先生的〈宋末所謂道統的成立〉和周良宵先生的〈程朱理學在南宋、金、元時期的傳播及其統治地位的確立〉清楚告訴我們，講道論學是一回事，建立道統是另一回事，前者有些像鬆散的學術團體，後者像有組織性的學黨或學閥。建立道統不能只靠口號，要有行動，包括：

一、正名。「在儒家宗派之間，也有正統。換言之，儒教遍天下，更要爭取領導地位的道統」，確認只有自己才得到孔子之道或真傳，別人得不到，故有著相當程度的排它性甚至攻擊性，是引發歷次學禁的一個主要原因。

二、確立傳承或師承，即有名的道統論，「他們把韓愈的舊說擴而大之，孟子之後，千年絕學，一直到北宋五子才重新發現」，這當然是引人懷疑的，連支持者葉適也說：「嗚呼，道果止於孔孟而遂絕邪？其果至是而復傳邪」，孝宗則以蘇軾為儒者之宗與文章之宗。

三、建立新的講學典範，一是確立本門的獨門教材或聖經，如朱注四書；二是確立課程，他們雖不重視圖書設備，但教學要「排定功課日程，打好根基，逐漸深入。所以這學派的領袖，寫了好幾種日程的書，詳細規定先讀那本書，再讀那本書，循序而進，才懂得甚麼是道」。既有必讀之書，又有必修之科，老師對學生的管教的確是比較強的。

四、建立與眾不同的學風或作風，如恢復古禮、詩文義理化、語錄體和異服等，「旁人一望而知是道學先生」。

五、在傳道的志業下，建立有組織性的學派向四方發展，推動公、私建學和講學、刻書、售書，一面傳播，一面爭取學徒。

六、從事社會活動，如鄉約、社倉，「把儒教的道理和每天的生活完全打通」，不但顯示其學問的可用性，「同時提高團體精神，增進人和人的關係」，落實儒家基本精神之仁。

七、宗教精神（religiosity）或宗教化，「師友和弟子—甚至可以說是信徒—分布各區」，他們建祠，「在祠中舉行的祭祀和其他儀式，更是和在教會做禮拜有類似的功效」，「他們講學，有點像基督徒的查經班和討論會。他們彼此之間的關係，有點像教友」。

八、扮演在野黨，一面批評政府，如科舉和外交政策，另方面爭取政府承認他們是儒學正統。由此可知，一個學派是多方面的，讀者可以佩服它的社會貢獻而不一定認同它的學術，反之亦然。

妾身不明

很多人研究婦女，很少人研究法律，更少人研究婦女與法律，雖然大家都知道，無論是男性或女性的權利和責任，經過立法的界定和司法的實踐，才較為明確穩定，且較易看出前後的變化，也能看到立法者和司法者對禮教、道德、民俗、家庭制度等諸多方面的思想。許多學人未能分別專稱的妾（側室、別室）與泛稱的妾（侍妾、妾婢、婢妾），有些說她們愈來愈像家人，有些卻說像物品，可以隨便贈送和買賣。讀者應如何辨別？不外找到合適的切入點，一一比較：

宋代寡妾的權利有兩個較重要的轉變：

一、承受夫產。依照唐代和北宋的舊法，寡

比較項目	妻	妾	妾婢	婢
約之性質	終身的婚書	終身的婚契	有限期的雇約	
婚娶手續	較完整	不完整	無	無
身分之來源	婚姻	婚姻	職業	職業
與主人之法律關係	婚姻關係	婚姻關係	主僕關係	主僕關係
較常見的稱謂	正室、嫡妻	側室、別室、小妻、姬、妾	姬、妾、妾婢、婢、女使、奴婢	妾、妾婢、婢、女使、奴婢
是否家屬	替夫服斬衰三年，義同家屬。依朱熹所定禮儀，穿著假髻、大衣、長裙等參加祭祀、冠，和婚等家禮。	替夫服斬衰三年，義同家屬。依朱熹所定禮儀，穿著假髻、背子等參加祭祀、冠，和婚等家禮。	否，為主人私婢	否，為一家之婢

比較項目		妻	妾	妾婢	婢
身份能否轉換		不可為妾	不可為妻	不可為妻，可為妾	不可為妻，可為妾
與其身分對應之法律規範：					
夫（主）在		同姓不婚等禮法規範	同姓不婚等禮法規範	無此規範，但變成妾時則有	無此規範，但變成妾時則有
		七出三不去	無此規範	無	無
		和離（協議離婚）	和離	無	無
		不得轉嫁轉贈或交換	不得轉嫁轉贈或交換	得轉雇	得轉雇
		得蔭贖	得蔭贖	無→特殊情況有	無→特殊情況有
		互相株連	互相株連	無	無
		侵犯妾、婢，減等治罪	犯妻加等，犯婢減等	犯妻、妾加等	犯妻、妾加等
		姦罪：以妻論	以妾論	以婢論→有子時以妾論	以婢論→有子時以妾論
夫（主）死		替夫服斬衰三年	替夫服斬衰三年	否	否
		可告非所生子不孝	可告非所生子不孝	不可告	不可告
		有守節問節	有守節問題	無	無
		遺產承受權（use-right）	遺產承受權（use-right）	無	無
實際待遇		被虧待時可如婢	被善待時可如妻，被虧待時可如婢	被善待時可如妻，被虧待時可轉雇如資財	同左

妾不能承受夫產，到了南宋後期（一二四七）成立新法，無子的寡妾可以分得養老金，包括動產和不動產；有子的寡妾不但分得獨立的養老金，更可監管親生子女所繼承的家產，享有被撫養的權利；假如子女不幸早逝，她還有養老金可以維生，夫死不必從子。二、有權替親生子立嗣。當寡妾不能承產時，無從立嗣。也是到了南宋後期，當寡妻不在時，寡妾既可承產，也得以立嗣。在司法上，有些法官甚至將「夫亡從妻」的原則適用到寡妾身上，於是立嗣權的順序變成：死者遺囑、妻／妾、父母、祖父母、同居兄弟、叔伯。宋代的轉變為元代繼承，妾可承受亡夫遺產，傳給親子，亦可自行替親子立嗣。就承受夫產而言，宋代的進步有多少，可看下表有趣的今昔對比。無論宋或元，都有理學家作出對寡妾有利的判決，這

<table>
<tr><th>亡夫遺產</th><th>今日臺灣的寡妻</th><th>宋代的寡妻</th><th>宋代的寡妾在寡妻不在之時</th></tr>
<tr><td>有子女</td><td>與子女均分，有所有權，可帶走改嫁</td><td>1. 與子女瓜分，或可得一子之份，但沒有所有權，只有用益權，不可帶走改嫁
2. 對子女所得有監管權
3. 子女仍要供養寡母</td><td>1. 同左，但所得應少於妻
2. 只對親生子女所得有監管權
3. 親生子女仍要供養寡母</td></tr>
<tr><td>無子女</td><td>與亡夫之父母或兄弟姊妹分產，得一半</td><td colspan="2" rowspan="3">承夫分，但沒有所有權，只有用益權</td></tr>
<tr><td>無父母兄弟姐妹</td><td>與亡夫之祖父母分產，得三分之二</td></tr>
<tr><td>均無</td><td>得全份</td></tr>
</table>

是了解理學或道學不可不知的。讀者既要知道思想，也要觀察各方面行為。

無庸諱言，變革不是一蹴即就，也非直線進行，也許時進時退，也許誤打誤撞，但可以肯定的是，宋代在沒有外來文化的刺激下，在許多方面都踏出一大步。

【附表】構成唐宋變革論的巨變[4]

比較項目	內藤湖南的原意		宮崎市定的補充
	唐代（中世的結束）	宋元以後（近世的開始）	強調近世之特徵
政治	貴族政治：政治屬貴族全體專有，在三省（中書、門下、尚書）合議；皇帝本身亦是貴族之一員，政治是皇帝和貴族的協議體，皇帝必須承認貴族的特權，個人不可能擁有絕對權力。	君主獨裁：貴族沒落，皇帝成為絕對權力的主體，獨占國家權力，亦負上完全的政治責任；臣下的權力完全來自皇帝的授與，任免亦全在皇帝一念之間。	君主獨裁制：過去是靠皇帝個人的能力，現在是靠「制度」維持獨裁。無能的皇帝仍可是獨裁君主。科舉士人政治：平民憑著科舉制度入仕，大舉參政，出現士大夫階級，他們同時是文化人、官僚、地主和資本家，積極利用土地投資營利，也經營商業。
	三省長官與皇帝分庭抗禮，不能自由更換。	宰相淪為秘書官，封駁之權日益衰退。	即使出現權相，也是對百官弄權而已，無能對皇帝弄權。
	世家望族、重視譜系。	世家大族式微，不重牒譜。	
	世家之間採取封閉式的圈內互婚。		開放式婚姻。
			地方政治：長官三年一任，又要迴避本籍，難有作為；事務靠胥吏和本地紳商合作治理。官員、胥吏和紳商構成全部的知識階級。

比較項目	內藤湖南的原意		宮崎市定的補充
	唐代（中世的結束）	宋元以後（近世的開始）	強調近世之特徵
選舉與任官	政府高位由貴族壟斷，雖採用科舉，但及第者每年不過五十多人。 科舉成為產生官吏的主要途徑，政府高位由皇帝決定。	科舉的內容意在測驗人的品質和文藝。 科舉的內容傾向務實主義。	科舉唯才是視，也是政治和社會地位的來源，鮮少政治世家，能三代為官已屬少數。
黨爭性質	貴族之間的權力鬥爭，與人民完全無關。	不同政治主張之爭，關注社會問題和人民利益，但流弊亦有如權力鬥爭	黨同伐異，政爭不息，迄於亡國。
人民	地位：雖直屬國家，但有如貴族的佃農，唐中葉採用兩稅制後開始解放，脫離土地的束縛，自由居住。	平民地位上升，直屬國家，與君主直接相對，中間沒有了貴族。	身分制的打破：賤民在唐末五代解放成為佃戶，到宋代變為自由農民，以契約方式建立租佃關係，取得工作和去留的自由，但由於佃農時常需要向地主借貸，故人身依附關係仍相當強。政府不再授田來提供人民起碼的生活資源，故轉而強調私人地主和富商的社會責任，指出地主與佃農應互相依賴。
	財產私有權：土地屬於國家，分配給人民。	土地屬於人民，可自由處分。	個人所有權得到更多保障，加深了土地的私有和自由典賣。同時，土地兼併被視為常態。

比較項目	內藤湖南的原意		宮崎市定的補充
	唐代（中世的結束）	宋元以後（近世的開始）	強調近世之特徵
經濟	貨幣使用量不多。 紡織品和陶瓷等產量不多，主要供應上層社會。	貨幣經濟：空前的銅錢經濟，而紙鈔和銀的使用量也愈來愈大。 紡織品和陶瓷等產量大增，流入百姓之家。	傾向資本主義：如大土地經營，產品加速區域化、專門化和商業化（市場化），也更為普及，並走向近世資本主義的大企業經營。土地本身亦市場化，成為投資標的。商人階級興起。 城市也商業化，累積大量財富。坊市制消失，草市鎮市等貿易點沿著水陸交通要道興起。農村進入交換經濟，與城市和商業密不可分。 北宋的經濟仍以運河為重心，南宋則同時以運河和海道（海外貿易）為重心。 煤的大量使用，無疑燃料革命，鐵亦大量使用。
學術文藝	經學：注重家法師承，以注疏為主，但疏不破注。中唐以後出現懷疑精神。	疑古之風大盛，對經典重新解釋，不重訓詁，注重經義。	宋學是復古運動，擺脫傳統傳注，直接到原典尋求真理。 交通擴展、通訊系統發達，加上商業和都市的繁榮，造就文化之累積和發達，其成就一如文藝復興（約1300），亦即歐洲近世之開始。 知識普及，對人文關懷，科學進步，如火藥、印刷術和羅盤針的發明，均早於西方。

比較項目	內藤湖南的原意		宮崎市定的補充
	唐代（中世的結束）	宋元以後（近世的開始）	強調近世之特徵
學術文藝	文學：原來流行四六文，古文運動後，由重形式改為自由表達。文學屬於貴族。	散文化、不避俗語，自由奔放。文學屬於庶民。	
	藝術：盛行壁畫，金璧輝煌，是貴族用來裝飾宏偉建築的道具。 目的主要是敘事說明。	流行屏風、卷軸、墨繪，是平民出身的官吏的日常娛樂和流寓時的寄情之物。 目的是表達作者之意志和感情。	
	音樂：服務於貴族的儀式性東西。	以平民趣味為依歸。	
兵制	玄宗時改徵兵為募兵		募兵制，兵農分工，軍隊職業化。
法律			司法制度成熟、訟學發達，注意個人權利。
與西方比較	中國文化之形成來自內力與外力的互動：內力指本土文化及其對外之傳播，外力指周邊民族對中國之影響，其互動形成上古、中世和近世文化之特色。所以，中國近世之展開，乃此文化互動之自然發展，不但不受西方文化之影響，而且是世界史之範例。		將「上古－中世－近世」的分期比擬歐洲史，即羅馬時期之統一－封建時期之分裂－民族主義時期之再統一。 宋代統一後不再分裂，一如西亞之近世，早於歐洲。民族自覺在與周邊民族對立之中勃興。澶淵之盟確定宋遼的對等地位，是歷史上空前的現象。國與國平等交際，首見於東洋。

註釋

1 柳立言，〈宋代的宦官〉，《歷史月刊》65（1993），頁53-61。

2 柳立言，〈唐宋變革與第一個中產之家的政權〉，中國社會科學院《中國社會科學報》182 (2011.4.26)，「延續與斷裂：全球視域下的歷史變遷」專題。

3 李昌鈺，《化不可能為可能：李昌鈺的鑑識人生》（臺北：平安文化，2014），頁140-143。

4 柳立言，《宋代的家庭和法律》（上海：上海古籍出版社，2008），頁7-10。

前言

對宋代陶瓷的推崇

出版社邀約我撰寫本書，是在我以訪問學者的身分前往美國拜訪哈佛大學的時候。幾天後，我造訪久違的波士頓美術館，欣賞展示在場館裡的宋代陶瓷品。這些展示品都是在定州、汝洲、吉州、建州等地的窯場燒製而成，各自經歷了顛沛流離的多舛命運，如今成為地球另一端的珍貴收藏。日本知名美術史學者小杉一雄曾在他的著作《中國美術史　日本美術的源流》[1]中說道：「無論古今中外，所有人類創造出的物品中，宋代陶瓷品無疑是最美麗的器物，相信沒有人會懷疑這一點。」由此可見，這些宋代陶瓷品可說是一等一的精美逸品。去除所有裝飾，追求器物造型均整美的極致，透過釉藥的微妙光澤，以人工方式充分呈現天然玉石的色澤。儘管我與陶瓷品之間隔著一道玻璃，室內燈光反射在玻璃上，阻礙我欣賞藝術之美，但這些不利的條件都無法阻止我感嘆宋代陶瓷的精湛工藝。宋代陶瓷品就是擁有如此神奇的吸引力，讓我忍不住流連忘返，在那裡待的時間比以往更久。

話說回來，小杉學者的論點似乎也不是放諸四海皆準，或許真的有人會懷疑他的說法。最好的證明就是當天波士頓美術館內人聲鼎沸，但走進這個展示廳的人數意外地少。偶爾有遊客進入，看到整排陳列的中國陶瓷（包括極度樸素的新石器時代器物，與裝飾得極其華麗的清朝工房製品），便被其氣勢所壓倒，走馬看花的快步通過。

當時還有另一位從中國過來的訪問學者，他是宋代思想的專家。我們熟悉之後，有一次我向他提及宋代陶瓷之美，希望獲得他的認同，他竟然不認同我的說法（正確來說是「他看不出宋代陶瓷有何特殊之處」）。經他這麼一說，我才想起那天波士頓美術館館方專門為唐三彩與元代以後的景德鎮製品設置獨立展示廳，宋代陶瓷卻籠統地歸類在中國陶瓷史之列，與四千年前的生活用具或二百年前的庸俗物品陳列在一起。

或許只有像小杉學者或我這類具有文化背景的特殊人士，才會對宋代陶瓷如此推崇與愛戴。不過，若以為只有「日本人」才會這麼想，似乎也不是這麼一回事（證據就是不少日本觀光客也跟其他人一樣過門而不入）。不過，對於那些內化在日本文化之內的共通部分——套用法國社會學家皮耶・布迪厄（Pierre Bourdieu）的說法，該部分稱為「身體化的嗜好」——宋代陶瓷是我十分喜愛、感覺熟悉且親近的事物。總而言之，若要我在展示廳內挑選茶具，我會毫不猶豫地選擇宋代陶瓷。再怎麼說，唐三彩絕對不可能表現出日本茶道的「侘寂」之美，況且在中國，喝茶的習慣也是從宋朝開始普及的。

日本臨濟宗始祖榮西大師[2]曾經寫過一本《喫茶養生記》，他根據自己在中國生活的經驗，將喝茶這個健康養生法透過此書推廣至日本。套用現在的話就是到國外留學，順便將目前世界中心最新流行的減肥法引進日本。

透過佛教促成中日交流

受到過去主流學說的影響，許多人以為日本廢止遣唐使後，便不再與中國有任何交流，事實上並非如此。人與物品的交流一如往常，甚至比廢止遣唐使前更加蓬勃。話說回來，當時沒有留下足以佐證的文書紀錄，因此實際情形尚待釐清。日本保元之亂[3]（一一五六年）的主謀「惡左府」藤原賴長（一一二〇至五六年）飽讀詩書，在其日記《台記》中列舉了自己讀過以及想購買的書籍清單，不難看出其渴望了解中國文化的求知慾。

廢止遣唐使後，日本仍舊派遣代表前往中國，天台宗的僧侶們就是實質意義上的日本國大使。他們造訪的都是位於長江下游，從唐末就屬於獨立國家的吳越國。由於天台山坐落在吳越國境內，因此對這些僧侶而言，前往吳越國等於到佛教聖地巡禮。在宋朝併吞吳越國之後，僧侶們便改去首都開封，拜訪宋朝朝廷。第一位訪宋的使節名為奝然[4]，宋朝很重視他的來訪，朝廷不僅詳細記錄，更妥善保存所有資料。有興趣的讀者不妨翻閱《宋史》中的〈日本國傳〉，裡面記載著奝然入宋的過程，以及他帶入中國的日本資訊。

奝然對日本佛教史貢獻甚深，宋朝允許他將剛印好的大藏經帶回日本，站在宋朝朝廷的角度來看，奝然帶回去的大藏經正好可以對文化荒漠的夷狄（日本）誇耀中國最新的印刷技術。

紙、火藥、羅盤是中國的三大發明，後兩者（姑且不論其在西洋歷史的重要性）對中國本身的重要性，我抱持懷疑的態度，我認為，唯有「紙」才是中國文化的象徵。紙發明於漢代，大多數書籍都是個人所有，要讓所有藏書維持可以隨時翻看的狀態，印刷技術的發明便至關重要。正因如此，印刷術後來與上述的三大發明齊名，躋身「四大發明」之列。印刷術的發明可追溯至唐代或隋代，直到宋代才出現大藏經這類非營利的大規模系列出版品，以及營利用的一般書籍。過去最澄（七六七至八二二年，八〇四年入唐）與空海（七七四至八三五年。八〇四年入唐）還得親自謄寫才能帶回佛教經典，奝然只要收受或購買已經印好的書籍即可。

奝然入宋的九十年後，《參天台五台山記》的作者成尋（一〇一一至八一年。一〇七二年入宋）也到中國訪問，他當時買書更加方便，在日記最後還記錄著先回國的弟子帶回日本的書籍目錄，令人印象深刻。

成尋到宋朝時，正值王安石變法期間，神宗皇帝十分擔憂從前一年延續至今的大旱，於是託人請在開封的成尋祈雨。成尋當場保證：「我以日本國名譽保證，三日內必下雨。」果然第三天降下滂沱大雨，這一切都記錄在他個人的日記中。可惜的是，從中國史料無法查證這一連串過程。

神宗皇帝身邊的人曾經問成尋：「日本是否也有像你這樣的祈雨名人？」成尋舉了先人空海之名。對方追問其具體做法，成尋回答：「空海為真言密教僧人，成尋是天台宗門徒，很抱歉，對於其做法成尋無從得之。」我相信成尋這樣的回答是想炫耀日本佛教蓬勃發展的現況，可隨意操控天氣的技術正是成尋個人理解的佛法本質。不過，在我看來，他的理解是一個很嚴重的誤解。儘管中國宋代與日本平安時代屬於同一時期，但時代的發展階段截然不同，佛教發展的最前線在中國已產生極大變異。

日本現行高中課本記載的鎌倉新佛教各大新宗派的六名祖師中（法然、親鸞、一遍、日蓮、榮西、道元），只有屬於禪宗系統（榮西、道元）的兩人曾經到中國留學。廣義來說，其他四人都是出身天台宗系統的思想家，對他們和天台教學而言，既沒必要從中國引進新思想，當時的中國也沒有條件讓他們這麼做。

成尋訪宋的時期，中國的佛教思想已經進入禪的時代。成尋覺得自己用降雨的神通力量收服了中國皇帝，同時發揚了日本國威，但那不過是他長年在日本擔任關白賴通[5]的護持僧[6]的自我感覺罷了。在中國，他所做的事情無異於祭司或法師（套句現代化的用語，就是「人造雨技術」），沒人將他視為學者或宗教家。從他在私人日記得意洋洋地提及自己在開封如何受到重用、卻沒有任何官方紀錄證實他與當時王安石政權的重要官僚有任何來往的事實，即可看出這一點。真的要說，只有一條他與舊黨重臣文彥博見過一次面的紀錄勉強上得了檯面。他來往的對象都是佛教教團裡的人物，或皇帝身邊的僕役；中國傳統文化的舵手、也就是士大夫們，完全不將成尋看在眼裡。

中國史的分水嶺——唐宋變革

當時士大夫們虔誠信仰的佛教是禪宗，「禪」字通用的英文發音是日語的「zen」，而非中文讀音的「chan」，這個現象是明治以後日本人對外宣揚的結果，也代表禪宗是日本文化不可或缺的重要元素。話說回來，禪宗起源於中國，這一點無庸置疑。成尋入宋一百年後，以榮西、道元為首，不少日本留學僧前往宋朝進修，宋朝也派不少僧人前往日本，在京[7]或鎌倉建立禪寺。北條時賴（一二二七至六三年）以後的執政者，更聘請禪僧為政治顧問。道元最為人所知的就是刻意與政治世界保持距離，這是因為臨濟宗對於僧侶與當政者積極來往這件事持批判態度。榮西的另一本代表作《興禪護國論》，闡述宋朝士大夫認為自己的信仰問題應與統治國家的掌權者態度一致，這一點很接近禪的意境。

禪宗崇尚「不立文字、以心傳心」，這與一直以來以盡可能為後世留下多數經典與書籍為目標的天台宗文化大相逕庭。或許因為大藏經經過大量印刷出版，一般民眾更容易閱讀各種文獻，在這樣的時代背景下，人們開始反省藉由閱讀書籍學習的這項行為。從謄寫進入印刷時代，任何人都能透過書籍擁有知識。這個現象帶出另一個問題，即人本身內在的「心靈」問題。在唐代建立發展根基的禪宗思想在宋代開花結果，其影響力也逐漸蔓延至道教和儒教，分別發展出內丹思想和心性論。這些都與宋代陶瓷具有的宗教氣氛和高尚精神相通，由此可見，宋代確實是一個思想與宗教奔流的時代。

無論陶瓷、書籍或宗教，唐代以前與宋代以後呈現截然不同的樣貌。日本歷史學家及漢學家內藤湖南（一八六六至一九三四年）將此時期視為中國史的分水嶺，在其歷史學研究中投入相當心力討論「唐宋變革論」。遺憾的是，此後馬克思主義主導了學院派歷史學界，他的觀點大多被放在社會經濟史的舞臺上討論，使得內藤湖南想從文明史與精神史角度切入的觀點無法充分開展。唐宋文化究竟有何不同？簡單來說，唐三彩熱衷於摹畫人類與馬匹姿態的精妙之處，宋代陶瓷則積極追求茶碗的純粹與抽象之美，這其間的差異又來自何處？

本書係以宋代思想文化為主要論述，因此有必要事先聲明，本書與現有的相關書籍相當不同。對於認為歷史就是分析與解說生產關係和階級鬥爭的讀者，或者誤解歷史就是羅列和背誦人名與事件年代的讀者而言，本書可能是本艱澀難懂的概論書籍。但是，只要耐心閱讀，一定能幫助各位了解這個時代的人們在煩惱什麼？思考什麼？其煩惱與思考的結果如何影響這數百年來的日本文化等問題。

接下來，請跟著我一起揭開序幕。開場將從距宋朝建立兩百年前，日本人最為熟悉的唐玄宗愛妃——楊貴妃的時代說起。

註釋

1 「中国美術史 日本美術の源流」，南雲堂出版，一九八六年。

2 日文讀音為「EISAI」或「YOUSAI」，一一四一至一二一五年。分別在一一六八年和一一八七年入宋。

3 發生於一一五六年七月的日本內戰，對陣雙方為後白河天皇和其支持者平清盛、源義朝等，以及崇德上皇和其支持者平忠正、源為義等。最後由後白河天皇取得勝利。

4 西元九三八至一〇一六年。於九八三年入宋，他並非天台宗僧侶，而是東大寺的學僧。

5 【譯註】關白為日本古代朝廷最高官位，輔佐天皇執政。類似中國的丞相。賴通為藤原賴通，日本平安時代公卿。人稱關白賴通。

6 【譯註】又名御持僧。在宮中值，祈禱天皇聖體安康的僧侶。始於桓武天皇，唯有東寺、延曆寺與園城寺的僧侶可以擔任。

7 現在的京都。

第一章　宋朝誕生

從安祿山到黃巢

漁陽鼙鼓動地來，驚破霓裳羽衣曲。
九重城闕煙塵生，千乘萬騎西南行。
（節錄自白居易《長恨歌》）

安史之亂

天寶十四載（七五五）十一月，身兼數個北部國境地區節度使的安祿山（七〇五至七五七），以「清君側，討伐楊國忠」為名，在根據地幽州（今北京）起兵，很快就在十二月攻陷洛陽。這對玄宗政府而言，無疑是驚天動地的大事。隔年六月，玄宗決定棄守首都長安，一行人打算逃往西南的四川。當他們逃到長安郊外的馬嵬坡，便發生禁衛軍造反，一如開頭引用的《長恨歌》中後續描寫的情景。楊國忠一族在此遭到誅殺，連楊國忠的堂妹，即為楊氏家族帶來榮華富貴的楊貴妃也無法倖免。痛失愛妃的玄宗將皇位讓給太子，繼續往南並留在四川；繼位的太子則待在長安北方的靈武一地（今寧夏回族自治區銀川市附近），期待能收復江山。

沒過多久，安祿山就被自己的兒子殺害，其部屬史思明掌握反叛軍實權，故後世稱為「安史之亂」。唐軍在至德二載（七五七）奪回長安，之後便與反叛軍展開洛陽的長期攻防戰。玄宗、肅宗相繼駕崩，直到代宗寶應二年（七六三）才終於平定叛亂。

安史之亂對唐朝的打擊極為沉重，儘管唐朝後來延續了一百四十年，與唐朝建國到安史之亂結束的前半期時間差不多，但一般人印象裡的「大唐帝國」或「花都長安」，聯想到的都是全盛的前半期。唐代後半期，改革者接二連三登場，企圖重建搖搖欲墜的大唐帝國，但只能暫時保命，無法從根本重建帝國秩序，就像一隻巨大恐龍逐漸邁向衰弱死亡的過程。

詳細經過請參閱本系列第六冊《絢爛的世界帝國：隋唐時代》[1]，此處略過不提，只簡單介紹當時實施的政策中，持續沿用至下個朝代的部分。

首先是兩稅法。建中元年（七八〇），宰相楊炎建議實行稅制改革，放棄過去基於均田制設計出的租庸調制，亦即以人丁徵收賦稅的理念，在承認土地私有化的基礎上，以家戶和土地資產為單位課稅。不僅如此，相較於過去視歲入多寡決定歲出額的做法，採用編列歲出預算決定歲入課稅額的方法，實現了國庫財政的健全化。史界認為，這些措施將王朝體制變革為財政國家。

為了因應變革需要，官僚機構也適度整編。不過，這些調整並非基於某個理念立法實施，純粹依據需要增加必要的組織與職務，使得整個官僚體制變得愈加複雜與矛盾。唐玄宗下令編纂的《大唐六典》中的機構圖，成為見證當年理想的古文資料。

其次要談的是藩鎮跋扈。安祿山駐守北邊邊防，是一手掌握軍事與民政的節度使，他將公權力轉化成私有勢力，到最後起兵反叛。唐軍在鎮壓安史之亂的過程中，於內地廣設藩鎮，給予身為統帥的節度使、觀察使莫大權力，期待他們有效率地徵用軍隊，達到穩定民生之效。在鎮壓叛亂末期，允許叛將投降，保障其投降後仍能保有勢力範圍，並由其統治該地。由於這個緣故，藩鎮遍布全國各地。

根據兩稅法的規定，三分之二的稅金留在當地運用，三分之一上繳中央，但有些藩鎮拒絕上繳稅金，甚至由當地軍隊決定繼任的節度使人選，完全無視朝廷權威。其中最囂張的就是投降後、朝廷任命為河北三鎮節度使的安祿山部下，這三個藩鎮竟成為實質上的獨立王國。河北三鎮指的是幽州的盧龍節度使、鎮州（今石家莊市附近）的成德節度使，以及魏州（今大名市）的魏博節度使。

最後是科舉官僚抬頭。隋代是中國第一個在官吏錄用上引進筆試的朝代，因此一般將其視為科舉制度之始。但直到唐代後半期，科舉才實際發揮作用。隨著國家體制的改變，需要的人才特質也不同。朝廷可以透過科舉考試，挖掘出可因應時代需求的優秀官僚。站在重建中央集權體制的立場與藩鎮對抗的主力，大多是科舉官僚。

另一方面，不少人科舉落榜或不得志後，轉為擔任藩鎮幕僚，創下不錯成績。韓愈雖然考上科舉，但一直未受貴族把持的吏部重用，後來在好幾個藩鎮擔任幕僚。如此優秀的人才為節度使所用，對中央政府來說，無疑是利敵行為，也是一大損失。那些企圖重振旗鼓、強化皇權的皇帝，最大的夢想就是將稅收、軍權與人才全部集中在自己手上。

韓愈和白居易效忠的憲宗皇帝在一定程度上算是成功的，可惜盤據在朝廷的宦官們以皇帝親信自居、違法濫權，加上官僚內部派系鬥爭，始終無法建立朝廷威信。就在大唐帝國的內臟逐漸被病魔吞噬之際，發生了使病情急轉直下的重大事件，那就是黃巢之亂。

黃巢之亂

乾符二年（八七五）六月，為了響應從前一年便在山東作亂的王仙芝黨羽，黃巢一族起兵叛變。王仙芝和黃巢皆從事違法的私鹽販賣，由於鹽在當時是朝廷專賣物資，他們經常與為了充盈國庫加強取締私鹽的唐朝政府產生衝突。當時正好華北一代發生大旱與蟲害，許多災民離鄉背井，四處流浪。黃巢集結這些貧民與無賴之徒，組成大型盜賊集團，四處洗劫富裕城市，自封衝天大將軍。

據傳黃巢參加過好幾次科舉都落榜，可說是一位具有古典素養的人物。起義之初，他們為了掠奪財物轉戰各地，像蝗蟲一樣吃光所有作物，再到下一個城市繼續洗劫。朝廷曾經試著鎮壓，無奈黃巢集團居無定所，無法採用圍城戰術，因此很難一網打盡。

乾符六年（八七九）初，黃巢集團從浙江、福建轉進廣東後，向朝廷要求節度使的職位，作為歸順朝廷的條件。黃巢打的如意算盤是，整個叛軍變成藩鎮軍隊，可以名正言順搜刮民脂民膏。從他們的作為即可得知，黃巢集團絕對不是解放農民的正義之士。說穿了，這不過是一群無法在社會立足，因自己缺乏能力而不被社會認可的激進分子，毫無規劃與正當性的揭竿起義罷了。他們也在尋找落葉歸根之處，希望回歸穩定生活。

不料，朝廷只願意給較低的官職。姑且不論黃巢本人意願如何，那樣的官職俸祿根本養不起與他一起出生入死的夥伴們。於是黃巢決定一不做二不休，在同年九月攻打廣州城，極盡燒殺擄掠之能事。廣州是南海貿易的據點，資源充沛、人民富饒。史書記載黃巢集團在廣州城殺了超過十萬人，但沒有任何證據可以證實這場「廣州大屠殺」究竟死了多少人，只能根據受害者的記憶和文件紀錄推斷。

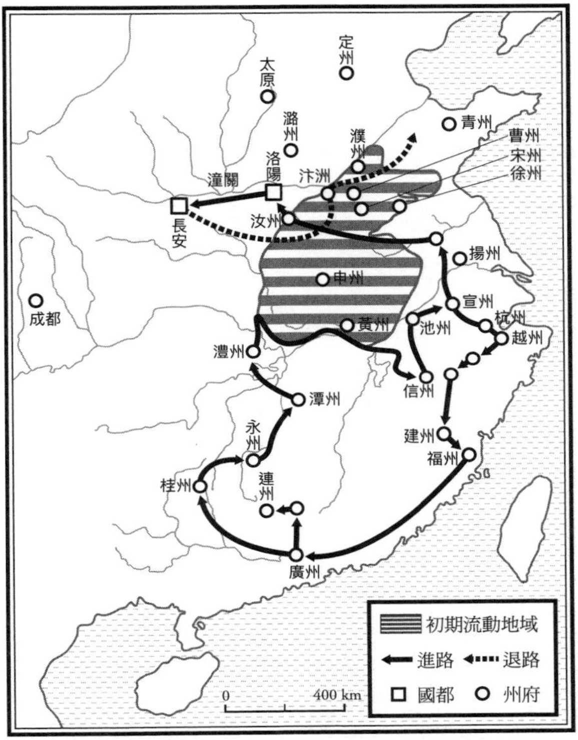

黃巢軍的前進路線　根據礪波護所著《馮道》一書的中公文庫版製成。

在廣州城搜刮完所有財物後，承受不住南方酷暑天氣的黃巢集團再次往北進攻。雖然途中繞了一些遠路，但很快便在隔年十一月包圍洛陽城。出乎意料的進攻速度讓來不及反應的唐朝朝廷無力抵抗，不只洛陽城在十一月被攻破，隔月，長安城也落入黃巢集團之手。

黃巢集團從往北渡過長江後，便開始出現變化。他們不再燒殺擄掠，黃巢自封天補平均大將軍，努力收買民心，大肆宣揚建設一個有別於唐朝的理想國理念。過去黃巢集團一直避免與唐朝軍隊正面衝突，此次卻直指洛陽、長安等唐朝的核心城市，由此可清楚看出黃巢集團的改變。在幾乎沒有遭遇抵抗便占領長安城後，黃巢在皇宮即位，成為皇帝，改國號齊、年號為金統。國號取自於他的出生地山東，年號則代表其繼承大唐的金德王朝。

漢代以來，中國的王朝交替基於五德始終說思想。五行是用來解釋世界萬物的思想，各王朝皆具備一種對應五行的五種「德」。每當王朝交替，便依循固定順序輪替德性。輪替順序採用西漢末期盛行的五行相生說，以木↓火↓土↓金↓水↓木的順序不斷循環。漢朝是火德，篡奪西漢的王莽與篡奪東漢的曹丕，皆稱自己的王朝為土德。三國時期的曹魏政權後來也遭到晉篡奪，晉自稱金德。南朝取代東晉的宋則是水德，北朝的唐則是承襲晉（金）↓北魏（水）↓北周（木）↓隋（火）的順序，稱為土德。

一般來說，中國在王朝交替時通常會舉行「禪讓」儀式，代表前朝皇帝承認天命更新，主動讓出自己的皇位給新任皇帝。儘管王莽、曹丕皆是以武力脅迫取得政權，但形式上還是要經過「漢皇帝禪讓並經過三次拒絕後，不得已即位」的過程，登基稱帝。

大唐帝國的接班人

黃巢登基並未經過禪讓之禮，而是在僖宗逃難四川，棄守長安城之際，自行在皇宮登基。宣布符合金德正統的年號，並對內外宣示自己是大唐帝國的接班人。此外，唐朝的正式名稱是「大唐」，本書為了區隔其他使用「唐」為國名的王朝，特地效法歷史先進的做法，將這個大家耳熟能詳的世界帝國稱為「大唐帝國」。順帶一提，黃巢的「齊」原本稱為「大齊」，國外的「大日本帝國」、「大韓民國」也是學習中國做法而取的國名。

唐僖宗棄守長安城之後，不少大唐帝國的中下級官僚依舊留在長安城，齊王朝直接接收這些官僚，由黃巢集團的幹部擔任大臣與將軍，和前朝官僚組成混合政府。天補平均大將軍的稱號已成昨日黃花，雖說長安城已不復往日榮景，但仍充滿昔日光輝，黃巢集團便寄生在前唐的空殼子上，為了奪取財富，大肆逮捕並殺害困居在長安城周邊的唐朝貴族。

另一方面，由於黃巢集團在這段期間建立了固定的根據地，反而遭到諸藩勢力的包圍，經濟狀況日益窘迫。金統三年（八八二），亦即大唐中和二年，駐守在同州的朱溫叛變。同州距離長安城東方不過一百公里，使長安城陷入岌岌可危的窘境。朱溫叛變對大唐帝國有功，因此朝廷賜名「全忠」，再次任命他為節度使。無論是安祿山或黃巢都沒能真正擊垮大唐帝國，沒想到這位朝廷希望他「完全忠誠」的男人，最後卻給予大唐帝國致命一擊，真令人不勝唏噓。

大唐帝國還有一支歸順大唐、賜名皇姓「李」的西突厥沙陀族武將，是李國昌之子李克用的軍隊。李克用率領身穿黑色戰服、號稱「鴉軍」的菁英部隊，成為大唐主力，大敗齊軍。黃巢逃出長安城後重操舊業，搜刮搶奪河南各地的錢財寶物，最後在故鄉附近的泰山山腳自殺而亡。由於朱全忠和李克用平定戰亂有功，在戰後成為唐朝皇帝眼前的紅人，也埋下兩雄相爭的對立隱憂。

朱全忠抬頭

朱全忠出身宋州（今河南省商丘市），父親是一名在鄉下教儒書的老師。朱全忠還有兩名哥哥，三個小孩中，只有朱大哥承襲乃父之風，深受鄉里敬重。但朱二哥與朱全忠生性無賴，加入黃巢集團為非作歹。朱二哥在廣東戰死沙場，朱全忠（當時名為朱溫）跟隨黃巢進入長安城。朱全忠是攻陷同州的指揮官，攻下同州後擔任防禦使，成為齊國舉足輕重的人物。後來與黃巢親信日生嫌隙，轉而投降大唐，擔任宣武節度使。其駐守地汴洲（今河南省開封市）是大運河沿岸的要衝，所有南方物資皆聚集在此處，再運送至洛陽與長安。加上汴洲距離他的故鄉不遠，他很早便發現此處的重要性。駐守汴洲之後，朱全忠的軍隊勢力急速壯大。

逐鹿中原

另一方面，他的勁敵李克用擔任河東節度使，駐守太原（山西省）。此處很適合培養驍勇善戰的騎兵軍隊，卻不是發展經濟的最佳城市。由於這個緣故，導致兩人在逐鹿中原的過程，走向截然不同的命運。

或許朱全忠早就發現這名來自西突厥的沙陀族人，將來會是他最大的敵手，因此趁著李克用奉命討伐黃巢經過汴洲之際，假意盛情接待，竟在半夜偷襲，企圖暗殺。李克用好不容易才逃離虎口，與朱全忠成為不共戴天的仇人。

就政治手段而言，朱全忠老奸巨猾的程度遠遠超過李克用，他花了很多力氣在宮中培養人脈，得到汴洲；黃巢死後，朝廷論功行賞，更封他為同中書門下平章事，相當於宰相之位。當然，朱全忠要的只是虛名，並未放棄汴洲，他同時受封沛郡侯，最後榮升沛郡王。儘管李克用向朝廷舉發先前的暗殺未遂事件，但因為朱全忠早在朝廷內外安插親信並做好疏通的工作，李克用反而背上汙衊朝廷的罪名，遭到討伐。往後的二十年，河南軍閥朱全忠與山西軍閥李克用不斷短兵相接，卻無法決定勝負，雙方僵持不下。

光化三年（九〇〇），發生唐昭宗酒後殺害幾名宦官與侍女的事件。宦官劉季述甚至上書「主上所為如此，怎堪再理天下？」，決定廢昏立明，推皇太子即位。劉季述立刻調派養子劉希度前往汴洲，以大唐政權為誘餌尋求朱全忠的支持。朱全忠還在猶豫是否派兵攻打朝廷，身旁親信勸說朱應誅殺劉季述。在觀望之際，劉季述失勢，唐昭宗復位。

打一開始便與劉季述不和的宰相崔胤想藉由朱全忠之手，掃除宦官勢力。朱全忠接到崔胤求援，出兵攻打長安。宦官韓全誨保護昭宗逃往長安西方一百多公里處的鳳翔（今陝西省寶雞市附近），投靠當地軍閥李茂貞。不料李茂貞殺掉韓全誨，將其首級送給朱全忠宣示忠誠。昭宗回到長安後，崔胤在朱全忠支持與指示下，下令誅殺七百名宦官。

宦官在唐代後期把持朝政，造成不少弊端，引發眾多危機，不過他們也幫助皇帝穩固政權。頓失宦官支持的皇帝就像失去手足般孑然一身，肅清有功的朱全忠封為梁王，地位更顯尊貴。後來朱全忠的侄子朱友倫打馬球時墜馬而死，朱全忠便借題發揮，殺了他在朝廷的重要夥伴崔胤。自此，唐朝宮廷已無任何人能與朱全忠相抗衡。

天復四年（九〇四），朱全忠要求昭宗遷都到自己的勢力範圍洛陽，並強迫長安城所有居民一起遷移。此時皇帝的禁衛軍已經解散，皇帝行幸時身邊只有幾名年輕的隨從護衛。朱全忠誣陷他們企圖謀反，在途中便將他們殺害，此後昭宗身邊全都是梁王朱全忠的親信。

篡奪王位

昭宗抵達洛陽後，朱全忠便以祝賀遷都為由，強迫改元天祐。晉王李克用、岐王李茂貞、楚王趙匡凝、蜀王王建、吳王楊行密等各地軍閥強烈反彈，高舉打倒朱全忠的旗幟。朱全忠深怕一直不服從自己的昭宗遭到各地軍閥勢力利用，便命令自己的部屬殺掉昭宗。另立大唐帝國的最後一名皇帝哀帝（昭宣帝）即位。這個時候，朱全忠已經決定篡位為王。

不過，哀帝並沒有按照他的旨意行事。哀帝想在洛陽南郊祭祀天帝，朱全忠聽了勃然大怒：「想祈求上蒼保佑大唐嗎？」於是私下派人殺害皇太后，迫使皇帝因喪無法舉行郊祀。

天祐四年（九〇七）正月，朱全忠篡奪王位的計畫來到最後階段。身處洛陽的哀帝派高官到汴洲，告訴朱全忠不久將舉行禪讓，說完便對朱全忠行臣下之禮。哀帝隨即下旨二月舉行禪讓，派宰相勸進朱全忠即位。此時朱全忠依照慣例，辭謝不就。到了二月，洛陽朝廷的大臣們奏請哀帝讓位，接著遵照皇帝旨意一起前往汴洲，請求朱全忠即位。追隨朱全忠的地方藩鎮也相繼上奏，要求朱全忠接下皇位。三月，第三次請求即位的使節團剛從洛陽出發前往汴洲，位於洛陽的哀帝便迫不及待下達讓位旨意。朱全忠剛開始還裝模作樣地表示：「這出乎我的意料。」表現出推辭的態度。但梁王宮中的官僚與從洛陽來的大唐帝國文武百官不斷哀求，他才勉為其難地接受，舉行登基儀式。改國號為大梁，年號開平，定都汴洲，將汴洲改名為東都開封府，定王朝之德為金。既然繼承土德的大唐，定為金德也很自然，但金德是與自己三十年前當將軍的大齊是一樣的德。

不料，新皇帝的大哥一聽到自己弟弟登基為皇，不僅沒為他感到高興，反而大罵：「朱三郎！你忘了你本是一名盜賊，多虧大唐天子提拔才能成為重臣？你這忘恩負義的傢伙將使朱氏家族絕子絕孫啊！」

果然，梁朝（史稱「後梁」）僅維持十六年便滅亡了。朱全忠在位五年後，就跟當年的安祿山一樣，被自己的兒子殺死。

華北王權的興亡

唐高祖李淵開創的大唐王朝，就這樣終結在一個從反叛軍招降來的暴發戶手中。朱全忠終於坐上了夢寐以求的皇帝寶座，並將自己的名字從只適合做臣下的「全忠」改成「晃」。話說回來，受到避諱慣例的影響，中國皇帝的真名不會在日常生活中出現，因此「朱晃」這個名字幾乎沒有在公開場合使用過。接下來要介紹的五代諸國皇帝也有不少人在即位後改名，但若一一說明過於繁瑣，因此本書使用他們在人臣時代較為人所知的名字。

五代十國時代

時隔二百九十年再次上演禪讓戲碼，照理說塵埃落定後，朱全忠應該是名符其實、君臨天下的中國皇帝，但他的勢力範圍僅限於華北部分地區而已。

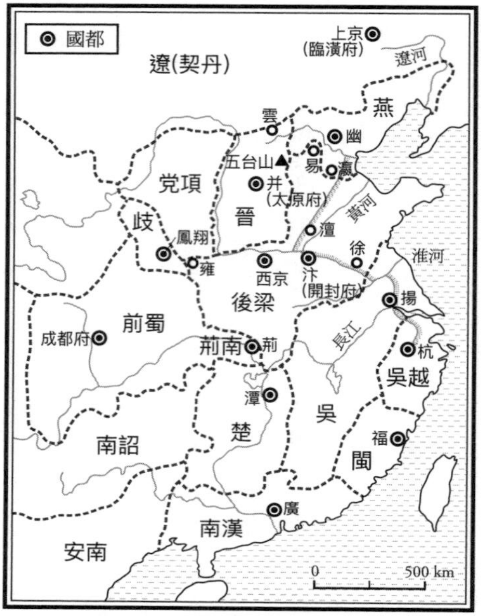

後梁時代的五代十國

首先，他最大的死對頭李克用不承認此次禪讓，並認為（逼迫昭宗）遷都洛陽完全是朱全忠的叛變行為，不接受改元天祐，太原照樣使用原來的年號天復。梁朝建立後，若承認朱全忠政權，就必須使用改元後的開平年號。李克用卻突發奇想，將現行的天復改成天祐。這件事說明起來有些複雜，簡單來說，李克用透過將年號從天復七年改成天祐四年的行為，宣誓朝奉實質上已經滅亡的大唐帝國，最終目的是要表達與梁朝對抗到底的決心。

同樣的，吳國（江蘇省）的楊渥也堅持使用天祐四年，表示不服從梁朝。吳國一直使用天祐這個年號到十五年，之後便建立自己的年號。吳越國（浙江省）的錢鏐在天祐四年後，創建自己的年號天寶，向後唐朝貢後便使用後唐的年號，往後一直使用五代與宋等各王朝的年號，這與中原皇帝賜封吳越統治者「吳越國王」的爵位有關。

從唐梁禪讓到周宋禪讓的五十三年之間（九〇七至九六〇）稱為五代十國，包括五個以洛陽或開封為首都的華北地區中原王朝，和其他主要地區的十個地方政權。不過，十國情況各有不同，除了吳越之外，荊南（湖北省）和楚（湖南省）等國，其實是地方上的「王」，他們皆臣服於其他王

後周時代的五代十國

朝的皇帝，使用其年號。而且為了生存，有時還得面臨更改朝貢對象。例如位於長江中游的小國荊南，一會兒服從吳國，過了一會兒又臣服於後唐，更改了好幾次年號。

另一方面，也有像吳國那樣自稱皇帝、自設國號的國家。蜀（四川省）王王建與晉王李克用一樣不承認天祐年號，天復七年（等於開平元年）九月，王建比朱全忠晚五個月稱帝，隔年正月改元「武成」。十年後，亦即西元九一七年，南漢（廣東省）也自行稱帝，使用專屬年號「乾亨」。閩（福建省）從獨立之初便奉中原王朝為正統，使用其年號，但後來也自稱皇帝，使用獨立年號。

其他還有消滅王氏蜀國（史稱前蜀）的後唐將軍後來自行建立的孟氏蜀國（史稱後蜀）、吳國禪讓成立的唐（史稱南唐）、繼承五代的漢（史稱後漢），後通稱為北漢等，各王朝君主都不是王而是皇帝，且擁有自己的年號。以西元九五七年為例，這一年為後周顯德四年、南唐保大十五年、後蜀廣政二十年、北漢天會元年、南漢乾和十五年。

不過，「五代十國」的說法起自於漢族中心史觀，若要討論此時期的王朝興亡史，絕對不可忽略另一個重要王朝，也就是契丹。西元九一六年，契丹首任皇帝耶律阿保機登基，是為神冊元年。該王朝後來受到中原王朝影響，改名「遼」，西元九五七年在遼國曆法上稱為應曆七年。關於此王朝的興盛衰亡，請參閱本系列第八冊《疾馳的草原征服者：遼、西夏、金、元》[2]，本書僅作為配角簡單帶過。

此外，周邊諸國的南詔（雲南省）、于闐（新疆維吾爾自治區）以及日本，都有自己的年號。以中國現在的國土來看，不免令人不解，既然南漢算在十國之中，為何南詔、于闐排除在外？道理其實很簡單，因為「五代十國」的說法是宋代產生的，從當時宋代的勢力範圍解讀即可看出端倪。

總而言之，本書是從王權興亡的角度，統整通常以「五代亂離」來形容的這個時期。唯有如此，才能充分突顯宋王朝的鮮明特質。

五代王朝更迭

話題再拉回「開平二年」，也就是西元九〇八年。這一年，堅決不承認後梁的晉王李克用，帶著未竟之志辭世於太原（這件事在當地是以天祐五年發生的事情記錄在史書裡）。李克用的兒子李存勗繼承他的遺志，親自領軍攻到黃河邊，與梁軍對峙。後梁皇帝朱全忠也御駕親征，阻止了李存勗進犯。隨後，兩軍陷入膠著狀態。

這場戰爭最為後人津津樂道的是，參加此戰的晉軍陣營之中，竟有五人後來成為皇帝。當然，當時誰也沒有料到，自己會在往後的數十年捲入帝位爭奪戰裡。

首先要談的是李存勗本人。開戰之初，無論人力物力，晉軍都不是梁軍的對手。後來朱全忠逝世，引發後梁內部紛爭，晉軍趁機轉守為攻，與後梁結盟的地方藩鎮勢力陸續投降。李存勗在魏州得到大唐傳國印璽（歷代王朝傳承的玉璽，代表皇帝的皇權。相當於日本皇室的三種神器）後，便以其祖父受賜李姓為由，登基成為後唐皇帝，改天祐二十年為同光元年，此時正是後梁龍德三年（九二三）。半年後，李存勗攻下開封，在軍事上徹底消滅了後梁。自宋朝以後至今，一般將李存勗視為新王朝創建者，稱其王朝為後唐。不過，李存勗認為復興大唐帝國是自己的使命，因此將自己定位為中興之祖，這跟三國時代蜀漢劉備的說法一樣。

李存勗立志復興大唐，在各方面推行復古政策。將都城遷到洛陽，恢復大唐法典，重用宦官和舊族血脈。不料，這個做法卻帶來反效果。李存勗登基僅三年，就在部屬發起的兵變中被殺害，養子李嗣源入洛陽，殺盡叛臣，之後稱帝即位，承認李存勗的功績，追封「莊宗」廟號。

李嗣源在五代諸帝中，是與後周柴榮齊名的明君。他因應時代需求改革官僚制度，整編軍隊組織，創設統籌財務的三司，建立禁軍主力侍衛親軍，這些制度典法皆沿襲至北宋。皇帝身邊的帶刀護衛（禁衛軍）在中國稱為禁軍，五代各個皇帝的共通政策就是擴大與強化禁軍。擴軍政策讓李嗣源得以遠征四川，消滅前蜀，擴張自己的王朝版圖，獲得很大的成效。相傳李嗣源不太識字，於是任命宰相馮道印製儒教經典書籍，推廣文化事業。李嗣源死後追封明宗。在他掌權統治的第二年，也就是天成二年（九二七），趙匡胤、亦即後來的宋太祖，在他治下的都城洛陽誕生了。

李嗣源的親生兒子繼承了皇位，但很快就被長安軍閥、李嗣源的養子李從珂殺害，帝位也被篡奪。無論李嗣源或李從珂，他們與先帝只有名義上的血緣關係。而且從傳統觀念來看，也都是透過政變取得政權，等於實質上的王朝交替。話說回來，這些李姓後代都是西突厥沙陀族人，原本與大唐皇室無關。這在傳統的政治秩序裡，是無法想像的異常狀態。用武力篡奪帝位後，李從珂削減藩

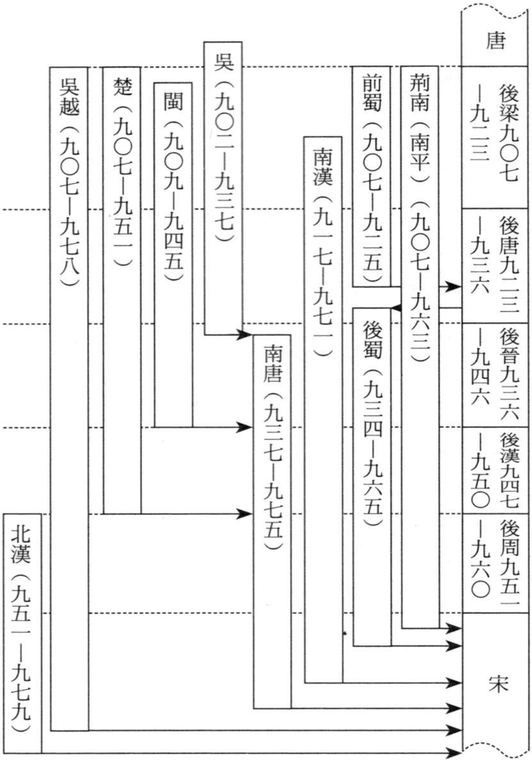

五代十國的興亡年表

鎮勢力，企圖強化王權，他心中最大的勁敵是李嗣源的女婿石敬瑭。感受到危機的石敬瑭在太原造反，恢復李嗣源時代的年號「長興」，宣示不承認李從珂皇權的決心，但他也沒有實力進攻洛陽。為了打敗李從珂，他以事成後進貢大量財寶，並割據華北地區部分土地為條件，向契丹皇帝求援，此次割讓的燕雲十六州便是日後宋遼開戰的遠因。契丹的精銳部隊勢如破竹，很快就大敗唐軍。石敬瑭受契丹皇帝之命即位，由於根據地為太原，便改國號為晉。後唐在建立十三年後，於西元九三六年滅亡。

石敬瑭在位六年，為了保住自己的王權，以年號「天福」象徵天賜帝位，一心與契丹維持友好關係。但繼承石敬瑭帝位的石重貴，任命強硬派人士為宰相，採取對抗契丹的策略（石重貴為石敬瑭的侄兒，稱呼石敬瑭「皇叔」。此事也會在下一章提及）。契丹皇帝耶律德光親率大軍，南向攻打晉朝（史稱後晉）。晉軍在此役獲勝，石重貴大感欣喜，竟一反常態在年度期間改年號，將天福改成開運，這件事發生在他即位第三年的時候。契丹前面兩次的進攻皆敗在晉軍手下，開運三年（九四六），契丹第三次揮軍，終於成功攻陷開封。後晉的十年國運自此畫上句點。皇帝石重貴被契丹軍俘虜，囚禁在北方。由於被挾持到國外，因此後朝給他的謚號為「出帝」。耶律德光原本打算就此占領華北，特地讓馮道率領後晉的文武百官勸進，在開封遵循中國禮法登基為帝，同時改國號為遼。沒想到這時，皇太后黨羽在契丹國內組織的對抗勢力日益增強，華北各地也紛紛出現反遼抗爭，耶律德光決定回國，卻在途中殞落，華北因此陷入政治真空狀態。

曾在石敬瑭麾下擔任武將的劉知遠，趁著這個機會即位為皇帝。不過，他登基的情形在中國歷史上十分少見，在登基幾個月後，仍維持舊有的國號與年號。正確來說，由於他不承認出帝石重貴與遼對抗的強硬政策，因此不使用開運年號，自稱天福十二年。換句話說，他並非在法制上創建新王朝，而是接受皇帝被俘的現狀，以「後晉第三任皇帝」的身分繼承皇位。後來他進出中原，定國號為漢（史稱後漢），加上其為劉姓，自稱大漢帝國皇室的後代，立志統治華北地區。他在供奉王朝祖先的宗廟裡，祭祀漢高祖劉邦與漢光武帝劉秀，便是為了正當化自己的皇位。其實劉知遠也是沙陀族出身，改了國號之後，他自稱難忘舊主石敬瑭知遇之恩，未變更年號，直到隔年（九四八）正月才改元「乾祐」。

劉知遠在即位前即以太原為根據地，自此，後唐、後晉、後漢皆為太原出身的將軍建立的新王朝，展現出由李克用打下基礎的山西軍閥的堅強實力。值得注意的是，所有王朝皆定都中原的洛陽或開封，導致政治經濟中心與軍事基地分離，無法穩固王權。由於太原的地理條件相對獨立，李從

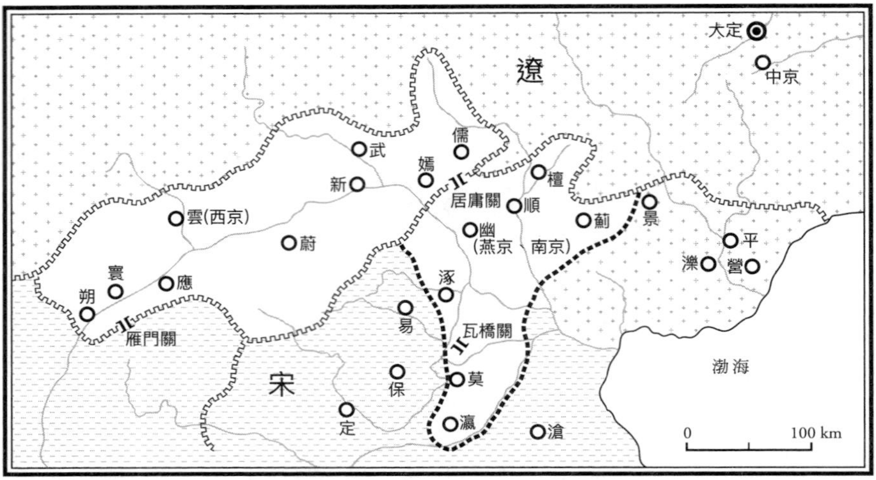

燕雲十六州略圖　根據佐伯富《宋朝新文化》資料製成。

珂為了奪取石敬瑭的軍權，想調換其領地卻遭拒絕，憤而轉向契丹求援，與宋朝建國後討伐北漢久攻不下，皆是這個原因造成的。

劉知遠即位剛滿一年便逝世，繼承皇位的劉承祐為了穩固政權，刻意疏遠勢力龐大的大臣與將軍。其做法與後唐李從珂、後晉石重貴如出一轍，卻也引發駐守魏州的郭威將軍反彈。劉承祐得知郭威可能叛變，殺光住在開封的郭威家族，最後遭到與郭威友好的臣子殺害。

郭威占領開封後，擁後漢皇太后掌朝，自己在背後操控，掌握實權。歷經政變仍穩坐權力中心的馮道獻策郭威，建議他推舉鎮守太原的劉知遠之弟劉崇的兒子，亦即目前正在其他地方擔任節度使的劉贇為皇帝。沒想到劉贇還沒來得及到開封，郭威便以迎擊遼軍南攻為由，出兵至黃河沿岸的澶州，在該處接受軍隊擁立。返回開封後，在皇太后的禪讓下即位，周王朝（史稱後周）自此成立。五代的每個王朝都很短命，其中以後漢最短，在劉知遠稱帝後僅四年便滅亡。

另一方面，劉崇還沉浸在自己兒子當皇帝的喜悅之情，拒絕承認開封政變，自行稱帝登基，繼續沿用乾祐年號。自認為漢朝的第三任皇帝，後世為了與後漢有所區隔，將劉崇政權稱為北漢。北漢延續四代，長達三十年，是十國中最後被消滅的王朝。廣運六年（九七九），北漢投降宋軍。這一年，宋朝的年號為太平興國四年。

革命理論

在禁軍支持下的禪讓

郭威透過禪讓篡奪了皇位，這是華北地區自朱全忠以來相隔四十四年的禪讓戲碼。後唐以武力手段消滅了後梁，不過，後唐以大唐帝國皇室一族自稱登基，不承認唐梁革命，自認是大唐帝國討伐逆賊朱氏，並非與後梁交替政權。

多年後，後晉請求契丹援助，起兵謀反消滅後唐。由於這個緣故，後晉對契丹皇帝行臣下之禮，就連石敬瑭即位稱王，也是在契丹皇帝的命令之下完成，並非從後唐繼承而來。

劉知遠是第一任後晉皇帝，他自稱大漢帝國皇裔，故定國號為漢，這一點與後唐相同，或許是從五胡十六國之一，匈奴族劉淵自稱再興漢朝的故事中獲得啟發。

這類山西軍閥內部的皇位爭奪戰，與從漢到後梁易姓革命式的改朝換代不同。禪讓指的是現任皇帝主動讓位，繼任者在不得已的情形下接下皇位的制度。基本上是一種流於形式且符合貴族制度的空泛儀式。山西軍閥不採用禪讓制度，而是勝者否定前朝後，再找更具正統性的根據支持自己即位的正當性；這個做法也宣告了實力本位的新時代來臨，不過，郭威卻又復活了禪讓制度。

郭威是劉知遠的部將，也是山西軍閥的一員，革命前是駐守魏州的軍隊指揮官。由於魏州是北齊都城，又名鄴都，唐朝後期設置魏博節度使，是河北地區的軍事重鎮。後來宋朝定為四京之一，稱北京大名府，成為對抗遼國的軍事基地。從這一點來看，後周的建國，與後唐、後晉、後漢等由出身太原的山西軍閥將軍建國的情況不同。劉知遠很清楚太原在軍事意義上的重要性，所以才會派自己最信任的弟弟劉崇駐守該處。不料最後是其他地方的將領發動軍事政變，取了劉崇兒子劉贇的性命。

郭威取國名為周，是因為他自稱出身自古代周朝王族的旁支。從李存勗的後唐、石敬瑭的後晉、劉知遠的後漢回溯至更古早的周朝，藉此宣揚自己的正統性。事實上，這個做法完全反映出其並非出身皇族而抱持的自卑感。這一點跟日本戰國大名（相當於中國的諸侯）的心態十分相似（不過，石敬瑭並未自稱是晉朝司馬氏的後裔）。

郭威跟李存勗、石敬瑭、劉知遠等來自山西的沙陀族不同，他是出身河北的漢族，自稱是古代周朝皇室的後代。這個時期各民族混居的情形十分常見，各血統之間也有相當程度的融合，光靠漢族最重視的父系祖先血統，已無法證明其具有生物學上可強調純漢族血統的ＤＮＡ。但後世史書仍強調他的漢族身分，由此可見，後人想打造的是蠻族王朝統治終於結束，漢族王朝復興的美好故事。這個現象可同樣套用在隨後興起的宋朝皇室趙氏一族身上。建立宋朝的趙匡胤兄弟的父親趙弘般出身河北涿州，其祖先據說就是戰國時代的趙國皇族。

郭威還沒進開封，他的敵人劉承祐就被殺害，所以郭威是在和平狀態下掌握權力的。對他來說，想成為皇帝，由前朝皇帝禪讓皇位是最合理的做法。或許正因如此，他才選擇以禪讓的形式即位。不過，他的禪讓戲碼與過去不同，過程更加複雜。他先以禁軍總司令身分出兵，受到軍隊擁戴，不得已只好回到都城強迫皇太后禪讓。此時他的身分已不是駐守魏州的一介軍閥，而是在首都護衛皇帝的禁軍總司令。換句話說，擁簇他的不是地方駐守軍，而是皇城禁軍，這一點也是這次革命的特色。郭威在澶州由禁軍將領將黃色旗幟纏繞在其身上，黃色是皇帝的顏色，這面黃旗應該是禁軍的標誌。將黃旗裹在身上，代表郭威已經成為皇帝。由此可見，早在禪讓之前，郭威藉由禁軍的效忠在澶州發動革命。令人玩味的是，從頭到尾見證此事的禁軍將領趙匡胤，在九年後原封不動地將一切重演一次。

五德終始說

禪讓之後，接下來要解決的是「德」的問題。先前介紹黃巢之亂時，曾稍微提及五德終始說。雖然史書記載得不夠明確，但一般認為後周取代後漢時，即依照五德相生說的觀念進行了一次德的交替。宋朝消滅後周時，由於沒有太大的爭議便確定了宋的德，這說明後周早已經確定了自己的「德」。從宋朝是火德來推算，後周是木德，再之前的後漢則是水德。

不過，後漢本身是否明確宣示自己為水德則不得而知。從上述王朝建立的情況來看，不一定要確定德。或許是後周取代後漢時，為了完成禪讓才在後漢滅亡前趕緊確定了德。

後周確定為木德後，從五行順序來看改朝換代，是一件意義深遠的事情。全天下都知道大唐為土德，若依此推論，這中間只經歷了兩個朝代（當然，二加五等於七，理論上也是可能的，但這與史實不符），後晉與後漢。如先前所說，後唐是大唐中興的王朝，因此也屬於土德。簡單來說，按照五德終始說的循環，後梁其實是不存在的。此觀點直接影響後來宋朝編纂四部類書之一《冊府元龜》的見解，該書將後梁歸類在與十國相等的範疇裡。後唐王朝一貫的主張就是不承認後漢的正統性，後周與北宋都和山西軍閥政權有關，因此具有相同史觀。總結來說，大唐帝國的正統透過李克用父子的中興，傳承給後晉、後漢與後周，最後來到宋朝。

另一方面，宋朝在開寶七年（九七四）以薛居正為主編纂正史史書《五代史》。宋朝在確定一統天下之後，將華北地區的五個短命王朝一起納入正史，不僅可以顯示自己不會成為「第六個短命王朝」的決心與自信，也令人感受到他們從客觀角度將後梁視為正統王朝的廣闊胸襟。八十年後由歐陽修撰寫的《五代史記》也採取相同立場。後世為了區分兩者，將前者《五代史》稱為薛史或《舊五代史》，將後者《五代史記》稱為歐史或《新五代史》。創建「五代」這個名詞，是宋朝以大唐繼承者自居的產物。

最後的禪讓

五代第一明君——柴榮

郭威在終結中原殘局不久後，僅在位三年便逝世，廟號太祖。由於郭威的兒子皆被殺害，因此指定皇后柴氏的哥哥柴守禮之子柴榮繼承皇位，他成為後周第二任皇帝。郭威又稱為「郭雀兒」，柴榮的姑姑初次看見這位英姿煥發的年輕將領便一見鍾情，不顧父母反對執意下嫁。這段故事也被改編成戲曲，在中國家喻戶曉。事實證明她看男人的眼光相當精準，不僅自己的丈夫成為皇帝，自己的侄子也登基為王。

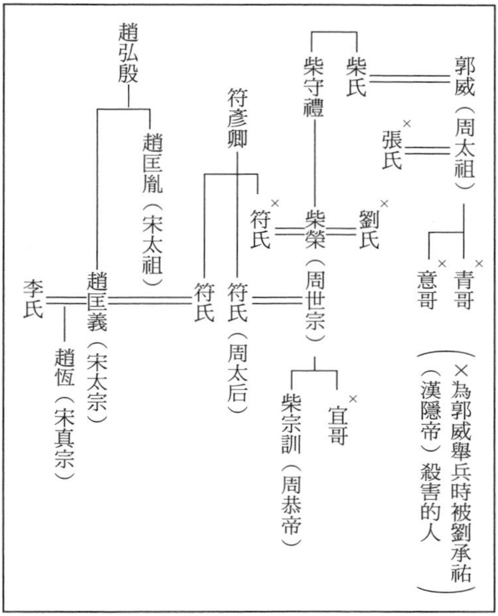

後周與宋朝皇室關係圖

話說回來，柴榮的即位無法從傳統理論來解釋。儘管已經有了如後唐一般，非親生父子、而是由養子繼承皇位的先例——沙陀族與漢族不同，姑且不論漢族的姓對沙陀族有何意義——但在當時，所有養子皆改姓李。可是，柴榮卻沒有改姓，還是以自己的柴姓即位，從儒家的政治理論來看，只能算是「易姓革命」。但是從現存史料中，完全找不到後周朝廷就這件事議論的蛛絲馬跡，這說明後周沒有

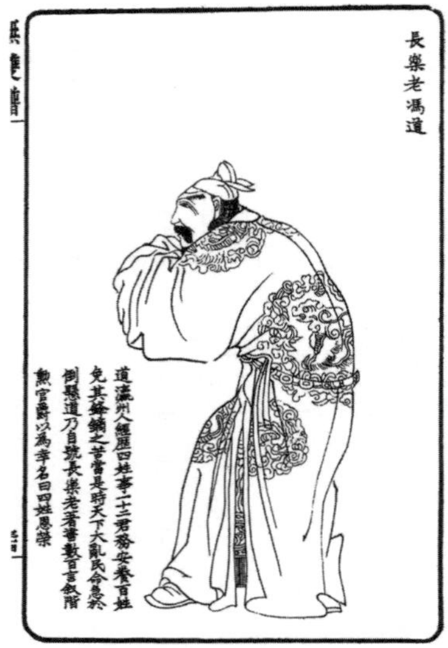

宰相馮道畫像 引自金古良撰《無雙譜》。在風雨飄搖的五代十國時期，侍奉八姓十一君，仍能穩坐權力中心，以文化人的身分留下許多豐功偉業。

考慮儒家傳統的大義名分和王權禮儀。

另一個問題是，柴守禮在兒子即位時還健在。他先做高官，隨後隱居洛陽，以太上皇自居。身為太上皇，若能遵守法紀，做一個善良百姓那也不錯。偏偏他雖名為「守禮」，骨子裡卻是一個不折不扣的中年無賴，甚至還犯下殺人罪。即使是五代第一明君柴榮也不知該如何處理這個問題。最後柴榮沒有治父親的罪，這個決定使他被後人議論紛紛。不過，各界的議論並非撻伐柴榮，而是稱讚柴榮「不愧是一代明君，能赦免父親的罪行，真是個大孝子！」這些觀點完全顛覆現代常識，由此可以看出中國傳統的公私觀念。

自認華北地區正統政權的北漢，趁柴榮剛登基，政權不穩之際，計畫大規模侵略後周領土。北漢與遼軍結盟，如虎添翼，企圖一舉消滅後周。此時後周朝廷內以馮道為首的官僚主張固守開封城，但血氣方剛的柴榮親自率領精銳部隊，在山西省高平遭遇敵軍。儘管後周部隊的人數遠遠不及北漢聯軍，在經過一番激戰之後，後周大勝北漢。雖然規模天差地別，但這場戰役的歷史意義與六百年後日本發生的桶狹間之戰[3]不相上下。北漢自此失去了進犯中原的力量，後周得以無後顧之憂地採行南進政策。二十八歲的趙匡胤在這場戰役立下大功，被拔擢為禁軍新設的殿前司都虞候。

這一年，宰相馮道逝世。馮道自侍奉晉王時代的李存勗以來，經歷多次軍事政變和易姓革命，在風雨飄搖中依舊穩坐中央政府要職。同時以文化人的身分留下不少豐功偉業，其中尤以他在李嗣源時期推動經書典籍印刷事業最為人津津樂道，此舉對於學術史和技術史發展貢獻良多。但在宋代歐陽修與司馬光的正統史觀確立後，從後唐、後晉、遼、後漢、後周的「五朝」算起，李嗣源、李從珂算是後唐的異姓，柴榮算是後周的異姓，一共「八姓」，馮道合計侍奉「十一君」。這樣的從政經歷使其備受批評，被認為是不遵守臣下之道，違背大義名分之人。近代顛覆了這個基於儒家思想的評價，大多數人從善意角度解讀，他們認為馮道是為了百姓著想，忍辱負重，為的就是維持社會秩序。不過，無論後世如何評價，自稱長樂翁的馮道若地下有知，也只會回以笑容。因為文官在當時都是過著這樣的生活，馮道並不特別。能在野蠻軍閥間生存下來，保有自己的地位與權力，馮道的處世態度可說是亂世偷生的智慧結晶。

話說回來，高平之戰對於南北勢力消長有很密切的關係。在此之前，華北地區的各個王朝不敢小覷以太原為首的藩鎮軍閥，與在幕後操控的遼國，沒有多餘心力將國家勢力擴及南方。雖然其與在繼承大唐王朝的名義上處於敵對的南唐王朝（西元九三七年由吳國禪讓成立）關係一直很緊張，卻沒有能力開戰。柴榮排除了北方威脅後，下定決心與南唐一決勝負，這一切起因於樞密使王朴的奏摺。

王朴上奏表示：「現在雖然在高平打了勝仗，但如果立刻揮軍北上，不可能取得多大的戰果。與其如此，不如先平定軍事實力較弱的南方諸國。如能掌握南方富饒的經濟實力，就有足夠的後援與北方進行持久戰。為此，應先討伐蜀國和南唐。」

柴榮親征南唐並獲得了勝利，占領淮水以南的食鹽產地。食鹽出口是過去南唐經濟繁榮的關鍵。後周取得食鹽產地後，也大幅成長為經濟強權。趙匡胤在這場戰役中也立下汗馬功勞，凱旋回國後，榮升殿前都點檢。殿前軍是柴榮在禁軍創設的精銳部隊，殿前都點檢相當於總司令。不過，對趙匡胤來說，在陣中結識幕僚趙普，可說是他最大的收穫。趙普後來在宋朝是輔佐前兩任皇帝有功的名宰相。

親征南唐之前，柴榮先實施了鎮壓佛教的政策，亦即所謂的三武一宗法難（北魏太武帝、北周武帝、唐武宗、後周世宗的佛教鎮壓）的最後一個。不過，這個政策並非從教義上視佛教為邪教，而是整頓經濟實力較強的佛教教團，沒收所有錢財充實國庫。換句話說，柴榮是利用世俗權力壓制宗教力量，這一點與日本的織田信長十分接近。

事實上，有些歷史學者認為後周到宋統一天下的過程，與日本十六世紀極為相似。柴榮為織田信長，其部屬、亦即後來嶄露頭角的接班人趙匡胤是豐臣秀吉，實現一統天下夢想的趙匡胤之弟趙匡義，則是德川家康的角色。不過，回過頭來看，真正與趙匡義相符的人物，應該是秀吉的親生弟弟——大和大納言秀長。日本也有不少學者認為，若秀長活得比秀吉還久，最後或許真的是豐臣秀長一統天下。

在柴榮的英明領導下，長久以來群雄割據的局面開始出現動搖。柴榮在親征南唐獲得勝利後，接著將矛頭指向北方的契丹。目的在於收回石敬瑭登基時割讓的河北各州，也就是燕雲十六州。戰事進行得十分順利，無奈老天爺不再眷顧後周。明君柴榮在陣中罹病，顯德六年（九五九）六月，年僅三十九歲便撒手人寰，繼位的小皇帝年僅七歲。

揭開長壽王朝的歷史序幕

小皇帝即位後，中國歷史上最後一齣禪讓戲碼正式展開。禪讓劇的內容是要擁立禁軍最強掌權者趙匡胤為皇帝。所有宋代編纂的史書皆記載趙匡胤在被擁立之前，從未想過要稱帝。當然，史書必須這麼寫，否則趙匡胤就成為奪權篡位的亂臣賊子，失去當皇帝的大義名分。不過，若是從到目前為止五代王朝的興盛衰亡來看，便知道禪讓劇的主角趙匡胤不可能沒參與這齣戲的編寫演出。儘管禪讓劇的主謀設定給參謀趙匡義和幕僚趙普，但一般認為，在幕後指使他們行動的不是別人，正是在亂世中飛黃騰達、年紀輕輕便擔任禁軍總司令的趙匡胤。

顯德七年（九六〇）元旦，遼國大軍大舉南下的緊急軍情傳至開封，朝廷決定正面迎擊。正月初三早晨，趙匡胤率領大軍出征，紮營位於郊外的陳橋。當天深夜發生一起重大事件。軍隊裡不知由誰帶頭喊出：「我們沒有值得敬仰的君主，我們冒死與遼對抗，為誰而戰？我們應擁立都點檢當皇帝才對！」立刻萬人呼應，鼓譟不止。

士兵鼓譟的消息立刻傳到趙匡義和趙普那裡。在一陣爭論之後，兩人堅持讓擁趙派將領在帳外守著，由他們進入趙匡胤的營帳告知此事。趙匡胤天性好酒，睡前也暢快痛飲，現在睡得正酣。趙匡義和趙普硬是將趙匡胤叫醒，擁出帳外，傳達眾人要他稱帝的意願，並披上不知由誰早已準備好的黃色旗幟。與九年前郭威臨時稱帝不同，這次是經過縝密計畫，連黃袍（以黃旗代表）都準備好了。他以不危害後周皇族與高官，不掠奪開封為條件，接受部屬的擁戴。

初四當日，革命軍返回開封。此時宮裡的內應早已做好疏通，入城時沒有遭遇任何阻礙。趙匡胤的家人早就到寺廟避難，安全無虞。禪讓時，翰林學士還從袖子裡拿出早已寫好的詔書宣讀。由於趙匡胤早在九年前就經歷過一次禪讓戲碼，不僅事前準備充足，手法也極為漂亮。儘管還是有一些高官將領反抗，無法做到真正的無血革命，但基本上還是按照計畫，順利完成了王朝交替。

趙匡胤即位後定國號為宋。他不只是殿前都點檢，同時也是歸德節度使，其駐守地是春秋時代的宋國故地，故以此命名。照理說，他使用自己家系的「趙」為國號也沒問題，但一般認為他選「宋」的理由，應該跟宋為殷朝遺民之國脫不了關係。況且，趙匡胤的父親就叫做「弘殷（弘揚殷朝）」。無須多言，殷朝是周朝之前的王朝。從李存勗開始的「效法過去偉大王朝」的策略，至此回溯至殷朝，已無人能再出其右。順帶一提，為了避諱「弘殷」的名字，宋朝將殷朝稱為「商」。

趙匡胤即位後，立刻發布一連串建立新王朝的詔書。首先向天地神祇報告。受到儒家思想影響，歷代王朝天子都會藉由這項儒家禮法，表達自己是接受天命統治眾人。即使是透過軍事政變取得政權也要這麼做。不過，正因為趙匡胤是政變篡位，更需要這麼做以拉攏民心；新王朝的德，則為火德。

經過一番曲折後，持續三百十六年的長壽王朝就此展開。此時正是新年號建隆元年正月。本書為了表達對宋代皇帝的敬意，以下皆不使用其本名，以廟號稱之，趙匡胤也以太祖相稱。

專欄一 鹽

從生物學理論來說，人不吃鹽無法存活。日本國土四周環海，各地有許多鹽田，加上海產豐富，因此日本人經常吃得到鹽。陸地國家中國與日本不同，內陸地區不產鹽，因此位於內陸的地區必須從產地運鹽，可說是十分特殊的產物。歷代王朝政府皆透過徵收鹽稅充實國庫，宋朝則是鹽稅制度最完善的朝代。

宋朝依產地規定鹽的流通範圍（施行鹽地制度）。在黃河支流解池（解州的鹽池）產的鹽只能送到北部內陸地區；在淮水河口地區鹽田產的鹽限於江南地區流通。剛開始朝廷實施榷鹽法，由官方專賣，壟斷食鹽生意。後來頒布通商法，由經過核准的商人進行買賣。特別是為了籌措禁軍經費，讓商人將現金和貨物運送至開封或北邊邊境的駐紮地，取得鹽印（鹽票）後，拿到鹽產地換鹽。

相較於鹽的生產價格，國家課的稅相當高，因此走私鹽圖利的問題層出不窮。如同現代社會存在的走私毒品和軍火問題，販運私鹽的黑商也都是具有武裝軍隊的組織。應該說，唯有這樣的組織才有實力販運私鹽。黃巢、朱全忠，還有蜀國的王建、吳越的錢鏐皆出身自這些武裝組織。

海鹽的生產　（引自《經史證類備用本草》）

註釋

1 【編註】臺灣商務印書館於二〇一七年十二月出版。另外，關於遊牧民族出身的安祿山起兵，對於歐亞大陸東西兩邊所造成的歷史波動，請見本系列第八冊《疾馳的草原征服者：遼、西夏、金、元》，二〇一七年九月出版。

2 杉山正明著，臺灣商務印書館出版，二〇一七年九月。

3 【譯註】發生於一五六年日本戰國時代的戰役。東海道大名今川義元親自率軍攻入尾張國境內，在今愛知縣名古屋市一帶，遭織田信長領軍奇襲陣亡。戰後，原本稱霸東海道的今川氏從此沒落，獲勝的織田信長則在中日本和近畿地方迅速擴張勢力，奠定其日後掌握日本中央政權的權力基礎。

第二章　朝廷運作

邁向統一之路

收攬民心──實現文治制度

一、不加害後周皇室與政府高官。
二、不在開封市內燒殺擄掠。

這是太祖在陳橋接受軍隊擁立時提出的兩大條件，他要求所有將士都要嚴格遵守。

過去幾十年來，每次發生政變，前朝皇室與高官就會被殺害，都城人民也難逃燒殺擄掠的命運。太祖的要求無異是揮別山西軍閥權力鬥爭的舊有型態，表現出展開新時代的決心。

事實上，他們確實嚴格遵守這兩大條件。後周最後的皇帝被封為鄭王，性命也受到保護。《水滸傳》裡的首領之一柴進，便是以鄭王子孫為人物設定。後周文官基本上也全都留下來，成為宋朝高官。從禪讓詔書的草案是翰林學士事先擬定好的這一點來看，太祖早就將手伸進文官體制，做好一切安排。不僅如此，宋朝國策是以文人官僚為主建立國家制度，各位讀者只要繼續看下去即可看出端倪。此外，不只是軍事政變攻陷都城的情形，就連九年前郭威不費一兵一卒接受禪讓即位時，他也允許禁軍在開封燒殺擄掠，並將軍隊掠奪來的財寶視為犒賞。由於這個緣故，政變會危及一般市民的生命財產。宋太祖反其道而行，比起軍隊的士氣，將收攬民心視為施政的首要條件，由此可看出其實施文治制度的決心。

自唐梁禪讓以來，華北王權成為軍閥群雄的爭奪目標。登基為皇者無不保持警戒，深恐有一天自己也會被趕下來。

柴榮親征北方時，一看到「點檢將成天子」的預言書，便立刻陣前換將，將當時的都點檢換成太祖。不僅如此，柴榮看到面帶福耳之人便將其殺害，唯一逃過一劫的就是太祖。太祖傳裡記載的許多故事是否為真無從查起，但至少可以確定，上述內容應該是真的。

為了將皇位傳承給自己的子孫，柴榮訂定了許多嚴格規定，但唯有太祖被排除在外。或許這是基於柴榮對太祖的信賴，或從另一方面來看，柴榮認為「趙匡胤沒有奪權篡位的本事」。這兩人的關係很像日本戰國時代的織田信長與豐臣秀吉。遺憾的是，最後皇位還是落入了太祖之手。太祖事後回顧，認為這一切都是天命。

太祖即位後，立刻想辦法穩住自己建立的王朝，在趙普獻策下，上演了知名的「杯酒釋兵權」歷史故事。

話說有一天，太祖舉行酒宴，慰勞過去跟隨自己出生入死的夥伴，他們現在個個都是位高權重的大官。

席間，太祖對將領們說：「朕能當上皇帝都是各位的功勞，但朕當上皇帝，卻沒有一天睡得好。」

底下將領一聽大驚失色：「陛下何出此言？」

「這天下誰不想當皇帝？」

「絕無此事，如今天命已定，誰敢再有二心？」

「此言差矣。若有朝一日，有人將黃袍披在你們身上，你們將如何反應？」

「臣惶恐！請皇上明示一條生路！」

「放棄軍權，在各地購置房產，每天開開心心地過日子，這樣不是很好嗎？」

第二天將領們紛紛告老還鄉，於是太祖將軍隊併入禁軍麾下，由其信賴的部屬帶領。始於安祿山之亂的藩鎮跋扈風潮，自此告一段落。

雖然至今仍無法證實「杯酒釋兵權」是否為真，但這個故事仍深刻描繪出當時的內情。如同柴榮並未看出太祖的野心，即使是旁人看來溫和無害的人，只要身為軍隊司令，其與軍隊之間的關係就會異常密切。在此情形下，將領受到部下擁戴，一定會立刻興起篡位念頭。五代初期受到太原軍閥強盛兵力的威脅，歷代皇帝為了與軍閥對抗，積極加強禁軍實力。可是他們萬萬沒想到，自己提拔的禁軍將領，卻先後建立了後周與宋朝。太祖成功地改變軍隊體系，讓禁軍從此成為皇帝直轄的軍隊。

宋朝建國後，南唐和吳越等原本臣服後周的南方諸國紛紛進貢開封，慶祝新政權的成立，奉建隆年號。另一方面，宋太祖在趙普提議下，開始對不服從宋朝的其他政權採取軍事鎮壓，順利平定南方。乾德三年（九六五）擊敗後蜀、開寶四年（九七一）滅絕南漢。

容我說個題外話。太祖十分注重年號制定，他向大臣表示：「一定要選個過去從來沒使用過的年號。」有一天太祖竟然在宮中備品上看到「乾德四年」幾個字，他立刻勃然大怒，將宰相叫來質問。沒想到宰相十分沉著地說：「這是蜀國的用品吧？前蜀曾經用過乾德這個年號。」太祖一聽，立刻龍心大悅地說：「宰相果然還是要用讀書人啊！」前蜀的第二任皇帝確實用過六年乾德年號，但令人玩味的是，太祖並不知道此事，宋朝採用乾德年號時也從未想到蜀國。

換句話說，太祖絲毫不知幾十年前的地方政權，知道地方政權的官僚也從未將諸國視為正統王朝。這個現象突顯出太祖是個毫無學識的粗鄙武人，官僚們則是博學多聞的知識分子。太祖將與自己相同的夥伴趕出權力中心，並將自己的王朝託付給文官們。這些文官也不負所託，不僅創造全新風氣，也撐起宋朝長達三百年的歷史。

隨著周遭諸國陸續滅亡，南唐捨棄國號，謙稱「江南」，對宋朝表達恭順之意，企圖穩固與宋朝之間的關係。但太祖並不想放棄自己對於這個富庶之地的征服野心。開寶七年（九七四），太祖命曹彬率軍討伐江南，要求官兵攻陷都城昇州（今南京）時不得殺害百姓，而且必須生擒李氏皇家一族。雖然江南勢力今非昔比，但畢竟是曾經凌駕華北政權的強國，宋軍花了許多時間仍未打下江南。後來曹彬不得不動員效忠宋朝的吳越軍隊，在隔年十一月攻陷昇州，活捉後主李煜，護送至開封；太祖先是封他「違命侯」，藉機羞辱，將其幽禁，太宗即位後，則以毒酒將李煜殺害。

繼承皇位

開寶九年（九七六），太祖大致壓制南方諸國，開始進攻北漢。沒想到太祖卻在此時駕崩，由其弟晉王趙光義（為避諱哥哥太祖之名，將「匡義」改為「光義」）繼位，為宋朝的第二任皇帝。

宋朝對於這次繼位已有許多議論，太祖原本就有成年皇子，雖然未立皇太子，但通常會從皇子中選一位繼位。

由於晉王對於建立王朝有卓越功績，之後更與趙普一起輔助兄長治理朝政，在朝廷地位不言可喻。晉王曾任開封府尹與宰相，受封晉王後在朝廷的席位更高於現任宰相。「晉」原指太原，趙光義受封晉王時，太原還是北漢的根據地，因此晉王只能算是名義上的藩王。但這個封號正顯示出太祖將此要地委託給親弟弟統領的心意。經過一番折騰，這次就像過去的五代王朝一樣，還是由太原藩王入主開封。

關於這件事，許多隨筆筆記都有不同的說法。有一說是太祖臨終前派人傳自己的兒子來，對方卻直接去找晉王，讓晉王進宮謁見太祖；也有人說是太祖找弟弟密商繼位事宜，卻在密會途中突然駕崩；甚至有人認為晉王下手殺了自己的哥哥。晉王即位之後的改元動作，更證實了外界的疑慮。

一般來說，新任皇帝為了表達對先帝的敬意，會在即位的第二年正月一日實施新的年號。晉王卻在繼位不久，急著在年底改元「太平興國」。這件事不僅記載在元代編纂的正史史書《宋史》中，更附註「後世多所批評」。

我在第一章已說明過年號代表的政治意義，因此當時天下人一定會將突然改元的這個舉動解讀

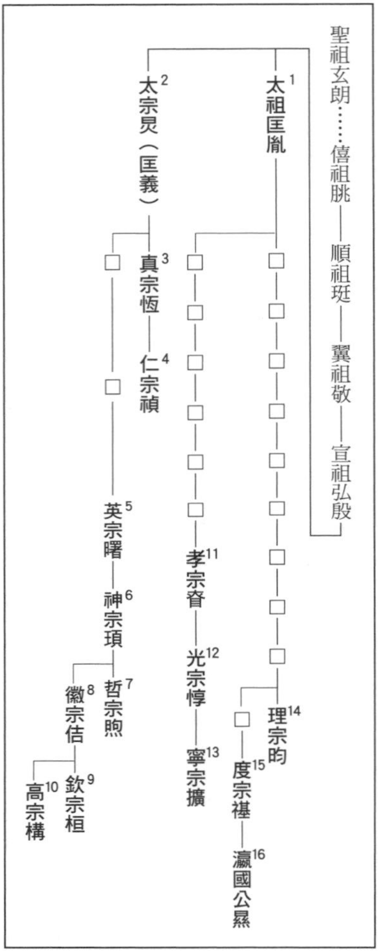

宋朝趙氏家系圖

太祖

太宗

神宗

徽宗

高宗

為「晉王並非單純繼承太祖政權」，其中甚至存在著軍事政變的可能性。年底包括趙普在內的各地節度使前往開封祝賀致意，不僅是迫使他們宣誓效忠的儀式，更藉由這個做法對國家內外宣示政權穩定。無論如何，新政權在表面上沒有出現任何動盪，新皇帝的統治就此展開，宋朝第二任皇帝的廟號為太宗。

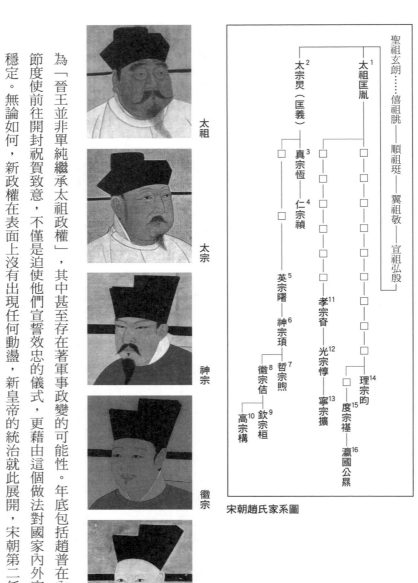

建立各種制度

吳越國歸順宋朝，太宗接收其浙江統治權；福建軍閥陳洪進也臣服宋朝，此時南方已完全在宋朝的統治之下。在經歷過一番惡戰之後，以太原為根據地的北漢也舉手投降，宋朝自此完成了統一全國的霸業。太宗更趁勝追擊，出

太宗亟欲建立的中央集權官僚國家

兵遼國，誓言奪回燕雲十六州。當時正是遼國新皇帝耶律隆緒（廟號聖宗）即位之際，改國號為契丹，宣示自己非漢族王朝之意。宋朝與契丹的戰事陷入膠著狀態，兩國僵持不下。於是太宗決定放棄實質奪回燕雲十六州的目標，企圖在緊張關係下與契丹和平共存。

至於周邊諸國方面，由於宋朝大舉鎮壓華中與華南地區，各國陸續派使節團朝貢。西起絲路沿途的綠洲諸國、南至現在越南一代的交趾國和占城國、東邊則包括朝鮮半島的高麗與日本。嚴格來說，日本不是來朝貢的，可能因為這個緣故，宋朝對待日本的規格與其他國家不同。《宋史》記錄太宗治世的本紀也完全沒提到日本。儘管如此，翻閱外國傳即可看到有關日本的記述，其中不乏日本使節前往謁見太宗的情景，以及日本使節帶來的各種資訊。這位日本使節就是我在前言提及的奝然。我也在前言說過，日本以往都是和吳越國交流。吳越政權滅亡後，日本平安朝廷不得不與開封朝廷直接接觸。自從廢止遣唐使後，日本未曾派遣使節渡過黃河流域。因此這次交流帶有視察狀況的意義，才派遣東大寺的學僧入宋。

有一篇記錄描述太宗與奝然的會談，內容值得玩味。奝然云：「我國自開國以來從未有過革命，大臣也是世代相傳的。」言語中充滿對自己國家的驕傲。太宗竟回應這位外國僧侶：「真令人羨慕！」如何才能不讓宋朝重蹈後梁以降短命王朝的覆轍？這是完成統一大業的太宗當時最重要的政治課題。若要為他的做法辯護，我相信他一定是認為，沒有實力的庸才皇帝不可能平安度過戰亂時代的考驗，才會自己即位，不讓太祖的皇子登基。儘管「杯酒釋兵權」卸下了軍閥的兵權，但還是不能掉以輕心。就像德川家康之於日本豐臣政權，類似具有威脅性的人物所在多有。關於織田信長、豐臣秀吉與德川家康之間的關係，日本有一首打油詩是這麼寫的：「織田搗米，羽柴（豐臣）揉成天下餅（麻糬），最後卻被德川吃了。」怎麼做才能達到「趙氏搗米，趙氏揉餅，趙氏吃餅」的目標？這是太宗亟欲解決的問題。為此，太宗廢寢忘食、勵精圖治，建立一個穩固的中央集權官僚國家，這也是太宗被視為君主獨裁體制創建者的原因。

其最具代表性的成果，便是擴大並建立完整的科舉制度。太祖時代每年考上科舉的考生只有幾十人，太宗時代則一口氣增加至數百人規模。不僅如此，他更設置了由皇帝親自面試的殿試制度為最終關卡，如實體現科舉理念，由皇帝選拔儲備官僚。儘管到後來殿試不再用來遴選合格者，變成決定排名順序的樣板考試，但排名順序會深深影響加官晉爵的速度，因此殿試可說是在不著痕跡的狀態下，給考生榮譽感，同時培養官僚忠誠度的方法。

科舉官僚與唐末崛起的軍閥不同，他們沒有趁機篡位，號令天下的野心。他們與維持大唐帝國運作的貴族官僚一樣，一心只想奉獻朝廷，出人頭地，祈願後代子孫飛黃騰達。不僅如此，他們的心性也很保守，盡一切力量維護王朝體制，保有他們得以發揮的環境。

太宗陸續汰換各地武人出身的節度使，以文人官僚取代。雖然文官不具有揮軍作戰的能力，但可以透過擴充駐守在首都的禁軍補強。換句話說，太宗刻意將原本用來征伐各地軍閥的軍隊改成國防軍。後世評論宋朝軍隊戰力不彰，這是建國之初即刻意為之的政策。宋朝皇帝不像漢武帝或唐太宗創下傲人的外征成果，不過，若要評斷哪個才是文明王朝，那又是另一回事了。

太宗實行的改革制度中，最值得一提的就是規劃完整的路官制度。太宗將全國劃分為十多路，分別設置安撫司（監察）和轉運司（財政）等主要機構，各司長官稱為「使」。這是基於過去的藩鎮權限分割出來的，各自由中央管轄，各司長官的任期為三年，任期一到就要輪調更換，因此不易結黨營私。而且，路不是州的上級機構，州也是由中央政府管轄。「知州事」這個官名帶有中央政府官職的意思，名義上是被臨時派遣到地方，替皇帝管理各地的官員，但實質上是與漢代太守同樣的地方官。宋朝當時也雅稱知州事為太守，但制度上知州事屬於中央官僚，在各個層面上深深影響他們的任職態度。有時在中央任職的宰相必須到地方擔任知州事，這類的職務調遣不具有下放的負面意思，有利於朝廷統治，讓中央意志順利滲透至各個地方。

宋太宗除了印製佛教大藏經之外，也開始推廣大型書籍編纂事業。包括解說主要術語的引用典籍《太平御覽》、網羅各種奇聞軼事的《太平廣記》以及集詩文大成的《文苑英華》，加上真宗時下詔編纂、統整到唐朝五代為止的政治文書實錄《冊府元龜》，合稱「宋匯部四大書」。上述典籍引用的史書文獻許多都已佚失，但現在仍有不少專家學者研究宋朝以前的政治與文化時，會參考上

專欄二 軍事體制

宋朝承襲五代歷史，致力增強禁軍（中央政府直轄軍隊）實力。這個結果導致不只是國都開封的大部隊，就連駐守在北方邊境和國內主要城市的軍隊，也都從具有實際作戰能力的部隊更換成禁軍。自此，別名廂軍的地方軍隊，主要任務以從事土木工程為主，這些軍人早已失去戰士身分，但朝廷還是發給軍餉，在某種程度上可說是變相的失業補助或社會福利。

宋朝結束五代十國的混亂場面，完成統一天下的偉大志業。但維持龐大軍隊對國家財政壓力很大，朝廷多次想要縮減軍隊規模。北宋大臣王安石提出保甲法，組織鄉兵（民兵組織），訓練農民作戰技巧，由當地百姓保衛鄉里。不過，以禁軍為中心的軍隊體制一直沒變。南宋時增設總領所制度，由主要軍事據點負責維持財政收支。從型態來看，這個做法很像唐朝的藩鎮，但宋朝是由中央統管，權力並未下放。話說回來，誠如第十章所提及，前線的精銳部隊最後還是叛變，投效敵國。

宋朝軍隊既不像大唐帝國前期的兵役制，也不是中世紀歐洲的傭兵，更不像蒙古部族全民皆兵，反倒是由職業軍人所組成。從這一點來看，宋朝軍隊最具有近代國家作風。

林冲・徐寧 （引自《水滸圖贊》）是梁山泊最活躍的兩大首領皆出身自禁軍將領。

述典籍，可說是極為珍貴的歷史資料。不僅如此，真宗（第三任皇帝）時，修訂了部分馮道出版的儒家經書注疏並重新發行，分發至全國學校，讓所有學生學習。這一點將在第七章介紹印刷文化時詳細說明。

首都開封與古都洛陽

接下來我想介紹宋朝都城。宋朝有四京，代表四個重要城市。分別為東京開封府、西京河南府、南京應天府與北京大名府，讓我由後往前一一說明。

大名府是唐代設置魏博軍節度使的魏州，是歷史悠久的軍事重地。此處也是宋朝抵禦契丹南進的戰略據點，因此在慶曆二年（一〇四二）取名北京。應天府是過去的宋州，也是太祖擔任歸德軍節度使之處，宋朝國號便由此命名。於大中祥符七年（一〇一四）定為南京。河南府即為古都洛陽，是五代不少皇帝的居所，地位與開封相同，有時甚至超越開封。雖然後周以後定都開封，但宋朝將洛陽視為陪都，自建國之初即設置西京河南府。

開封位於大運河沿岸，是經濟發展十分蓬勃的交通要道。宋州出身的朱全忠相中此處，以此地為據點積極開發，使開封蛻變成大都市。他也是在此演出禪讓大戲，登基為帝，定為首都。不過，他很快便將首都遷往洛陽。遷都的原因推估是為了與黃河對岸的晉王國（後唐）作戰，洛陽離前線較近，方便調兵遣將。不過，原因真的只有這個嗎？洛陽在歷史與文化上皆具有象徵性意義，這是新興都市開封望塵莫及的。打著復興大唐旗幟的後唐，在滅掉後梁之後仍定都在此，就是因為這個緣故。太祖晚年也曾計畫遷都洛陽，後來在弟弟晉王光義（太宗）的勸阻下打消念頭。由此可看出豪邁不拘卻滿懷理想主義的太祖，與善於處事卻務實的太宗在個性上的差異，值得讓人細細玩味。

身為宋朝第二任皇帝，太宗不再提及遷都之事，直到靖康之變，宋朝失去華北地區為止，首都一直在開封。另一方面，洛陽因充滿文化氣息，加上建城歷史悠久，許多官僚退休後選擇在此養老。尤其是王安石推動新法時，不少反對派大老聚集於洛陽，營造出猶如現代在野黨的氣勢。道學始祖程氏兄弟（程顥、程頤）也出身洛陽一帶，在文化薰陶下形成獨特思想。

蓬勃發展的城市文化

《東京夢華錄》與《清明上河圖》是記錄開封繁華榮景，傳承至今的重要史料。

《東京夢華錄》是孟元老在南宋初期的紹興十七年（一一四七）所寫，顧名思義，內容以北宋末年徽宗（第八任皇帝）治世後期為背景，闡述開封都城令人沉迷的往昔風華。此書共十卷，前五卷介紹各處名勝與民間習俗，後五卷則依時間順序介紹一整年的例行活動。只要閱讀本書就能一探當時首都居民的生活點滴，可說是十分珍貴的文獻史料。在後五卷的例行活動中，記錄著由朝廷主辦的各種慶祝儀式。其中尤以冬至在南郊祭場舉辦的郊祀介紹得最為詳盡，可看出在年末之際，官民一體舉行祭拜儀典的樣貌。

郊祀是由皇帝（天子）主祭的謝天儀式，感謝天上神祇賜予天命。直到唐代中葉為止，郊祀只有皇帝和官僚才能參加，屬於統治階層的祭典。安史之亂後，變質為「參觀活動」，從事前祭拜太廟（祭祀祖先的場所）、太清宮（祭祀唐代祖先老子的地方）到皇帝上街行幸遊行，一般平民百姓

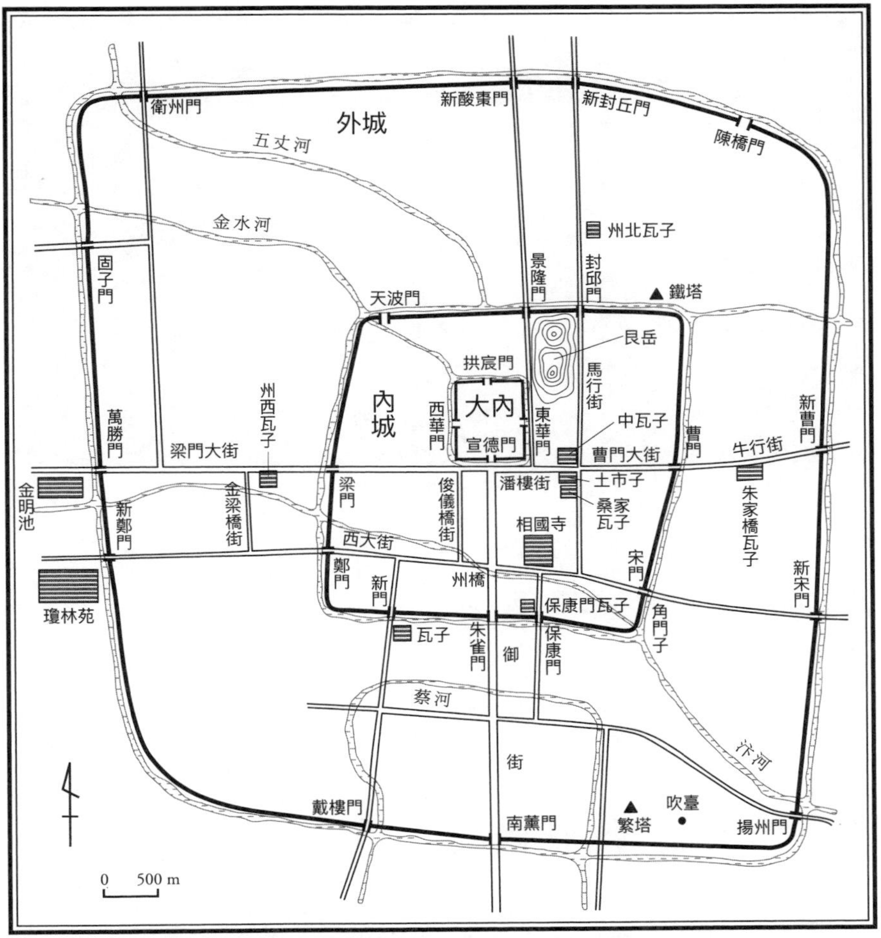

開封府城復原圖（根據愛宕元《中國的城郭都市》製成） 戰國時代，魏國曾定都於此（《孟子》中以「梁國」之名出現）。由於此處靠近汴河匯入黃河的匯流點，自古就是交通要道，在此建立都城。不過，每次黃河氾濫便湧進大量土石，因此宋朝的地表比現在低很多。

《鹵簿玉輅圖》（部分）　玉輅指的是皇帝為了舉行儀式，乘坐出宮的車輦。

都能在一旁觀禮。宋朝也承襲此做法，在開封府舉辦比郊祀更大型的軍隊遊行。遊行行列還包括大象，首都百姓不畏寒冬，紛紛跑上街大聲喝采。皇帝便在人群中乘著玉輅前行。這個現象正顯示出唐宋變革帶來的王權質變。順帶一提，日本直到明治維新後，平民百姓才有幸目睹天皇行幸的行列。江戶時代，日本天皇在位時幾乎不會離開自己住的御所，將軍出巡時也會要求兩旁民宅緊密門戶，隊伍在無人道路上迅速前進。

《清明上河圖》是北宋畫家張擇端描繪城市樣貌的畫卷，後世出現許多模仿畫作。畫作背景為二十四節氣之一的清明節（以現代曆法來說，為四月五日前後）。清明節在唐朝後期逐漸成為平民百姓的掃墓日，《清明上河圖》是以掃墓當天的情景為主題。「上河」指的是溯河而上，描繪的是貫穿開封南部的汴河沿岸景緻。話說回來，學界這幾年認為這幅畫畫的並非開封城內，而是郊外的衛星城市，畫作中栩栩如生地呈現居民百姓的生活樣貌，內容鉅細靡遺。比起以文字描寫的《東京夢華錄》，《清明上河圖》隱藏著更多資訊。在一般人的觀念裡，許多瑣碎細節不會寫入文獻典籍留存，但畫成一幅畫之後，便成為舉足輕重的參考資料。例如我們可以從畫作中看到人們坐在店門前椅子上的坐姿，從河上眾多船隻的外形複製骨架和構造，建造出宋朝船隻。這些視覺資料可以運用在宋代史的研究上。

宋朝是城市文化蓬勃發展的時代，無論是《東京夢華錄》、《清明上河圖》或其他史料，都可以看到這個特性。關於這一點，我將在後續章節詳細解說。

《清明上河圖》局部圖　可看見描繪一位男性坐在椅子上的模樣。中國從宋朝之後椅子成為家戶必備的家具，椅子文化深入一般生活之中。

和平繼位

趙普被罷免後，呂端繼任宰相，輔佐太宗治世。但趙普從太祖時代即位居宰相，和太宗曾是同事，相較之下，太宗與呂端則是壁壘分明的君臣關係。儘管擢升宰相，重大政策皆由太宗一人決斷，呂端只不過是個執行者。認為宋朝建立君主獨裁體制的學者，便是以太宗為例，將其視為最標準的典型。話說回來，這一切都是起因於太宗不眠不休、勤於朝政的個性。雖然中國也曾出現過勵精圖治的皇帝，例如秦始皇、清朝雍正皇帝等，但他們皆為個案，並非通例，宋朝情況也是如此。

太宗從哥哥太祖繼承皇位，因此他的弟弟秦王趙廷美也在暗中謀劃此事。太宗希望讓自己的兒子繼承皇位，開始對趙廷美起了戒心。趙廷美身為西京留守，負責鎮守並管理洛陽。太平興國七年（九八二），太宗解除廷美西京留守之職，將其從秦王降為涪陵縣公。不僅如此，還將他軟禁於房州（今湖北省房縣）。趙廷美失意憂鬱，兩年後逝世。趙廷美死後，太宗的長男趙元佐成為繼位者的不二人選，但或許是因為親眼看到自己的父親對叔叔毫不留情的殘酷對待，後來有些精神失常。有一次太宗大宴，唯獨不召趙元佐參加，趙元佐一怒之下放火燒了宮廷。

趙元佐失勢後，二子趙元僖成為實質的內定接班人選。他被封為中書令、開封府尹，享受皇太子待遇。無奈不幸的事還是發生了。淳化三年（九九二）十一月，建國功臣趙普去世僅兩個月，趙元僖一如往常地上朝，卻突覺身體不適，趕緊退朝回宮。太宗得到消息後大驚，連忙趕到家裡探望時，趙元僖已經病危，撒手人寰，貴為皇帝的太宗也忍不住痛哭。全國服喪五日，原定十天後舉行的郊祀也延期至隔年正月。

經過一番折騰，三子趙元侃即位。至道三年（九九七）三月，太宗五十九歲駕崩，皇太子趙元侃遵循遺詔繼位登基，是為真宗。真宗改名趙恆，隔年元旦改元咸平。此時政局安定、經濟繁榮，相隔多年後，終於得以和平轉移政權。不過，北邊國境依舊紛擾不安。

澶淵之盟與封禪

真宗即位後，於西元一〇〇四年的農曆正月元旦，進行第二次改元。新年號為景德，以瓷器聞名世界的江西小鎮（縣的下級城市）便是以此年號命名。正月十一日，開年不久北邊便傳來契丹進犯邊境的消息。真宗下令嚴加防備，不可輕舉妄動。到了春天，又傳來契丹計畫於秋季大舉進攻的消息。此時華北地區地震不斷，夏季還有蟲害肆虐。

收起高舉拳頭的勇氣

隨著時間過去，秋高氣爽的閏九月，契丹大舉南進，由皇太后與皇帝親征，大將蕭達覽擔任統軍使。當年才剛就任宋朝宰相的寇準，奏請真宗御駕親征，在黃河北岸迎擊契丹大軍。參政知事王欽若與簽書樞密院事陳堯叟分別密奏，懇請皇帝遠避江寧（今南京）和成都，這兩個地方是他們兩人的出生地。寇準雖然察覺到這些事卻假裝不知，以堅定的語氣說：「凡敢妄言者，斬！」主張以黃河為防線。事已至此，真宗只好率軍親征，在澶淵布署宋軍主力，此時已是十一月底。

開戰最初，雙方只在小範圍對陣，蕭達覽被流箭擊中而亡，契丹軍的士氣深受打擊。事實上寇準沒有開戰之意，出兵只為了議和。但如果一開始就堅持議和，擔心事後會被扣上賣國的帽子，遭到彈劾。於是將皇帝帶上戰場，讓皇帝成為兩國交涉的當事者。話說回來，真宗也沒有意願開戰，根本不希望兩國對壘。他在前線每天戰戰兢兢，害怕敵人攻擊。寇準看出這一點，每天刻意與文官楊億飲酒作樂，真宗透過親信了解此事後，終於放下心中大石，安穩入睡。

宋朝派使者曹利用到契丹陣中議和，這次議和條約的重點在於宋朝每年應該支付多少財物給契丹。真宗一心只想避戰，於是交代曹利用：「只要議和能成，付一百萬都沒問題。」曹利用一出來便被寇準叫住，寇準威嚇他：「要是支付金額超過三十萬，我就斬了你。」由於這個緣故，曹利用最後成功談下三十萬議和金。回朝覆命時，真宗很想早一步知道結果，便叫身邊太監問曹利用最後談成多少金額。曹利用回答：「此事事關重大，臣要當面稟告聖上。」但還是舉起三根手指頭回應太監的提問。太監立刻向皇帝秉告：「曹使者舉起了三根手指，議和金應為三百萬。」真宗忍不住大叫：「太貴了吧！」在外等候接見的曹利用只聽見真宗大叫的聲音，嚇得冷汗直流，一進去便給皇帝磕頭謝罪：「臣無能，沒能談到更好的條件。」

真宗問：「議和金究竟是多少？」

曹利用回答：「三十萬。」答完依舊跪趴在地上，不敢抬頭。沒想到真宗聽到這個答案後龍心大悅，可以想像這次真宗賞賜曹利用絕不手軟。

最後，契丹撤兵，成功避免了雙方總計數十萬兵馬的軍事衝突。無論是契丹或宋朝，兩國皇帝都具備透過交涉解決事情的智慧，在高舉拳頭後，也有勇氣收起拳頭。若從儒教與佛教思想來看，他們都有一顆仁愛、慈悲的心，不忍無辜百姓捲入戰爭之苦。從那個時候到現在差不多過了一千年之久，人類不但沒有變得更聰明，反而變得更愚蠢。

這次的議和終結了石重貴撕毀石敬瑭簽訂的盟約後、五十多年來契丹與華北政權長期交戰的狀態。議和條約的雙方分別為「大契丹國」與「大宋國」，樹立了對等的外交關係，兩國皇帝也互稱兄弟。宋朝每年贈與契丹銀二十萬兩、絹十萬匹，這可以視為一種無償經濟援助，僅花這一點錢就能換來和平生活，實在是一樁十分划算的生意。

這份議和條約稱為澶淵之盟，直到徽宗為了奪回燕雲十六州毀約為止，雙方共遵守了一百二十年。此外，盟約締結時按羅馬曆法已經過年，嚴格來說澶淵之盟簽訂於西元一〇〇五年。不過，東亞曆法（農曆）與西曆的對照一般按「農曆某年相當於西曆幾年」，以年為單位比較才有意義，所以本書還是把此事定在西元一〇〇四年。

此次訂約的最大功臣非寇準莫屬，若真宗真的前往南方避難，宋朝一定會比實際發生的歷史提早一百二十年失去華北地區。就算真的開戰，也不一定有勝算。寇準既成功避戰，更保全國土，其政治與外交手腕不容小覷。每年的無償援助成功阻止契丹進宋，從這個結果來看，宋朝「賺到」了裡子。

天書降臨與封禪

話說回來，古今中外都是一樣的，這個時候同樣出現了扯後腿的傢伙。那個人就是王欽若。王欽若不僅忘了自己當初曾經勸說皇帝放棄華北、前往南方避難，將這次的議和冠上「城下之盟」，反咬寇準放任敵人進逼城下，簽訂喪權辱國的合約換取和平。誠如先前所說，宋朝是實際得利者，但若從條約來看，王欽若的說法也並非全然錯誤。原本龍心大悅的真宗在王欽若的煽動下後悔議和，罷免寇準。即使如此，真宗還是悶悶不樂，做什麼事都提不起勁。他為了重拾（自認）跌落谷底的皇帝權威，制定了一連串國家禮制。其中最重要的就是天書下降事件與封禪。

景德五年（一〇〇八）正月，有人向皇帝稟報說宮殿門的屋頂掛著一塊黃色布帛，真宗一聽立刻召見王旦、王欽若等大臣，提及去年十一月在皇帝寢宮發生的奇怪事件。真宗說他看見一名仙人，對他說：「在宮中舉行為期一個月的道教祭祀儀式，將有天書『大中祥符』降臨。」臣子稟報的黃布肯定就是仙人說的天書。於是皇帝派太監爬上屋頂取下黃布，那塊黃布開頭寫著：「趙受命，興於宋，付於恆。」恆是真宗的名字，由於當時臣下不可寫皇帝御名，因此所有人都認為這一定是天神所寫（按當時的避諱制度應該是這樣，但臣子也很可能是在真宗允許下寫「恆」這個字）。

為了慶祝天書下降，真宗很快便改元「大中祥符」。雖然有位南韓總統名為（金）大中，不過此處的大中在儒家思想指的是「皇極」之意，自古便是王的象徵，蔣介石的字中正，也是取自「大中至正」。

真宗特地興建宮殿安奉天書，慎重其事地供奉朝拜。既然有神祇降天命於皇帝，自然就有勸進封禪的臣子。剛開始是由一千兩百八十七名住在泰山封禪祭場附近的居民主動（當然是由地方官在幕後推動並包裝成百姓勸進的自發行為）上京請奏，真宗認為自己不足以擔此任，因此回絕。第二次提升層級，由當地進士率領總計八百四十六人上京請願，真宗再次回絕。第三次則是由宰相以下的文武百官，包括諸位軍事將領、州縣官吏、鄰近各國首領、僧侶道士與各地仕紳長老，共兩萬四千三百七十人發動大規模請願活動。由於已經營造出天下人殷殷期盼的態勢，真宗終於表示：「既然各界都有這樣的期待……」答應於十月舉行封禪。誠如禪讓帝位需要演一齣戲，決定封禪也要經過三次上奏才行。

在當時的儒家典籍裡，只有實現天下太平的皇帝才能舉行封禪禮制。上古時代的帝王們皆舉行過封禪，後來社會脫離儒家思想而中斷。儘管秦始皇沒有資格舉行封禪，但他遭受神仙思想毒害，以錯誤的形式曲解了封禪這個原本莊重聖嚴的儀式。漢武帝的封禪也被儒家學者詬病，東漢光武帝撥亂反正，恢復原有儀典，唐高宗、玄宗以及稍微不符禮制的武則天也繼承了這樣的形式。

《契丹使朝聘圖》　此為《景德四圖》之一，描寫遼國（契丹）使節團造訪開封宮廷的場景。為祝賀兩國友好與和平而繪製。

話說回來，封禪不過是儒教的神學學說。秦始皇依據神仙思想舉行的封禪才是最古老的形式，上古帝王的封禪全都是後人穿鑿附會。封禪可說是儒教最重視的神聖儀式，原本前任皇帝太宗也打算在北漢平定後的雍熙元年（九八四）舉行封禪，後來皇宮發生大火，覺得受到上天譴責而沒有實現。只要宋朝以漢朝到唐朝的皇權統治為典範，便期待有天能實施封禪禮制，不少百姓將天書下降解讀為「上天同意皇帝舉行封禪」的善意。

南宋李燾編撰的北宋編年體通史《續資治通鑑長編》（以下簡稱《長編》）對於這一年的記載，大多與準備封禪有關。例如真宗多次下旨要求整備沿途交通要道，修整一路經過的城門，但這些不過是形式上裝裝樣子罷了。唯一的目的就是表現出「皇帝慈愛，心懷天下民生」的胸懷。

中國史上最後的封禪

真宗派學者出身的官員孫奭出使契丹，告知宋朝即將舉行封禪儀式的計畫。由於整個過程會有大批軍隊護送真宗前往泰山，為了避免契丹誤會宋朝要大動干戈，才事先派人打聲招呼。真宗在出發前特別叮囑：「出使到他國境內，總要麻煩人家招待接應，你這次就在國境把朕的手書交到對方手上即可，別讓對方勞師動眾。」孫奭回來後向皇帝稟告：「契丹方面說收受歲幣以外的禮物有違盟約。」所以並未接受孫奭帶去的禮物。真宗聽聞後大加讚揚：「外國盟邦總是如此重視道義與承諾，朕深感欣慰。」《長編》裡描寫的真宗充滿太平盛世的明君形象。

封禪前，真宗先在開封宮廷反覆演練整套儀式，十月四日，真宗一行人出發前往泰山。同月二十三日，開始登山。同行的近臣們早已氣喘吁吁，四十歲的真宗卻步履輕盈地登上綿延至山頂的陡峭石階。昨天的壞天氣彷彿一場夢，今日秋高氣爽，萬里無雲。隔天一早，真宗在山頂舉行封禪儀式。這是繼唐玄宗之後，相隔兩百七十年再次舉行的封禪大典。這一刻宋朝終於與自己奉為典範的大唐帝國並駕齊驅。不過，這也是中國歷史上最後一次封禪。

回程真宗前往曲阜，在孔廟隆重祭祀了文宣王（孔子的諡號）孔子。同時在孔子的稱號前加了「玄聖」二字。雖然這兩字出自《莊子》，但後來的儒教文獻皆使用，因此絕對不是根據道教思想命名的。

後世沒有任何君主舉行封禪大典——徽宗時蔡京也曾做了準備，但徽宗沒有意願舉行——其原因在於封禪已從儒教教義去除。一百年後的文人蘇軾，對於真宗封禪的原因做了以下的紀錄：真宗簽訂「城下之盟」後終日悶悶不樂，此時王欽若建議真宗討伐契丹。但是真宗說：「為了天下蒼生，我不能發動戰爭。」王欽若等的就是這句話，於是立刻勸進封禪。真宗難為地說：「沒有天瑞哪能封禪？」王欽若馬上反問：「難道陛下認為太古聖王時代的『河圖』與『洛書』都是真的嗎？」暗示這些奇蹟都是人為創造出來的，於是他們開始偽造天書。蘇軾的時代儒教早已變質，封禪變成一種迷信行為，受到眾人批判，這一點我將在後文中詳述。真宗成了追求漢代以後皇權形式的最後一個皇帝。從此之後，由皇帝親自擔任主祭官，以三年一次的週期在開封城外南郊舉行郊祀，並利用宮殿舉行明堂祀，恪守傳統的上帝（儒教傳世經典中或稱天帝、昊天上帝等，是古代中國信仰中，主宰天地宇宙的神）祭祀禮儀。

儘管大中祥符元年熱鬧隆重的封禪活動在真宗回到開封後告一段落，但由真宗開始的國家祭典莊嚴化並未

泰山神啟蹕迴鑾圖　原稿是宋真宗依據自己當時泰山封禪的景象，招募天下名家繪於泰山岱廟的牆壁上，後來屢遭毀壞又重繪，目前的版本是清初劉志學所繪，全圖長六十二公尺，高三．三公尺。

結束。首先是在山西汾陰舉行祭典，祭拜封禪祭祀的土地神，接著又將天上最高位階的神定名為「玉皇」，同時也當成皇室祖先的神祇祭拜。這與儒家一直以來稱呼的昊天上帝是同一尊神。直到今日，玉皇大帝仍是民間信仰裡至尊無上的天神。

此外，真宗也新設了祭祀禮儀，專門祭拜多次出現在自己夢中給予種種啟示的仙人。真宗說這名仙人是宋朝皇室遠祖，名為「趙玄朗」。按他說的時間，這名仙人應該是春秋時代晉國臣子開始稱趙氏之前的人，卻不知為何姓趙？就像日本的《古事記》裡記載的神事，是不能用中國傳統儒教的「漢意」來衡量。真宗興建了一座祭祀趙玄朗的宮殿，取名為「玉清昭應宮」。就連祀奉皇家祖先遺像的景靈宮，也懸掛著趙玄朗的畫像。真宗還給趙玄朗追謚聖祖廟號。

前往泰山頂端陡峭的石階

玄朗的意思就是「又黑又亮」，乍看之下這兩個字相互矛盾，卻如實反映了當時的宗教氣氛。「玄」是從漢朝末代以來極為重視的哲學概念，不少用語使用這個字，也是眾人常用的詞彙。

但是，因為真宗的夢，「玄」成為皇室祖先的御名，基於避諱制度，從此以後這個字便被禁用。即使在日本耳熟能詳的四神之一「玄武」也被真宗改名為「真武」。由於這個緣故，原本是龜蛇合一的神，經常被誤解為「真的武人」，連神本身的個性特色都變質了。人稱玄聖的孔子改稱為至聖，這個用法至今仍可在日本的湯島聖堂等處見到。唐玄宗也去其尊號的一個字，改稱「唐明皇」。如果能用玄這個字，說不定真宗也能得到玄宗的廟號。唐玄宗也去其尊號的一個字，改稱「唐明某」詞彙全被禁止和廢止。諷刺的是，完全繼承與尊重玄學思想的真宗，最後卻葬送了玄學思想，取代「玄」成為思想界寵兒的字是「理」。為了避諱唐高宗的名字「治」，「理」便成為了自七世紀以後使用頻率逐漸攀高的字。

此時宋朝官員上奏：「宋朝是承襲大唐正統的王朝，非為火德，應為金德才是。」真宗想要遵從太祖之意，並未採納官員的請奏，但官員又說：「還有很多人持相同意見。」由此可見，這是當時的主流見解。根據文獻記載，太宗在位時也有同樣的奏書。這件事說明了當時的人認為宋朝是繼承大唐的王朝與時代，表現出那個時候天下人的自信，最後凌駕大唐之上。

宰相群像

與事必躬親的太宗不同，真宗或許是因為身為第三代皇帝的關係，所以在政務上比較重視大臣們的意見，增加了宰相們的權力。接下來將根據最近的研究，介紹幾位輔佐真宗治世的宰相。

財務官僚的發跡歷程

太宗早就預料太子趙元侃將來會成為與自己截然不同的皇帝，因此為他安排了一個值得信賴的輔佐大臣，這個人就是李沆。他是太平興國五年（九八〇）的進士，在當翰林學士時受到太宗注意，有段時間曾擔任參知政事。太宗任命李沆輔佐太子，等太子即位後再次擔任參知政事。果不其然，真宗即位立刻提拔李沆，等呂端引退便安排他接班。李沆得到真宗全然的信賴，率領文武百官治理國家，人稱「聖相」。

寇準繼李沆之後，從三司使升任宰相，後來更一手策劃並指揮澶淵之盟。但正如前述所言，真宗聽信王欽若的讒言，罷免寇準，由王旦接任宰相。王旦沒有什麼值得宣揚的政績，這也說明了他主政的這段期間政治秩序安定無亂。天書、封禪等事皆由王欽若等人主導，王旦身為名義上的政府首腦，在一旁隔山觀虎鬥長達十二年。其任期後半，由向敏中擔任副宰相。

天禧元年（一〇一七）到天聖元年（一〇二三）之間，宰相更動頻繁。王旦、向敏中、王欽若、寇準（回鍋）、李迪相繼就任並辭去宰相官職，天禧四年（一〇二〇）丁謂與馮拯就任宰相。丁謂在淳化三年（九九二）與王欽若一起考上進士，因成績優秀歷任不少重要地方的官職，真宗即位後調回中央，任三司戶部判官。後轉任四川路官，再任三司鹽鐵副使。後任山東路官、權三司使事，相當於財務大臣臨時代理之職。幾年後，正式成為三司使。

誠如先前所述，三司是後唐時統合戶部、度使、鹽鐵三個部門所設立的財務官廳。從寇準的例子即可看出，三司使可說是準宰相的官位。丁謂被任命為路官，也是與財務有關的職位，雖與三司沒有直接的從屬關係，但職務內容基本上是相同的。換句話說，丁謂是以財務官僚的身分發揮實力，嶄露頭角，這一點使他展現出與寇準截然不同的個性。負責支出天書、封禪等相關事物龐大費用的，正是丁謂。

以現代官職比喻，樞密使相當於國防部長，兼任宰相時又稱「使相」，三司使又稱「計相」。以位階來說，樞密使比三司使高，議和後樞密使的實質業務轉移至財政問題上，因此從樞密使升任宰相的例子便增多了。原本高中進士，從翰林學士轉任參知政事是晉升宰相的必經之路，如今又多了一條發達之道，從財務官僚晉升宰相的人也不少。日後新舊黨爭的王安石雖是從地方官拔擢為翰林學士，但實際上他屬於財務官僚體系，所以與秉持正論的歐陽修、司馬光等人時常齟齬不和。從這一點來看，丁謂的存在十分特別。有些研究認為，他與寇準和王欽若之間的矛盾，埋下了後來黨爭的伏筆。

未完的政治活動
——慶曆新政

乾興元年（一〇二二）二月，真宗在位二十六年駕崩，享年五十五歲。根據遺詔由皇太子趙禎即位，是為仁宗。仁宗的母后以皇帝年少需輔佐為由攝政，由於女性不能在男性官僚面前露臉，因此隔著簾子參與政務會議，這就是所謂的垂簾聽政。丁謂在該年被罷宰相之位，馮拯也在隔年因病辭官。至此，當初協助真宗輔佐治世的同梯宰相全部退場。取而代之的是王曾，從參知政事升任宰相，其缺由呂夷簡遞補。呂夷簡後來也升任宰相，成為朝廷上下的實質掌權者。王曾和呂夷簡展開一連串權力鬥爭，後來有一段時間兩人都被罷免宰相。由於王曾反對呂夷簡，後代史學家稱他為君子，沒有什麼實際建樹。

仁宗時代前期主導朝廷的是呂夷簡，他也是因為高中進士而進入官場，歷任地方官後進入中央

A 中央

- **a 中書門下省**
  - 主管民政
    - 同中樞門下平章事（宰相）二～三名
    - 參知政事（執政）兩名
  - **翰林學士院（兩制）**
    - 翰林學士（內制）・直院
      - 受天子之命起草詔書
  - **舍人院** 知制誥（內制）・直院
    - 受宰相之命起草制詞
  - **知諫院・同知諫院**
    - 向天子進諫
  - **起居院**
    - 記錄天子的言行
    - 同修起居注
  - 判省事
  - **審官院**（後為審官東院）
  - **流內銓**
  - **三班院**
  - **審官西院**
  - **太常禮儀院**
    - 掌禮儀之事
  - **審刑院**
    - 掌刑獄之事
  - 判部事
- **館職**
  - 昭文館、史館、集賢院 —— 三館，收藏圖書與紀錄文件
  - 祕閣 太宗建立，專門收藏貴重書籍與書畫
  - **大學士・學士・直學士・待制**
- **b 御史台**
  - 主管監察朝廷
  - **台院**
  - **殿院**
  - **察院**
  - **大理寺** 審理天下刑獄案件
  - **宗正寺** 掌宗室之事
  - **國子監** 國立大學
- **c 樞密院**
  - 主管軍政
  - 通進、銀台司
  - **皇城司** 掌宮城警衛，兼做各種諜報活動
  - **客省司** 掌招待外民族的朝貢、宴請等事宜
  - **群牧司** 掌馬匹牧養
  - **左右金吾街仗司** 掌儀衛兵器
- **d 三司**
  - 主管財政
  - **鹽鐵部**
    - 掌河川、兵器、商稅、鹽、茶的專賣以及坑治、鑄錢、祭祀的餐飲設施等
  - **度支部**
    - 掌官吏薪俸、軍糧發放、官物租稅運送（漕運）
  - **戶部**
    - 掌田稅、酒的專賣、各種工程修繕
  - **提舉在京諸司庫務司**
  - **提點在京倉草場司**

B 地方

- **路**
  - **府** —— **縣**
  - **州** —— **縣**
  - **軍** —— **縣**
  - **監**

- **a 路**
  - **路監司**
    - 轉運使（漕司） 主管民政、財政
    - 安撫使（邊境稱為經略安撫使）（帥司） 主管軍政
    - 提點刑獄（憲司） 主管監察
    - 提舉常平使（倉司） 管理常平倉的營運、主管與新法有關之事
- **b 特殊官府**
  - 江淮制置發運使 指揮東南六路轉運使，主管大運河漕運與上供朝廷事宜
  - 提舉市舶司 主管海上貿易、貿易行政、貿易徵稅

北宋前期官制的概要 北宋前期繼承大唐末期以來的習慣，官僚機構錯綜複雜。元豐年間的官制改革，按照《唐六典》將中央官廳恢復至六官制（根據日本講談社出版的舊系列《中國歷史五 五代・宋》圖表簡化而成）。

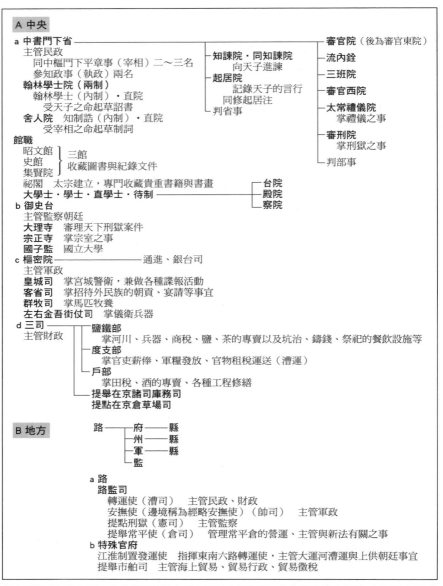

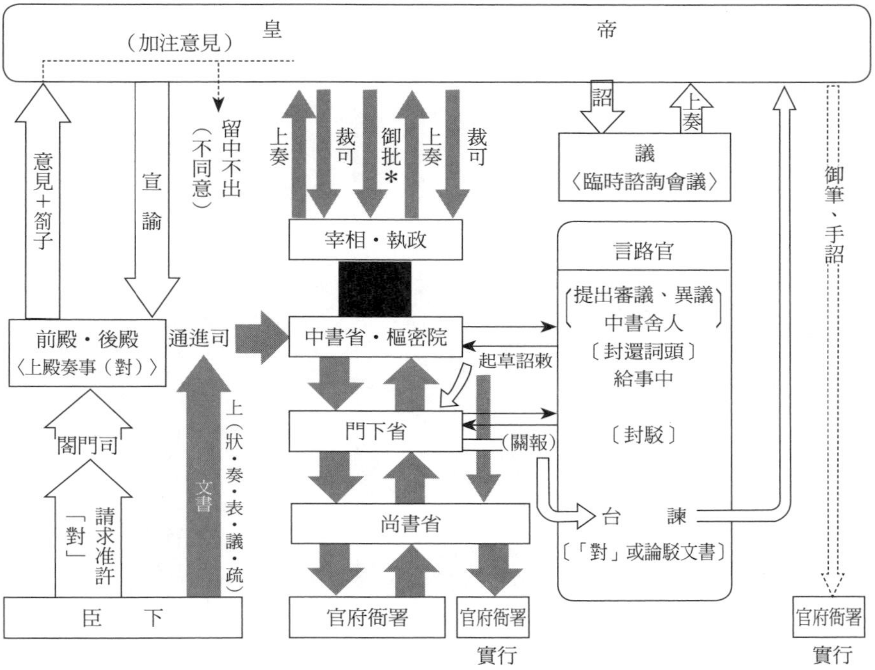

＊由通進司傳遞與皇帝批注意見的文書（御批）經如下流程（如→所示）。﹏為例行政務會議。
○○文書→中書・門下省→尚書省→六曹（尚書省的六部）→諸案（六曹所屬的課）〔文書審查後，命令相關官府衙署調查、訊問〕→六曹（起草原案）→尚書省→宰相・執政討論（上奏）→皇帝（裁可）→中書省（起草詔敕）→門下省（審議詔敕）→尚書省（實行）→官府衙署

行政文書流程　圖表由平田茂樹製作，出自其著作《政治史的內幕》（參照伊原弘・小島毅《知識分子百態》）

擔任高官。他當地方官時取消對農業機具的課稅，延長道觀建設資材的調度期限，旨在涵養民力、休養生息，真宗誇其：「具有治國愛民之心。」

仁宗時，真宗興建的玉清昭應宮失火燒毀，皇太后雖想重建，但呂夷簡以天災為由，說服皇太后打消念頭。仁宗親政後，呂夷簡依舊穩坐政權中心。呂夷簡去世時，仁宗淚流滿面，說：「安得憂國忘身如夷簡者。」呂夷簡的每個兒子皆在朝擔任高官，其中呂公著成為與

司馬光齊名的舊法黨（簡稱舊黨）代表人物。一直到南宋，呂夷簡這一族仍在朝廷擔當重任，甚至出了朱熹（朱子）的盟友呂祖謙。

話說回來，呂夷簡當政時期，政治停滯、貪汙腐敗等亂象叢生。至少在少壯官僚眼中看來如此。當時位於西北邊境的党項族獨立建國，國號為「夏」，不斷與宋朝交戰。出身文人的官僚韓琦、范仲淹前往前線坐鎮指揮，在他們的努力下成功議和。事後他們也被調回中央政府，掀起新政之風。此時正是慶曆三年（一〇四三），因此這次改革被稱為「慶曆新政」或「慶曆之治」。

從范仲淹的奏書來看，這項改革先從官界下手，整肅綱紀，藉此改頭換面，收服民心。他們希望打破呂夷簡政權執政下養成的因循姑息風氣，塑造清新形象，不受前例束縛，大膽改革政治。慶曆新政是建國八十年的宋朝擺脫大唐帝國以來的規制，獲得自由的第一步。

從改革領袖的年齡層來看，姑且不論首領范仲淹這樣的重要人物，在學術方面執牛耳的石介為景德二年（一〇〇五）出生；扛起改革大旗的少壯派菁英官僚歐陽修生於景德四年（一〇〇七）；蔡襄則是大中祥符五年（一〇一二）出生。換句話說，他們都是澶淵之盟以後出生的世代，從未感受過契丹的威脅，可說是「不知戰爭為何物的新生代」。其政策充滿理想主義也是基於這個緣故。基本上，他們都欠缺實踐計畫的戰略。

到頭來，慶曆新政只在紙上談兵階段，做完計畫即胎死腹中，是一場未完成的政治運動。有學者認為這是因為主事者察覺慶曆新政的危險性，所以主動撤銷計畫。即使如此，後世仍不時回顧慶曆新政，將它視為理想政治文化的濫觴。究其原因，那是因為後來不少革新皆從慶曆新政萌芽。自此以後的宋朝士大夫超越了政治與學術立場的不同，以慶曆為施政圭臬。不只是宋朝，直到清末，慶曆新政是近代士大夫的精神寄託。相關情況將在個別章節中介紹，在此引用慶曆士大夫領袖范仲淹的知名作品《岳陽樓記》。這也是六百年後，在亡命日本的朱舜水（一六〇〇至八二）建議下，江戶時代大名德川光圀（一六二八至一七〇〇）將其庭園取名為「後樂園」的出處。

居廟堂之高，則憂其民；
處江湖之遠，則憂其君。
是進亦憂，退亦憂；
然則何時而樂耶？
其必曰：「先天下之憂而憂，後天下之樂而樂」歟！

層出不窮的弊害與濮議

宋朝梁柱逐漸受到啃蝕，歐陽修撰寫《原弊》一文，向貪圖安逸的官僚們提出警訊。當時的有識之士察覺到的弊害為國家的財政危機，其原因大致分為以下三點。

國家的財政危機

第一是軍隊。宋朝採行募兵制，軍隊配置在國境與首都開封，人數超過一百萬人。軍隊平時什麼也不做，可說是白吃白喝，但國家也不能沒有任何防禦能力。況且，若裁撤軍隊，這些軍人找不到其他職業，將會造成國家動盪。正如後來的俗語所說：「好男不當兵，好鐵不打釘。」宋朝兵力孱弱由此可見一斑。《水滸傳》裡的好漢不乏落魄軍人——說好聽一點是前任軍人——如實反映了當時的真實樣貌。無論將校或士兵，沒有一人能當個安分守己的良民。仁宗時代因拖欠軍餉和軍中待遇惡劣起兵的地方駐軍，比因飢餓和官府強奪財物而暴動的農民起義還多。中國早年忠於毛澤東思想，想盡辦法找出農民「起義」的那個時期，把這些也說成是當時階級矛盾的表徵，現在看來實屬勉強。

第二是官僚組織。當初為了避免節度使跋扈而設計文官優先的政治體制，經太宗擴大科舉規模後得以完成。但，這個「完成式」不是靜止的，反而發展到過剩的程度。官僚的位子有限，考上科舉的候補官僚每年不斷增加，產生了大量中舉卻沒有官做的人。為了消化候補人數，宋朝擴張並複雜化權力機構，疊床架屋的結果，為國庫增添不小的無謂負擔。官僚機構一旦設置，就會自我繁殖，很難阻擋這個趨勢。宋朝當初以中央集權為目的，在沒有任何長遠計畫的狀況下設置官僚機構，不只產生了許多優秀士大夫，也使國家陷入一種極端危險的狀態。

第三則是節稅。富有的資產家和土地所有人鑽法律漏洞，名義上放棄自己的資產與土地，實際上是為了逃避賦稅和傜役。最常見的做法是，把資產或土地捐給稅制上享有減免稅金待遇的寺院或道觀，以及贈送給官僚特權階級。當然，受贈者拿了一定比例的回扣，但這個行為是將原本要上繳國庫的稅金私下瓜分。由於該繳稅的人都逃稅了，那些沒有後門可走的平民百姓便承擔了更重的稅賦。無論哪個時代、哪個國家，奉公守法的老實人永遠只有吃虧的份。

慶曆新政一開始先從整頓官僚綱紀做起，可惜沒多久便停止。二十多年後，仁宗時代後期又陷入因循姑息的狀態。話說回來，仁宗原本就是無為之人，他不像真宗那麼積極地鞏固皇權。不知是否受到天生個性的影響，仁宗沒有後嗣，明明年紀已經大到難以生育子嗣，卻遲遲不肯立儲。在這種情形下，臣下們有所忌諱，不敢議論帝位繼承問題。但歐陽修等高官實在忍不住，建議從皇族中挑選一名男子做為養子。或許是仁宗認為自己身體還行，或許是後宮嬪妃希望自己可以生出太子而阻礙此事，這件事一直沒有進展。等到自己病倒後，才終於同意從皇族中挑一名男子帶回宮中，給予養子待遇。但他有一個條件，若日後仁宗自己有了孩子，這名養子就要出宮回自己的家。後來仁宗選上的是堂兄濮安懿王趙允讓的兒子趙宗實，後改名為趙曙。

濮議——改革禮制的大論戰

嘉祐八年（一〇六三）三月，治世超過四十年的仁宗駕崩。剛被立為太子的趙曙即位，是為英宗。他是以仁宗之子的身分登基稱帝。當時的宰相為韓琦、參政知事為歐陽修。此時改革體制早已形成，只要這位年輕皇帝發號施令，就能大幅改革淤積百年的各種制度弊端。隔年正月，根據《禮記・大學篇》改元「治平」。此時有一個比改革更重要的事情占據了士大夫官僚的腦袋，那就是新皇帝該如何稱呼自己已經亡故的親生父親，史稱「濮議之爭」就此展開。

爭議點只有一個，那就是英宗的父親濮王應該當成「養父仁宗的堂兄」來看待，或是「英宗的親生父親」？最初翰林學士王珪等人上奏，站在前者的立場提出「皇伯」說法。但以韓琦、歐陽修為首的中書省（政府）長官認為這個稱呼沒有前例，並抱持後者的觀點，建議稱為「皇考」（事實上，後晉石重貴曾以皇伯稱呼自己的親生父親，但歐陽修不承認五代，因此主張不能以五代的事做為先例）。對此，司馬光、呂誨等諫官批評政府的方案，認為「這會擾亂繼承仁宗帝位的正統性」。濮議之爭持續了很長一段時間，幾乎所有朝廷高官都捲入其中。

用現在的價值觀來看，這根本是不值得爭論的議題，也不值得擱置前述各種重要危機不管，急著討論出結果的事情。因此，這件事在歷史上的記載不是十分輕描淡寫，就是被視為世代對立的鬥爭，或政府與諫官在制度上和結構上的對立關係，甚至解讀為統治階級的內部矛盾。濮議未將重點放在（可能的）爭議點身上，而是放在說明造成爭議的過程。

話說回來，在近代價值觀確立以前，濮議本身一直被世人拿來反思與評論。這是因為濮議中產生的對立見解，包含了中國政治秩序，亦即禮教秩序的根本問題。僅用我們的角度與觀點評斷不同文化民族的言行，是一件很危險的事情。從我們所處時代發生的戰亂事端，即可發現「普遍主義」是一種充滿爭議的思想，它無視與我們擁有不同思想的人的存在，為這個世界帶來無窮盡的對決和混亂。宋朝無論在任何領域，都是這麼一個令我們深思的時代。

濮議耗盡了士大夫們的精力，歐陽修根本無力親自推動政治改革。范仲淹與歐陽修理想中的新政，只能交由下一世代的士大夫們執行。但是他們絕沒想到，未來的改革竟帶來愈演愈烈的黨派對立。

第三章　動亂的世紀

王安石登場

遴選為神宗左右手的才俊官僚

治平四年（一〇六七）正月，英宗駕崩。取自《禮記》「治國平天下」一語的年號沒能庇佑皇威，英宗僅在位四年即崩。長子趙頊即位，年方二十的青年皇帝是為神宗。

此時國政改革的必要性比四年前英宗在位時更急迫，但朝廷上下仍在為濮議爭論不休，兩派人馬互相牽制，不分上下。王安石便在這個時候趁隙而入，嶄露頭角。

仁宗駕崩那一年，王安石的母親逝世，因此英宗在位的那幾年，他回到江寧（今南京）服喪，從未捲入濮議之爭。他雖出身於江西撫州，實際上故鄉在江寧。

神宗還是皇太子時，與韓絳、韓維、呂公著等名門出身的年輕官員關係很好。他很可能透過這些人得知王安石的名字，歐陽修與司馬光從以前就注意到王安石，於是王安石成為朝廷眾望所歸的希望，很快就被任命為翰林學士。

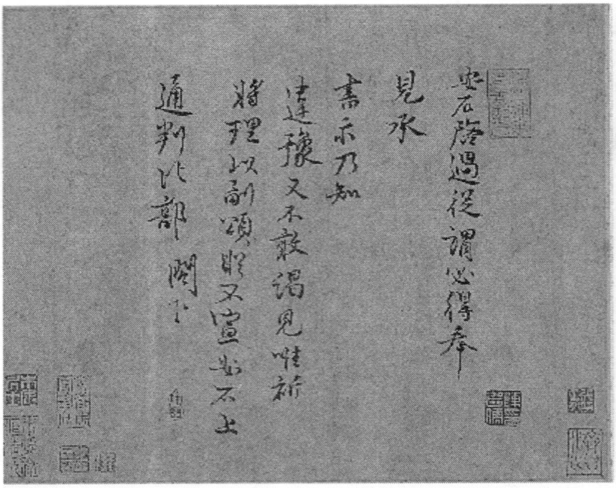
安石啓　過從謂必得奉見承
書示乃知違豫又不敢謁見惟祈將理以副頌聲又宣必不亡
通判比部閣下

王安石真跡《致通判比部尺牘》（台北故宮博物院收藏品）　這封信是王安石寫給在通判比部當官的友人。

王安石畫像

王安石的父親也是科舉出身的官僚，一生為地方官。慶曆二年（一〇四二），王安石以二十二歲的年紀在八百三十九名及第者中名列第四，成績十分優秀。同年一起考上進士的，還有後來在推行新法時支持王安石，榮升宰相的王珪和韓絳。

一般來說，以如此優秀的成績中第，都會先派到地方當一任官員，再調回中央一路重用。但王安石在淮南當完官後，卻沒有要求調回中央，繼續調派明州（今寧波）鄞縣擔任知縣。之後雖也曾在中央當官，但母喪後回鄉擔任江寧知府，就這樣留在家鄉服務。王安石之所以自願留在地方當官，外界認為是因為其家中較為貧困，必須找一些收入較高的官職養活一家大小。但另一方面，擔任地方官讓他親眼看見各地的實際狀況，在地方累積了各種改革經驗，後來才能在中央推動大規模改革。

神宗最初在位期間，選定的國號為「熙寧」二字。熙是明亮的意思，寧是安寧的意思，這個國號隱含著神宗超越父皇、匡正國政的期許。熙寧二年（一〇六九），王安石升任參知政事，同時掌管特別設置的制置三司條例司，展開改革之路。打破行之有年的官僚體制內部晉升制度，從中選拔能幹的年輕官僚進入制置三司條例司。其中除了王安石的心腹呂惠卿等人外，還有程顥、蘇轍等日後轉而批判新政的人才。由此也可看出改革是各階層有志之士的共同目標，他們互相討論，日以繼夜籌劃各種新法政策。隔年，熙寧三年（一〇七〇）王安石升任宰相，與神宗攜手同心，名符其實地統帥朝廷，匡正國政。

個別新法與其意義將在之後的章節詳細說明，接下來先了解朝廷政治的情勢變化。

鬥爭王安石

隨著新法內容日益明確，朝廷內部開始產生裂痕。程顥與蘇轍遞上辭呈，離開制置三司條例司，濮議時立場對立的歐陽修和司馬光此時也異口同聲地要求皇帝罷免王安石。就連當初將王安石推薦給神宗的呂公著，也開始批評新政。後世將他們稱為舊法黨（簡稱舊黨），但這個稱呼只是對反抗新法黨（簡稱新黨）的成員冠上的統稱，他們並沒有明確的政策，也沒結成任何黨派。

他們的目標只有一個，那就是「把王安石拉下馬來」。由於這個緣故，各種政治力量在朝廷內部掀起波瀾。王安石編織各種藉口和理由，將反對他的人逐出權力核心。那些難以設陷阱使其失足的大人物，則封一些有名無實的閒職，或讓他們到地方大城市擔任首長。監管道教設施的祠祿官，就是王安石在這個時候，為了安置反對派人士而設置的。如此一來，中央政府的要職全都被王安石一黨壟斷。

在政治上遭遇挫折的抵抗勢力，開始展開唇槍舌戰。如果是現在，尋求輿論支持是最有效的方法；但在當時，爭取天意才是最堅強的後盾。

中國自古就有一套天人感應說，當朝廷實行弊政，上天就會利用天體異象或異常氣候加以警示。從熙寧五年到六年（一〇七二至一〇七三）持續出現降雨減少的現象，反對派說這是上天的警告，要求皇帝停止推行新政。甚至還有官僚發誓說：「若罷免王安石十天內還是不下雨，我就是被處死也在所不惜！」面對強烈的批評聲浪，王安石上奏神宗：「只要我們推行善政，就不會愧於上天。天變不足畏。」這種不敬上蒼的說法，也是王安石日後遭受詬病的原因之一。

正好當時「前言」裡所提及的成尋待在開封。誠如「前言」的說法，他的日記內容無法在宋朝史料上找到佐證，但按照其日記內容所示，神宗親自來看成尋祈雨，可以看出神宗當時的焦慮心情和期待。若再不下雨，就算是支持改革派的神宗，也不得不處理罷免王安石的燙手山芋。不過，王安石畢竟是王安石，他的未出現更能突顯他說出「天變不足畏」這句話時的氣勢。他雖然敬畏上天，但完全不相信異國僧侶的祈雨祭典。

或許成尋的祈雨有效，果然第三天降下滂沱大雨，王安石暫時穩住了宰相之位。但隔年，他終於受不了反對派的批評，主動請辭宰相。熙寧八年（一〇七五），王安石再次回歸宰相大位。不過，第二年他又辭官。自此之後，便一直待在故鄉江寧，再也不問朝政。作為一個政治家，他沒再踏上開封的土地。

儘管王安石退出政治舞臺，但他開始的新政依舊持續進行。呂惠卿、蔡確與章惇等王安石拔擢的人才，在神宗身邊集體領導。王安石這位偉大的籌劃者雖已離去，但一連串新法已經推動，剩下的就靠這些實務官僚讓新法更加完善。

熙寧年號延續了十年，這一年改元「元豐」。新年號表現出神宗推行的新法進入軌道，國家重建有望的自信。或許是因為攻擊目標王安石消失了，或是基於無奈，也可能是內心開始認同新政的效果，反對派不再像熙寧年間那樣強烈批評新政。表面上看來，宋朝社會似乎將按王安石規劃的路線邁進。

無奈天不從人願，一直以來全力支持新法政策的神宗，在位十八年即崩逝。時值元豐八年（一〇八五），神宗年方三十八歲。雖說歷史忌諱「如果」之談，但還是讓人忍不住這麼想：如果神宗能壽終正寢，後來的中國文明肯定會有巨變，歷史將完全不同。

北宋末期長達四十年的黨爭，因神宗早逝拉開序幕。主持國葬的是元豐年間主導新法政策的宰相王珪，他是濮議時以翰林學士的身分第一位上奏提出「皇伯」稱呼的人物。他在任務尚未完成之前便隕歿，所以沒有捲入黨爭，舊黨派系的史學家對他也有不錯的評價。不僅如此，他還是未來宰相的岳祖父，請各位記住「王珪」這個名字。王珪死後，接任宰相之位的是蔡確。

王安石變法催生的《資治通鑑》

繼承皇位的哲宗趙煦年紀很小，因此與當初仁宗即位一樣，由他的祖母高氏（即神宗之母宣仁太后）以太皇太后的身分垂簾聽政。不幸的是，宣仁太后十分討厭王安石，對新法也大肆批評，她立刻將退隱至洛陽的舊黨精神領袖

司馬光

司馬光召回朝廷。正巧司馬光在一年之前剛完成嘔心瀝血的巨作《資治通鑑》。

司馬光從年輕時便策畫編纂歷史典籍，但那需要耗費極大的時間與精力，不是一名精英官僚可在公務之餘完成的事情。退隱洛陽使他有了充分的時間，從這一點來看，可以說是王安石的改革催生了《資治通鑑》。

現代人以「蝴蝶效應」來形容一件無關緊要的事情意外引起的結果，中國自古稱為「春秋筆法」，利用曲折的文筆表達褒貶之意。這種筆法就是在回溯後來發生的某事起因之過程中，發現該件事發生以前的某件事為原因之一；從道義來看，之前發生的事情才是後來事情發生的主要原因，所以把與實際行為主體不同的人物，當成後來發生的事情主體來描寫。由於（被認為是）孔子修訂的魯國編年體《春秋》採用了這樣的筆法，因此稱為「春秋筆法」（後世注釋家如此解釋）。若當年政敵王安石沒出現，這部歷史巨作很可能不會完成。

司馬光計畫以編年體的方式編纂《春秋》以後的歷史。經過幾十年的時間與精力，終於完成這部《資治通鑑》。這部書是由神宗親自賜名，取「有鑑於往事，以資於治道（以史為鏡）」之意。此書雖穿插部分司馬光和前人評語，但基本上幾乎是以條列方式記錄史實。不過，在事件的選擇、排列，以及用何種文字表現，則體現了司馬光的歷史觀。換句話說，司馬光排除所有捏造，只收錄編者判斷為史實的部分。同時不以單純的實證為滿足，還提出不少可供當時統治者借鏡的經驗與教訓。此書之所以能成為在東亞地區廣泛閱讀的歷史書，確實有其原因。如何記錄、記憶過去的歷史，與當今歷史學研究最先端的課題，可說是有一脈相承之處。

說起中國的歷史書，與司馬光同姓的司馬遷所寫的《史記》最有名。從族譜來看，司馬光一族自稱司馬遷的後裔，因此司馬光相當尊敬司馬遷。不過，他們兩人對於歷史的記述方法十分不同。《史記》開創了由本紀（以帝王為主，按年月記載全國性的大事）與個人傳記構成的紀傳體；《資治通鑑》則繼承了《左傳》的編年體，以帝王為綱分年記事。

《史記》的個人傳記融入了司馬遷收集的民間傳說，加強故事性。因此，同一件事在不同的人物傳記裡，經常可見互相矛盾的記述。也因為這個原因，《史記》在記述某個歷史事實時，會同時呈現不同人闡述的觀點與各種記憶。舉例來說，項羽和劉邦爭奪天下的大戰是外界認為整部《史記》中最精彩的部分，若從項羽情感投射其中的《項羽本紀》與站在敵手劉邦立場所寫的《高祖本紀》來看這場大戰，得到的感受截然不同。

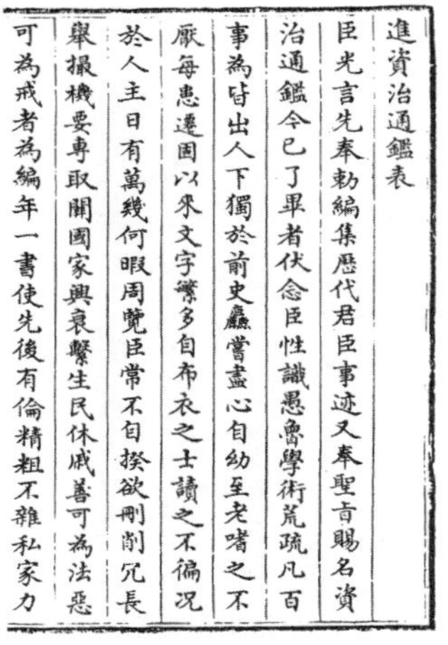
進資治通鑑表
臣光言先奉勑編集歷代君臣事迹又奉聖旨賜名資治通鑑今已了畢者伏念臣性識愚魯學術荒疏凡百事為皆出人下獨於前史麤嘗盡心自幼至老嗜之不厭每患遷固以來文字繁多自布衣之士讀之不徧況於人主日有萬幾何暇周覽臣常不自揆欲删削冗長舉撮機要專取關國家興衰繫生民休戚善可為法惡可為戒者為編年一書使先後有倫精粗不雜私家力

〈獻資治通鑑表〉引自《景印文淵閣四庫全書》第三〇四冊，史部，資治通鑑卷一、二。

《項羽本紀》自古就是《史記》中公認最有名、傳頌度最高的文章，如今日本高中的漢文教科書在談論鴻門宴與四面楚歌等主題時，仍採用這篇章節。或許正因為《項羽本紀》與帶有「猛者終將滅」意涵的《平家物語》有相通之處，所以深受日本人喜愛吧！話說回來，以戲劇性手法描述項羽英雄氣概的文風並非《史記》的代表性筆法。《高祖本紀》的主題是讚嘆劉邦的踏實堅定與現實感，表現出對於偉大王朝開創者的敬意。這兩種筆法沒有對錯，《史記》不以善惡的價值判斷看待歷史，而是把歷史視為一齣人生劇場。

相對的，以單一年代為記事體的《資治通鑑》，每個事件只用一條單線記述。司馬光一貫的做法是比較檢討各種史料，去除多餘裝飾修辭，只記錄事件本質。他追求的唯有大義名分。亦即在歷史洪流中，一個人在自己所在的不同時期、不同地點應如何行動，特別是為官者該如何為國家盡忠？這個觀點與歐陽修所寫的《五代史記》相通，也是司馬光執筆的動機。

從這個意義上來看，儘管《資治通鑑》的好讀性遠不如《史記》精彩，但對讀者來說，閱讀《資治通鑑》可以磨練從字裡行間掌握精髓的能力。《資治通鑑》不只是羅列史實這麼簡單，更代表著司馬光的史觀與洞察歷史的眼光。若說《史記》是適合青少年閱讀的通俗讀物，那麼《資治通鑑》則是適合成人閱讀的深度作品。《資治通鑑》也有日文的摘譯版，有興趣的日本讀者不妨參閱看看。

且將話題拉回到神宗駕崩的那一年，也就是元豐八年（一〇八五）。

宣仁太后欽點司馬光重返開封的那一年，司馬光已經六十七歲，相信他當時早就打算在洛陽安享天年，而且絕對沒想到比自己小一輩的年輕皇帝會這麼早崩逝，自己還有再次掌權的機會。當時洛陽聚集了好幾名舊黨長老，與開封政府保持一定距離，形成類似法國的文化沙龍。對於宣仁太后突然欽點，司馬光躊躇不前，此時沙龍成員之一程珦的兒子、曾任職於制置三司條例司的程顥鼓勵他：「除了您老，這世上有誰能終結現在的惡政？」程顥在送走司馬光不久後逝世，享年五十四歲。

親舊黨立場撰寫的史書，描述了無數平民百姓夾道歡迎救世主司馬光風光進入開封的情景。儘管他以年齡和健康為由，好幾次推辭要職，還是於隔年、即改元的「元祐元年」（一〇八六）就任宰相。回想在王安石出現之前，司馬光早已是英宗麾下的翰林學士，此次擔任宰相可說是遲了二十年的晉升。司馬光擔任宰相輔佐宣仁太后，形成了主張撤廢新法的政權，世稱「元祐更化」。不過，此時朝廷內外的重臣與有經驗的官僚幾乎都是新黨派，想要撤廢新法政策，實屬不易。

各式新法

新法內容與改革派理論

接下來我想稍微花一些篇幅，介紹幾個新法。

一提到王安石的新法，大家最先想到的就是均輸法、青苗法、市易法、保甲法、募役法、保馬法等經濟政策。事實上，這些都是日本現行世界史教科書列舉介紹的政策，相信不少讀者為了考試，曾背過這些名詞吧！話說回來，這些名稱的內容與實質意義究竟為何？

均輸法是政府為了避免國家事業和採購消費出現不均與浪費的情形，所制定的物資調節政策。當時大多數物資都從江南送往首都開封，朝廷在大運河沿岸的揚州設置主掌物資流通事務的發運司，由開封事先告知揚州哪些物資需要多少數量。發運司調查物資時價，再從特定地方購入便宜物資，送往開封；不需要送往開封的物資則送到其他地方銷售。均輸法讓物資調配更有效率，同時達到穩定物價的作用。均輸的意思就是讓物資以同樣價格運往各地。說穿了，就是由政府主導，從事遠距離貿易。

青苗法是預防農民在青黃不接的時期，生活陷入困境的政策。農民在播種期可向政府低利貸款（或借實物「青苗」），等收穫期一到就連本帶利歸還。青苗法的財源來自為防止飢荒而儲備的常平倉物資。常平的意思是「任何時間都一樣」，代表即使發生飢荒也能維持平常狀態，不受飢餓所苦。但如果遇到連年豐收，儲備的穀物就會腐爛，導致浪費。因此，只要冬天一過，確定不再需要倉裡的儲備物資，政府就會將這些穀物變賣換現，或借給農民耕作。這原本是富貴人家用來營利的事業，現在由政府介入親自來做。不僅資本雄厚，利息也便宜。

市易法可說是青苗法的城市版，是針對商人實施的低利融資政策。市易的意思是「在市場交易」，政府在開封設置市易務，統轄設置在全國各都的分支機構。這原本也是富商運營的金融放款業，現在由國家直接接手。

富商一直以來利用高利貸維持和增加自己的財富，上述三法在經濟上牴觸了富豪階級的營利行為與利害關係。因此，很多人強烈反對，認為這是「與民爭利」的行為，也認為國家不應該做些損及自己顏面的事情。從現代歷史學的觀點來看，這是反對派與其背後的大地主、大商賈為了維護自身權益，而將「損及國家顏面」的大帽子套在市易法上。

儘管現代歷史學的觀點並沒說錯，但從舊有的國家觀來看，前者說的「與民爭利」也並非強詞奪理，不能將所有反對王安石的勢力統統看作自私自利之流。反對派舉出漢武帝推動的均輸平準法與漢昭帝的鹽鐵之議。宋朝的士大夫官僚崇尚儒道、學習歷史，在他們的記憶裡，他們很清楚利用苛捐雜稅來重建國家是不可能的事情。相反的，改革派必須負起責任，從理論性與歷史性證實他們提出的政策確實有效。

為此，王安石提出《周禮》佐證。《周禮》是由創建周王朝的周武王之弟、建國功臣周公旦所著，是一本與國家體制有關的書籍。說得簡單一點，《周禮》是一部兼具憲法、行政與法典的合集。周公是孔子心中最嚮往的人物，儒教本身也被稱為「周孔之教」，具有至高無上的神聖性。王安石主張自己的一連串改革，與周公的政策一致。例如青苗法就是《周禮》中的「泉府」。

上述論證在漢朝鹽鐵之議的時候尚未出現。當時的《周禮》還沒有規範約束之力，就連這本書存在與否也說不清。相傳《周禮》是西漢河間獻王重金購得並獻給朝廷，深藏於祕府中，後來王莽根據此書進行改革，才使《周禮》納入史書之列。不過，由於王莽篡奪漢朝，在後世眼中是叛亂逆賊，因此儘管後人將《周禮》尊為周公之書，也將其視為危險書籍。王安石刻意提出《周禮》，是為了正當化他的改革之路。他親自注釋《周禮》，並把《周禮》當成科舉考試的必修科目。

後世儒者對這件事做出如下的批評：「王安石刻意曲解《周禮》，為自己辯護，他根本沒有繼承周公理念之意。」

要把王安石與王莽一起列入負面人物，就必須徹底切割《周禮》與王安石。正因如此，才會出現上述的批評。此外，近代有些學者想重新評斷王安石，將其視為理性主義者，他們認為王安石有關《周禮》的言行，不過是為了封反對派之口的藉口罷了。

兩者的評價其實就像硬幣的正反兩面，但我認為王安石本身堅信，自己的政策是繼承周公理念而制定的。對於新法政策中，何處體現周公理念？王安石與反對派立場對立。誰占上風就能在「經學」這個最受重視的言論空間掌握主導權。關於這次鬥爭，將在之後的章節詳述。

漢人與馬　李公麟《五馬圖》第四圖　圖中「元祐三年」等字為黃庭堅所寫。

讓我們繼續討論新法吧！

保甲法就是讓當地百姓負起防衛國土與維持治安之責。國庫枯竭最大的原因在於維持數量龐大的正規軍，無論從紀律、士氣或戰鬥力來看，宋朝當時的正規軍沒有任何一項值得讚揚。軍隊存在最大的職責，就是收容、扶養失業者、好吃懶做之人或沒有工作能力者。換句話說，軍隊不是為了讓軍人維持國家秩序，將他們收編軍隊這個行為本身就能維護社會治安。

有鑑於此，保甲法的目的不是回歸徵兵制，而是為了輔助沒有戰鬥力的正規軍，設立民兵組織。保甲法規定十家為一甲、十甲為一保，設立重重組織，組成嚴密的指揮系統。一開始只在與遼、西夏接壤的國境和首都附近實施，是農閒期才進行軍事訓練的組織，但後來為了維持社會治安，以地區組織的型態推廣至全國。

若說保甲法是一個用百姓身體維持國家秩序的政策，那麼募役法則是用百姓金錢為維持國家秩序做出貢獻的政策。回顧過去的政策，無論任何勞役都是依人頭課稅，此為差役法（差是分配之意）。差役法的徵收方式稱為戶等制，將百姓資產依耕地多寡分為五等，每個等級課以不同稅賦。由於官僚無論擁有多少身家財產皆得以免除稅賦，只要在名冊上竄改資料即無須繳稅，因此不少當權者或與寺院有關的人走後門，將自己從差役名單中除名，這是保甲法最大的漏洞。可以想見的，這些逃漏稅的人應該負擔的部分便轉嫁至平民百姓身上。募役法（亦稱雇役法）的主旨是改正這些不公平的地方，按持有財產的比例課稅，接著用徵得的稅款聘雇幹活的勞役。這個制度自然遭受過去無須課稅的階級強烈抨擊。

保馬法是由民間飼養軍馬，政府在必要時借用或收購的政策，藉由這個方式導入民間活力。其他還包括國家積極參與新田開發，透過財政援助或稅率優惠給予民間獎勵的農田水利法。

以上簡單介紹了新法中與經濟有關的政策，這些只是整個新法的一小部分而已。因為這些政策是舊黨批評最劇烈的部分，所以較受到後世注目。再加上其中包括了社會經濟史上的重要問題，受到近代歷史學高度評價。事實上，除此之外的諸多政策裡，還有幾個對中國後世的政治與文化產生決定性影響的重要政策。

科舉改革與健全學校制度

其一是科舉改革。新法廢止幾個已經失去實質意義的科目，改訂禮、法、醫學等專業科目。此外，在既存的科舉制度中，最有名的進士科必考作詩。王安石廢除詩賦考試，把評分重點放在用自

專欄三
選舉與考課

我們一般稱為科舉的制度，正式名稱應該是「選舉」。《唐書》（與歐陽修等人編纂的《新唐書》）以後的正史都有〈選舉志〉一章，記錄選舉制度的沿革。在漢代，從民間尋找人才是地方官員的職責，稱為「鄉舉里選」。隋唐以後，由皇帝親自「選拔推舉」自己的部下，這就是「選舉」的由來。選舉分成好幾種科，因此又稱為科舉。

唐代科舉與宋代科舉最大的差異，正如本文所提及，增設由皇帝親自擔任面試官的殿試，人事權完全集中在皇帝身上。因此，形成了如左方圖表所示，由地方（解試）與中央（省試、殿試）組成的三階段考試制度。殿試合格者依成績排序，授予不同稱號（為避免混淆，本書通稱進士）。這個稱號將左右合格者的一生，同進士出身者即使通過詮試（評斷官僚適性的複試）也很難擔任高官。若不是科舉中第，僅因出身官僚家庭的世家子弟，或曾經擔任軍人、胥吏者，更不容易飛黃騰達。

原則上，宋代官僚每三年進行一次成績考核，決定如何晉升。從選人、京官與朝官等職級，最後直奔其頂點當上三公（宰相退休後的名譽職位）的人，放眼整個宋代寥寥無幾。

●左頁—科舉制度（根據平田茂樹《科舉與官僚制度》製成）

唐朝科舉制度

- 常科—定期考試
  - 進士科—以詩賦為代表，考文學才華
  - 名經等諸科—主考背誦經書的記憶能力
- 制科—皇帝下詔的臨時考試

鄉貢進士—地方推薦
學館進士—中央學校推薦

→ 禮部試—帖經・詩賦・時務策 → 吏部詮—身言書判 → 官僚

宋朝科舉制度

- 常科
  - 諸科—王安石改革後廢止
  - 進士科
- 制科

*南宋時代為經義進士科（經義・論・策）與詩賦進士科（詩賦・論・策）兩科並列

考試種類	場所	考試科目	考試人數
解試	本籍所在的州	經義・論・策（王安石科舉改革時）	數十萬人
省試	中央・禮部貢院	經義・論・策（王安石科舉改革時）	一萬人
殿試	皇帝面前・集英殿	策	數百人

→ 合格

（授予稱號）
進士及第
進士出身
同進士出身 → 詮試

→ 官僚

明・清科舉制度

學校試 → 縣試 → 府試 → 院試

科舉試：
→ 鄉試—各省城貢院
→ 會試—北京禮部貢院
→ 殿試—皇帝面前
→ 合格
→ 官僚

*考試科目：經義・詩賦・論策

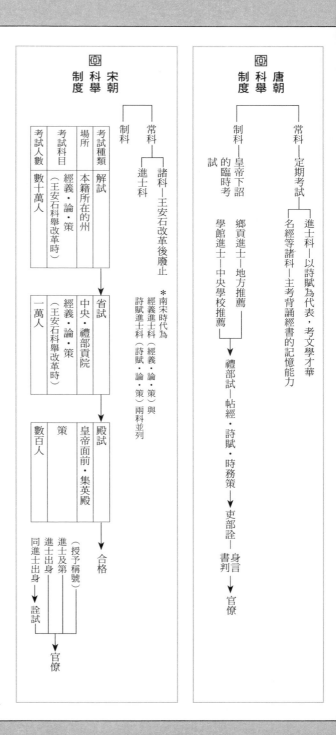

己的語言論述經書意義上，出題範圍擴展到歷史事件、針對特定人物的評論以及對時下政治提出建議。

經義科除了必修《論語》、《孟子》之外，還要在五經中任選一經必修。新法的五經以《周禮》取代《春秋》，原本的原因是《春秋》較難正確解讀內容，但反對派的人捏造謠言，說王安石戲稱《春秋》只有簡略要聞而缺乏事情的原委本末，如同斷爛朝報（連接公報片段，沒有整體意義）。由於受到上述問題相互牽動，王安石與其後繼者們才會如此重視《周禮》。

在此我們要注意的是《孟子》。事實上，王安石是第一位把《孟子》與《論語》正式列入為儒教重要典籍的掌權者。我們從小就被灌輸儒家思想是「孔孟之道」，即源起於此。政治立場與王安石水火不容的程顥、程頤兄弟也很重視《孟子》，朱熹沿襲這個潮流，集北宋理學之大成，是為朱子學。進一步確立《孟子》在經書上的地位。由此可見，彰顯孟子的最大功臣是王安石，只是一般人容易忽略。

另一方面，王安石健全了學校制度，這項措施與科舉改革同樣重要。科舉是選拔人才的方法，培養人才更是國家強盛的要務。王安石大幅擴張與整頓太學，並由朝廷撥給經費提升地方學校，健全教育基礎。徽宗即位後，制度更加充實，中央和地方均設置上舍、內舍以及外舍三個等級，稱為三舍法。王安石的改革重點雖是財政改革，但不追求眼前利益，著眼於為將來培育優秀人才，即使增加國庫支出也在所不惜。王安石的改革帶有長遠眼光，這才是國家百年大計應有的方針。到了南宋，由民間出資成立的書院教育日益興盛，促進儒教文化的普及。

雖是王安石引退後元豐年間的事情，但宋朝進行的大規模官僚制度改革也是不可忽略的重要大事。

元豐改制

宋朝官制是公認中國歷代最難理解的制度，原因在於其保留了盛唐時期的三省六部，又繼承了盛唐之後國家體制變化與藩鎮體制留下的成果，導致官僚組織疊床架屋，造成相當於日本令外官（在律令制度外所設置的官職）的情形。舉例來說，宰相的正式名稱為「同中書門下平章事」，但當時的門下省有名無實，執掌政府最高權力的官僚卻還是沿用這個官職。此外，三司只不過是把本來的戶部、度支、鹽鐵三個部門統合在一起而已，並非基於任何理念新設的機構。「三司」這個枯燥無味的名稱即代表了一切。

更令人費解的是「寄祿官」制度。寄祿官是與所有官僚的晉升、俸祿息息相關的官名，卻沒有任何實際職權。「禮部尚書」也不是負責禮儀制度的大臣，而是顯示其在官場上身分與級別的符號罷了。此外，六部除戶部歸入三司，其他只剩名目，沒有實際權力。不過，這五部的相關工作並沒有就此消失，而是由其他部門負責。舉例來說，禮部相關工作由「太常寺」執行。順帶一提，「寺」這個字在漢代原本指的是官府種類，後來才被傳入中國的佛教用來稱呼自己的宗教設施。

元豐改制大刀闊斧地整頓疊床架屋的官府機構，簡化組織，成功地削減冗員並節省經費。主事者並非只將原本不同的部門硬湊在一起，調整雙方成員的利害關係，最後冠上一個又臭又長的名稱那種無能之輩。他們在整頓時以《周禮》為典範，本來唐朝的官僚制度就是模仿《周禮》的官制，唐玄宗整理編纂成著名的行政法典《六典》。元豐的官制改革標榜回歸《六典》，但也根據國家體制轉型為財政國家的現況，追加相關內容。從此以後，直到二十世紀初期仿效西方國家整編朝廷機構為止，元、明、清基本上都沿襲元豐改制後的官制。從這層意義上來看，元豐改制可說是放眼千年的行政改革。

舉例來說，「工部」的實質名稱只有一個字，卻一目了然地點出這個部門所負責的職責，也就是統轄國營事業，培育新興產業。因為簡潔，所以沒必要取一長串詞彙的第一個字，創造一個沒有意義的簡稱作為部門名稱。儘管如此，其功能卻是財政國家的基礎，而且十分複雜。孔子在《論語》中說，政治的關鍵「首先是正名」，這次改革成功實現了這個儒教傳統。容我補充說明，就連建構日本明治政府的有志之士提出殖產興業政策時，也新設了律令官制沒有的「工部省」，促進產業及資本主義發展。無論是王安石或日本明治政府，這些主事者都很清楚國營事業的職責所在，而且果斷執行。過於顧慮官方與民間的既得利益，是不可能統合各方，完成有意義的政治改革。這就是「以史為鏡」的意義。

話題扯遠了，讓我們再次回到元豐年間的官制改革上。

在改革中央官制的同時，為了掌握地方現狀，北宋編纂了一本《元豐九域志》。事實上，宋朝也有其他可總覽國情的書，但只有這本完成於元豐三年（一〇八〇）的《元豐九域志》，簡單扼要地介紹新黨政權下的地方行政組織。本書列舉了二十三路、四京府、十次府、兩百四十二州、三十七軍、四監、一千一百三十五縣。

還有另一個與新法有關，值得特別介紹的大事，那就是禮制改革。對於經濟政策、科舉與學校制度、官制改革，至今有許多研究，也有很多概論書提及相關內容。但令人意外的是，很少有人注意到新法也大幅修改了禮制。翻閱《長編》即可發現，神宗在位期間有許多關於禮制的諸多討論。換句話說，研究先進都知道這件事，但一般認為沒有什麼介紹和研究的價值。這可能與看待濮議的觀點差不多。

禮制改革

但實際上對於郊祀制度的改革，對思想史具有極重大的意義。由於郊祀是一種從視覺上演繹皇權統治正統性的禮儀，因此祭祀方式必然定義國家型態。元豐三年（一〇八〇）經過一番激烈爭論後，決定將祭祀天神與地神分開，在不同日期於不同祭場舉行祭祀儀典。此重大改革牽涉到儒教教義中，對天帝定義的基本命題。簡單來說，「天帝原本是中國人盡孝的對象（祖宗），屬於有意志的神；改革後轉變為自然界法則中原本便存在的神（天）。」此處所說的自然界，並非近代西洋文明中，與人界區分的大自然，而是包含本質上形成人類社會的構成要素，稱作「環境」或許更為恰當。在前述爭論中，蘇軾代表的是前者，也就是舊派立場；司馬光雖未直接參與爭論，但在自己的著作中發表相同意見。若只看這兩人的觀點，似乎可用舊黨與新黨對立來解釋，但程頤（在爭論後發表的意見）明確表示支持改革，朱熹也表達贊同的立場。換句話說，新黨與道學派在這個觀點上步調一致。這個現象的意義我們留待後續章節討論，但這一點也表示舊黨在思想上並非統一的。

黨爭

司馬光重返中央後，他最煩惱的是該廢止新法中的哪些政策。即使是一致「反對新法」的舊黨內部，針對個別政策卻有不同看法。司馬光自己想立刻廢止募役法，但他在科舉制度上，支持王安石重視經義的路線。然而，蘇軾卻完全相反。程頤在禮制上支持回歸古禮的新法路線。概略來說，舊黨以這三人為代表，分裂成三派。依三人的出身地分別稱為朔黨、蜀黨與洛黨。而且當時朝廷裡還有許多新黨人士，扯著反新法陣營的後腿。

就在此時，元祐元年（一〇八六）四月，王安石逝世於江寧。據說當時廢止募役法的消息傳到病榻上的王安石耳裡時，他無奈地嘆息道：「唉，連這個法也廢啦！」募役法是王安石諸多政策中他個人最滿意的新法。

早已垂垂老矣的司馬光也經不起宰相大任的折騰，僅任宰相七個月，於元祐元年九月去世。王安石既為司馬光的政敵，亦為好友，王安石的噩耗或許也影響了司馬光的心情。新舊兩黨的核心人物相繼去世，使新舊黨爭進入下一個階段。

新舊兩黨的內鬥

最初新黨是舊黨的攻擊目標，但隨著舊黨內部的嫌隙日益加深，也開始激烈的內部鬥爭。蘇軾兄弟與程頤的個性素來不和，互為不共戴天之敵。程頤獲得宣仁太后賞識，當上少年皇帝的侍講，在朝廷游刃有餘，於是惡意批評身為翰林學士的蘇軾。蘇軾個性耿直，有話直說，不受宣仁太后待見，再次被貶為杭州知事，派往地方。後來又被召回擔任禮部尚書。神宗改革官制後，禮部尚書成為實際統轄禮制儀典的職位。無奈好景不常，宣仁太后逝世，哲宗親政後，改元紹聖（繼承聖王神宗之意），新黨重新掌權，蘇軾又被流放到天涯一隅的海南島。徽宗即位後赦免蘇軾，但其健康狀況已大不如前，在返回都城的漫長路途中，於建中靖國元年（一一〇一）去世。另一方面，程頤也被新黨列入黑名單，將他的名字刻在元祐黨籍碑[1]上。大觀元年（一一〇七），程頤孤寂死於故鄉洛陽。兩名大人物都是這樣的結局，其他人的下場也不難想像。

不僅舊黨，新黨內部也鬥得你死我活。呂惠卿一開始被視為王安石的接班人，外界對他有各種不同的評價。由於呂惠卿是福建泉州出身的，因此王安石在引退後寫下「福建子[2]」三個字，後悔重用他。呂惠卿在元豐年間就從中央被貶到地方，歷任地方大官。他聰慧過人，腦袋機靈，同儕既忌妒又害怕，所以朝中沒有任何人想讓他重返中央。

朝中繼承王安石路線的人，包括蔡確、章惇、曾布、蔡卞、蔡京等人，連同呂惠卿，到南宋都成為批判對象。他們皆被《宋史》列入〈奸臣傳〉。

蔡確在同僚王珪死後，獨自抵抗司馬光、呂公著等舊黨元老，後被密告寫了毀謗宣仁太后的詩，遭到流放，最後死在外地。章惇個性剛正不阿，輔佐哲宗親政，廢除了與舊黨人士親近的皇后孟氏。元符三年（一一〇〇）哲宗駕崩，章惇從哲宗兄弟挑選繼位人選時，沒有按皇太后的意思選擇端王趙佶（即徽宗），後來也遭徽宗冷凍。另一方面，曾布擁立徽宗有功，一開始受到徽宗重用，可惜與蔡京不和，被下放至地方任官。蔡卞是王安石的女婿，曾與章惇一起輔佐哲宗，徽宗即位後立刻遭到彈劾。在此期間，晉升比他晚的哥哥蔡京受到重用，成為宰相。這對兄弟互相忌妒、處處對抗，最後弟弟蔡卞失敗，被貶為地方官。

支撐徽宗政權的核心人物——蔡京

接著來談論蔡京，在提到徽宗時期絕對不可錯過他這號人物。雖然在小說《水滸傳》中，蔡京藏在禁軍統領高俅身後，看不出其反派角色，但無論後世評價是好是壞，他都是維持徽宗政權最重要的角色。若要刻意汙名化他，就從元祐更化時，他受司馬光之命，上任短短五天便恢復差役法開始說起。到了紹聖年間，卻又轉換立場，建議章惇恢復募役法。這些行為充分表現出其毫無節操，諂媚當權者的個性。徽宗即位後，與曾布關係不好的韓忠彥推薦蔡京擔任宰相，想將他收為自己人。從此之後，為了肅清舊黨人士，從崇寧四年（一一〇五）立元祐黨籍碑開始，無論新黨、舊黨，凡不順從自己的人全部逐出中央，一手獨攬大權。當然，這是在徽宗支持下所做的行為。雖然他也曾經因為得罪徽宗被貶至地方，但很快就調回中央，重新掌權後變本加厲，無所不用其極地迫害他人。

蔡京特地興建祭祀天帝的明堂，修建祭祀地神的祭場「方澤」（方形祭壇），命人鑄造象徵統治天下的九鼎，修改宮廷音樂制度與樂器，擴大道教禮儀規模，提出並實施各種政策，揮霍實施新法後日益充實的國庫收入，以彰顯徽宗皇權的莊嚴。這些作為到了南宋大受批判，在近代史學家的眼中，也認為他的做法虧空國庫、耗費國力。但蔡京確實是有他個人的國家規劃。如果計畫成功，他就能成為太平盛世的英明宰相；一旦失敗，就會被評為亡國奸臣。反觀與蔡京不和的張商英，僅因為反蔡京的立場就被視為好人，後世對他的評價相當好，與蔡京形成鮮明對比。

蔡京做出的各種惡行中，最為人所詬病的就是組織「花石綱」船隊。他為了迎合徽宗喜歡庭院造景的嗜好，從江南蒐羅各種奇珍異石，包括太湖石運送至開封。蔡京派出自己的心腹朱勔到江南搜刮各式珍寶，導致江南經濟一片慘澹、民不聊生，間接或直接造成了北方宋江的梁山泊農民起義與浙江的方臘之亂。

這一點確實不可否認，不過，徽宗時期還是依據新法推動了一些對社會有益的政策。近年來發現與挖掘的墳墓中，最受人矚目的是漏澤園。漏澤園是一種救助弱勢的社會福利設施，類似制度化的公墓。我們可從漏澤園一窺當時社會底層百姓的生活樣貌。沒想到西元十二世紀就有國家建設公墓，安置弱勢族群，不禁令人感到驚訝。在這方面，南宋以後反倒依賴民間力量完成。由此可以看

《聽琴圖》　（宋徽宗繪圖）　在中央撫琴的是徽宗本人，坐在右邊的是蔡京。畫作上的題詩是蔡京所寫。

出，包括上述的學校制度在內，宋朝都是先由國家主導實施，累積經驗後再由民間參與。我們應該將這樣的現象看成古代專制帝國的遺制，或是近代國家的先驅？關於這一點，學界意見依然分歧。

徽宗自稱「道君皇帝」，他本身也是中國文化史上最大的贊助家，後世給他的外號是「風流天子」。儘管正是因為「風流」導致國家滅亡，但他是否僅僅是一位無能昏君？他理想中的國家體制，難道在那個時期沒有一定程度的存在意義嗎？歷史軌道因為道岔轉換而往另一個方向前進，徽宗與蔡京政權繼承王安石路線，究竟想追求什麼樣的世界？徽宗時代今後還需更多學者投入研究，釐清當時樣貌。

關於這一點，我認為日本平安時代的後白河天皇與宋徽宗有許多相似之處。無論從出生順序、資質高低來看，後白河天皇（即位前為雅仁親王）都不可能繼承皇位，卻因為弟弟早逝，野心人士為了滿足私人利益，將雅仁親王視為自己的棋子，使其扛下政治難局。如此看來，雅仁親王是一名既幸運又悲慘的皇子。他們雖繼承偉大父親（鳥羽天皇和神宗）的施政方針，但依舊認真處理政事。至於兩人的結局如何……宋徽宗比後白河天皇早出生五十年，日本與南宋開始交流後，相信後白河天皇一定也曾聽說宋徽宗這位中國皇帝。

話說回來，我們是否需要給蔡京一個恢復名譽的機會？蔡京身為王安石接班人，如先前所述，其學校政策與社會政策具有近代國家的特質。如果後來也沿襲這條路線，換句話說，就是不走後來實際選擇的道路，不以朱子學為體制教學，那麼整個中國，包括東亞地區的歷史發展絕對與現在截然不同。蔡京是所有新黨宰相中，後世史學家評價最差的一位。不僅如此，他也是南宋時期新黨遭受劣評的最主要原因。這一切皆起因於他對遼國宣戰，造成華北失陷。

宋政和五年（一一一五），屈居遼國北邊的女真族亟思振作，擁戴完顏阿骨打擔任首領，建立金國（金朝）。徽宗政府計畫與金朝這個新興勢力聯手夾擊遼國，收復燕雲十六州，實現宋朝開國以來的宿願。經過一番交涉，宣和四年（一一二二）宋金同盟成立，宋朝派出由童貫率領的禁軍精銳部隊，開始入侵遼國。但長期只知安逸享樂的宋軍，在各地遭遇遼軍皆以慘敗收場，反觀金軍以迅雷不及掩耳之勢攻陷遼國首都，依照盟約將六個州還給宋朝。可是宋朝並不知足，竟策反已經歸降金的遼國將軍，將他占領的其他州據為己有。此舉惹惱了金國，兩國進入開戰狀態。

靖康之變

金軍渡黃河

宣和七年（一一二五），金軍兵分二路往南進攻。他們刻意避開太原、大名等軍事要塞，打算一口氣攻破開封。徽宗發現後嚇得不知所措，打算命令太子趙桓固守開封，自己逃到南方避難。此時李綱挺身而出，批評徽宗的決定。

李綱的祖先來自福建，從祖父那一輩遷至江南的無錫（江蘇省）定居。其父親也是當官的，有一定地位，他自己則在政和二年（一一一二）考上進士，步入仕途。宣和七年，他向朝廷上奏，力主退金，同時要求徽宗退位。他屬於舊黨人士，但為了提振軍隊士氣，他認為徽宗必須退位才行。李綱刺傷自己的手，以自己的血寫血書向徽宗諫言。此舉感動了徽宗，於同年底十二月二十三日退位，皇太子即位，是為悲劇皇帝欽宗。

欽宗任命李綱擔任兵部侍郎（相當於今日的國防部副部長），整頓軍隊，準備迎戰。隔年改元靖康。靖康元年（一一二六）正月，金軍終於渡過黃河。太上皇徽宗立刻逃往南方鎮江（江蘇省）避難，大臣中也有人力勸欽宗逃難。李綱堅定地說：「太上皇將先祖神靈和土地之神全部交付予您，您怎麼能棄江山社稷不顧？」

大臣又說開封的地勢不利防衛，李綱反駁唐玄宗在安史之亂逃往四川避難，結果以失敗告終，因此他堅決主張死守開封。但欽宗還是想逃，於是李綱提振禁軍士氣，禁軍紛紛誓言死守，李綱接著對欽宗說：「陛下若逃往南方，將無人護衛您。」欽宗終於被說服，決定留下防衛首都。

七月，蔡京、童貫等人被流放，但他們在途中有半數遭受公然處死的命運。

金國方面原本就打算以奇襲開封的方式，逼迫宋朝為自己的違約之舉道歉，並不是真的想要占領開封。加上還有後顧之憂，於是向宋朝提出和議談判。談判的結果，宋朝支付高額賠償金，割讓太原等三鎮，派皇弟康王趙構與大臣張邦昌為人質，達成和平協議。這兩人在此時被選為人質，也決定了他們未來的命運。

當時國庫空虛，無力支付鉅額賠償金，於是金軍入城，大肆搜刮。面對這個局面，各地義勇軍集結在開封近郊。李綱想趁此機會夜襲金軍，結果不如預期。金軍派使者到宋朝朝廷質問，接見使者的宰相回應：「夜襲之事是李綱一人獨斷獨行，不是朝廷的意思。」企圖逃避責任，隨後罷免了李綱。消息傳出，太學的學生們上街示威，一般士兵與市民也群起呼應，抗議遊行人數增加至幾十萬人。受到輿論壓力，欽宗再次重用李綱，恢復宰相一職，同時命其防衛首都。

金軍害怕遭受偷襲，決定撤兵，接收宋朝割讓的三鎮。由於李綱事先已有指示，三鎮守衛軍拒絕交出城池，兩軍又陷入交戰狀態。開封周邊暫時恢復平靜，逃到南方的徽宗也返回首都，朝廷上下頓時鬆了一口氣。此時李綱為了防備金軍再度來襲，亟欲革新朝政。新黨派宰相耿南仲對此感到不快，推薦李綱擔任防禦太原的援軍統帥，成功將他踢出中央。李綱自比范仲淹討伐西夏，悲壯出陣。後來議和派又在朝廷取得上風，為了討好金朝，朝廷將李綱流放到遙遠的南方。

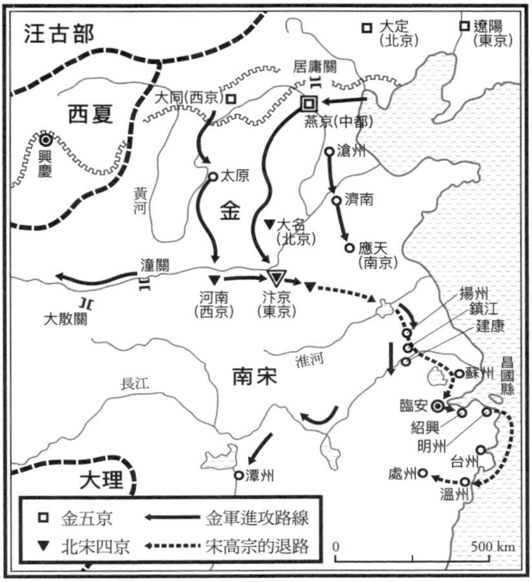

南宋初期的宋金戰爭　下方年表為高宗逃亡經過。

建炎一年五月	高宗於應天府即位
九月	揚州
三年三月	揚州瓜洲鎮→鎮江→杭州
五月	移居江寧（改稱建康）
七月	杭州改稱為臨安府
閏八月	返回杭州
十二月	臨安陷落、逃往明州
四年一月	明州昌國縣→台州章安鎮→溫州
三月	處州→越州
紹興一年	下旨建設臨安
二年一月	移居臨安
四年十月	移居建康
五年二月	移居臨安
六年九月	移居蘇州
七年三月	移居建康
八年二月	移居臨安

沒想到金軍食髓知味，命令宋朝將徽宗與欽宗兩位皇帝送到金朝當人質，顯示議和的誠意。此舉讓開封城內議論紛紛，主戰派得勢，李綱在流放途中奉命返朝，率領湖南地方的軍隊北上救援。無奈為時已晚。

這場首都防衛戰持續了幾十天，宋朝皇帝父子眼見情勢對自己極度不利，決定前往城外的金軍營地投降。金軍隨即占領宮殿，召集文武百官，強迫他們擁立新皇帝，取代欽宗。金軍強迫大家擁立的皇帝不是別人，而是當初被帶到金朝當人質的張邦昌。張邦昌就在百官擁戴的情形下即位稱帝。不過，由於他是在金朝支持下稱帝，這與石敬瑭建立後晉的情況類似。靖康二年（一一二七）三月，改國號為楚，宋朝在形式上暫時滅亡。就在此時，有位高官大聲抗議張邦昌登基一事，結果被金朝逮捕，押至北方，這位高官名為秦檜。

北宋滅亡

話說回來，當初與張邦昌一起到金朝擔任人質的康王又如何了？原來當時金人看他善於弓箭，不相信他是皇子，以為宋朝派別人冒充，於是要求換另一名皇子。後來康王又被朝廷派到金國當使者，途中他聽聞開封情況危急，於是在首都北方的相州成立大元帥府，組織軍隊抵抗金軍。其麾下也有一位當地出身的將領，名為岳飛。

金軍占領開封，建立楚國後，便帶著當人質的皇帝父子與全部宋朝皇族，逕自回到北方。魁儡皇帝張邦昌失去靠山，皇帝的位子坐得愈來愈不舒服。哲宗的皇后孟氏當初被廢後出家為尼，僥倖逃過一劫，成為宋朝皇室中唯一一位留在開封的人。於是張邦昌請出廢后孟氏垂簾聽政，自己退位擔任宰相。孟氏請來同樣沒被帶回金朝的康王回朝，請他繼承皇位。

經過一番折騰，康王不是接受先帝讓位，而是在地位相當於自己伯父的三代前皇帝廢黜的皇后命令下，登基稱帝。是為高宗。他即位的地方不在開封，而是陪都南京應天府（今河南省商丘市，與南京市是不同城市）。此處屬於宋城縣，顧名思義，這裡是春秋時代的宋國故地。當初太祖在此擔任節度使，因此將國號取為宋。也因為如此，才將府名取為應天（順應天命之意），並將這個沒什麼重要性的地方設為陪都。

揭開南宋的序幕

此時正逢非常時期，高宗刻意選擇此處登基並非基於軍事考量，而是想突顯象徵意義。通常新皇帝登基後，會等到隔年正月才改元，這一點已在太宗即位時說過。但這次高宗即位後也立刻改元，對國內外宣示自己不繼承欽宗靖康年號之意。高宗將年號改為建炎，帶有中興火德的宋王朝之意。後世俗稱的南宋，自此揭開序幕。

高宗即位後，張邦昌立刻歸順，開封再次回到宋朝之手。高宗任命李綱為宰相，大為重用。近臣中有人認為金人不喜歡李綱，應該重用張邦昌。但高宗屬於主戰派，拒絕了這項提議，可憐的張邦昌當年就被賜死。

高宗知道開封不利防守，因此只在名義上將此處定為首都，指派德高望重的宗澤留守開封，他自己則將朝廷遷往南方的揚州，不在開封。許多大臣奏請高宗逃往情勢穩定、安全無虞的江南避難，但李綱等主戰派堅決反對，雙方僵持不下。建炎二年（一一二八），年邁的宗澤逝世，宋軍從開封撤出，李綱失勢。高宗渡過長江，逃往江南。

失去朝廷支援的華北各地全部投降金軍，金朝為了統治黃河與長江之間的地區，讓早已歸順的劉豫即位。建立齊國，年號為阜昌。此時為金朝天會八年，宋朝建炎四年，神聖羅馬帝國一千一百三十年。

這一年，有一位前宋朝高官帶著他的妻子王氏（元豐年間的宰相王珪孫女），從駐紮在淮水附近的金朝野外營地逃回朝廷，此人就是秦檜。後來高宗重用秦檜，度過朝政困難的時局。此時，家住福建山區的士大夫朱松生下一個兒子，取名為熹。對我們來說，這位名叫朱熹的小男嬰，比本書目前出現的所有人物都重要。從王安石擔任宰相到此整整六十年，當年出生的人，現在都進入花甲之年了。

岳飛戰功彪炳

在相州大元帥府當上將校的岳飛，後來受到宗澤拔擢，累積軍功，成為開封守衛軍的重要將領。接任宗澤留守開封的杜充決定撤退，雖然岳飛強烈反對，但最後還是心不甘情不願地隨著杜充退到長江沿線。

軍隊私有化

杜充投降金軍後，岳飛獨自率軍抗戰。他轉戰江南各地，建炎四年（一一三〇）成功奪回建康（建炎三年從江寧改稱）。有一段時間被迫乘船逃往海上的高宗，雖然狼狽卻能繼續統治江南的主因，正是岳飛等將軍創下的戰果。紹興三年（一一三三）秋天，高宗欽賜岳飛「精忠岳飛」四字；隔年紹興四年（一一三四），岳飛攻下戰略要衝襄陽。岳飛組成的「岳家軍」一時之間令金軍聞風喪膽。

當時除了岳家軍，張俊、韓世忠、劉光世、劉錡等人也組織自己的軍隊，抵抗金軍。儘管形式上他們的軍隊是宋朝的正規軍，其實這些軍隊都跟過去的節度使一樣，成為個別將領的私家軍，不利中央統轄。若置之不理，將嚴重牴觸宋朝文官統帥軍隊的基本國策。

當初自稱「大將軍」組織救國軍的高宗，也逐漸察覺到這個問題的嚴重性。包括禁軍在內，所有軍隊皆不受高宗統率，而是依照各自的利害關係隨意行動，建炎三年（一一二九）甚至引發禁軍不滿，強迫高宗讓位給兒子的事件。高宗決心整頓軍隊，他交給秦檜一個任務：不能再放任岳飛他們為所欲為了。

建炎四年，秦檜從金軍陣地逃回宋朝的過程有很多可疑之處，有些人認為這是金朝刻意放他回來的。言下之意就是「秦檜是金朝派來臥底的間諜」。雖然秦檜被任命為宰相，但他很快就被罷免。不過，秦檜還是憑著自己的交際手腕，在南宋朝廷建立了穩固的人際網絡；由於他的夫人是王珪的孫女，因此他與新黨人士走得很近。於是他開始迫害主戰派，首要目標就是趙鼎與張浚。

趙鼎與張浚在靖康之變時雖是中央官僚，身處開封，但他們藏在太學裡，所以沒有在擁立張邦昌稱帝的連署名單上。後來兩人加入高宗政府，以主戰派的立場受到重用。趙鼎認為靖康之變的責任在王安石身上，死後不應該祭祀在孔廟裡，說服高宗將王安石的牌位從孔廟裡取下。另一方面，

《中興四將圖》（劉松年繪圖，中國國家博物館收藏品）　左起第二位為岳飛，隔一人為張俊、韓世忠，再隔一人為劉光世。

張浚平時多在地方率領軍隊，建炎三年禁軍叛變時，他沒受到利誘，繼續支持高宗，最後終結了叛亂。紹興五年（一一三五）兩人同任宰相，建立反攻金朝的政治體制。配合岳飛渡長江，往北進攻，高宗也前進到建康。不僅如此，李綱回歸中央，鼓舞了主戰派。不過，宋朝沒有繼續進攻，戰事陷入膠著。在此情形下，金廢除齊國，直接統治黃河以南地區。站在金國的立場，也不希望一直與宋處於戰爭狀態。

武將岳飛與文官秦檜

徽宗在紹興五年（一一三五）崩逝於金的五國城（今黑龍江省），但直到紹興七年（一一三七）這項消息才傳回宋朝，金也藉此機會對宋議和。對高宗來說，徽宗雖是自己的親生父親，但只要他活著一天，自己帝位的正統性就會受到挑戰。現在徽宗駕崩，高宗要求金朝返還其父皇的靈柩（梓宮）。為了達到目的，高宗願意放棄華北地區的統治權。紹興八年（一一三八），秦檜相隔六年再次位居宰相，他盡了一切的力量談成與金朝的和平協議。金朝答應送還徽宗的梓宮和高宗的生母，還有齊國的舊領地河南與陝西。但條件是宋朝必須像齊國一樣臣服於金。

不料，此時金朝發生政變，強硬派掌權。他們違反之前簽訂的和平協議，再次揮軍南進，洛陽和開封再次淪陷。岳飛率領岳家軍反擊，奪回洛陽，直逼開封郊外。靖康之變以來，由於金軍主動撤兵，宋朝幾次收復故都開封，卻沒有一次是因為戰勝而奪回。從岳家軍此時的聲勢來看，收復開封只是時間的問題。

孰知半路殺出程咬金，宰相秦檜嚴令停戰。秦檜身為講和派，看準目前宋軍的優勢，力促議和。不然到時候金軍重振旗鼓，攻勢再起，就得在對自己不利的情形下結束戰爭。一是勇往直前，想以實力奪回華北地區的武將岳飛；另一個則是分析戰況，尋找議和機會的文官秦檜。兩者本質上的差異，造成不可挽回的悲劇。

朝廷幾次下旨「立即停戰，即時撤退」，岳飛卻視而不見。其他將領紛紛撤退，唯有岳家軍留在沙場。岳家軍不只孤立無援，朝廷更一天下達十二道金牌，命令撤兵，最後岳飛也不得不班師回朝，大喊：「十年之功，毀於一旦！」過去十五年的主戰派重要人物李綱，在這一年死於潭州（今湖南省長沙市）。

隔年紹興十一年（一一四一），宋金和議在即，到了這個時候，岳飛等人的私家軍成為講和派最大的隱憂。秦檜為了收回兵權，使出與太祖同樣的手段。將所有將軍召回都城，以賜予高官厚祿為條件，要他們交出兵權。張俊和韓世忠接受條件，劉光世已死，劉錡抵抗不從，落得被革職的下場。

接下來要處理的只剩岳飛。岳飛抵死不從，秦檜使出強硬手段，逮捕岳飛，但他沒有明確證據處死岳飛，陷入苦思。最後還是他的夫人王氏逼他下定決心。就這樣，岳飛在該年年底處以死刑。

時年三十九歲。

秦檜肅清岳家軍的手段十分狠絕，他不僅同時處死岳飛的長男，還把岳飛的九族全都流放到廣東。甚至為了避免別人想起岳飛，將岳州改為純州。秦檜死後，岳飛沉冤得雪，恢復名譽，子孫也都獲得赦免，返回都城。知名藏書家岳珂是岳飛的孫子，湖南凡與岳飛有淵源的地方，全都修建了岳飛廟，追諡王位。杭州也有岳王廟，並在廟內放著用鐵鍊拴著、跪在地上的秦檜夫妻像。參觀岳王廟的民眾，都習慣朝他們夫妻的肖像吐口水。勇敢迎擊外敵的岳飛，成為漢民族的英雄。不過，根據近年來的研究，官方史觀認為宋金戰爭非抵抗外敵之戰，而是中華民族內部的兄弟鬩牆，因此刻意利用政策淡化了岳飛抗金的英雄形象。

註釋

1 【譯註】亦稱元祐黨人碑。宋徽宗時期，宰相蔡京將元祐年間反對王安石新法的司馬光、蘇轍、蘇軾等舊黨三百零九人扣上「元祐奸黨」的帽子，在德殿門外樹立「黨人碑」，以示後世。

2 【譯註】宋時對福建人的蔑稱。

第四章　安定的江南

宋金和議與秦檜專權

成功收回張俊等人的兵權並逮捕岳飛後，紹興十一年（一一四一）十一月，秦檜正式與金簽訂和平協議。雙方劃定大散關（今陝西省寶雞市南方）與淮水交界處為國境，宋朝皇帝對金朝皇帝行臣下之禮。逢年過節派遣使節請安送禮，每年朝貢銀二十五萬兩、絹二十五萬匹。金朝返還徽宗梓宮和高宗生母，宋朝下達通知，要求各官僚機構遵守。通知內容如下：「和平協議已簽，今後公文往來應稱『大金』，不可失禮。」一直以來宋朝蔑稱金朝為「夷狄」，雙方水火不容，現在皇上聖斷頒發終戰詔書，金朝反而成為有恩於宋的大功臣。

因高宗全權信賴而形成的秦檜專權

此外，岳飛等人率領的軍隊在除去私家軍的特質後，全被編入正規軍。鎮江（淮東）、建康（淮西）、鄂州（湖廣）、成都（四川）這四個軍團中，前三個原來分別是張俊、韓世忠與岳飛的軍隊。更在每個軍隊轄區設置財政機關總領所，由朝廷派遣文官，管理區內財政。

南宋初期編年史《建炎以來繫年要錄》記錄了議和成功，心情愉快的高宗對秦檜等人說：「凡事都要考慮周全才去做。朕才三十五歲，卻想得頭髮都白了。」由此可見，對於處決功臣岳飛，高宗肯定也煩惱許久，但空有理想無法在政治中生存下去。高宗又說：「唐太宗確實是一位學富五車的明君，但赤誠之心不如漢武帝。」秦檜回答：「陛下真誠且學問淵博，遠遠勝過他們兩人，就算與堯舜和夏商周三代相比都不遜色。」若將這段話看成秦檜的阿諛奉承很容易，但事實上要在那樣艱難的狀況下，取得朝野上下的支持並在異地江南重建王朝，高宗一定得具備獨特的個人魅力與政治智慧，才可能達成目標。

高宗還在其他場合暢談皇帝學問與士大夫學問的不同，闡述當君主的要訣就是抱持無心，才能聽進臣下的諫言等，這段時間有許多高宗真情流露的記載。我們從接下來的這段抱怨裡，可以看出高宗忍辱負重，選擇忍人所不能忍的苦惱：「朕重視南北之民。朕之所以壓抑自己的真心選擇議和，不是因為害怕戰爭，而是朕不忍心戰爭給天下之民帶來的傷害。士大夫中有人很偏激，批評朕議和是軟弱的表現，但並非所有人都這麼想。」

南宋後期的士大夫們認為，此時期的議和政策全都是秦檜一人強行推動，藉此避免將矛頭指向高宗本身的軟弱個性，後世史書也沿襲了這種觀點，直到今天，無論功過，這個時期的主角都是秦檜。話說回來，把從金軍陣地逃回來的秦檜拔擢為宰相，不惜疏遠過去堅定支持自己的主戰派大臣和將軍們，做出這些決定的人不是別人，正是高宗自己。我們有必要重新省思過去的觀點，檢視「宰相秦檜想要獨攬大權而迫害忠良」的說法是否中肯。史料記載高宗對秦檜等臣下說：「君臣上

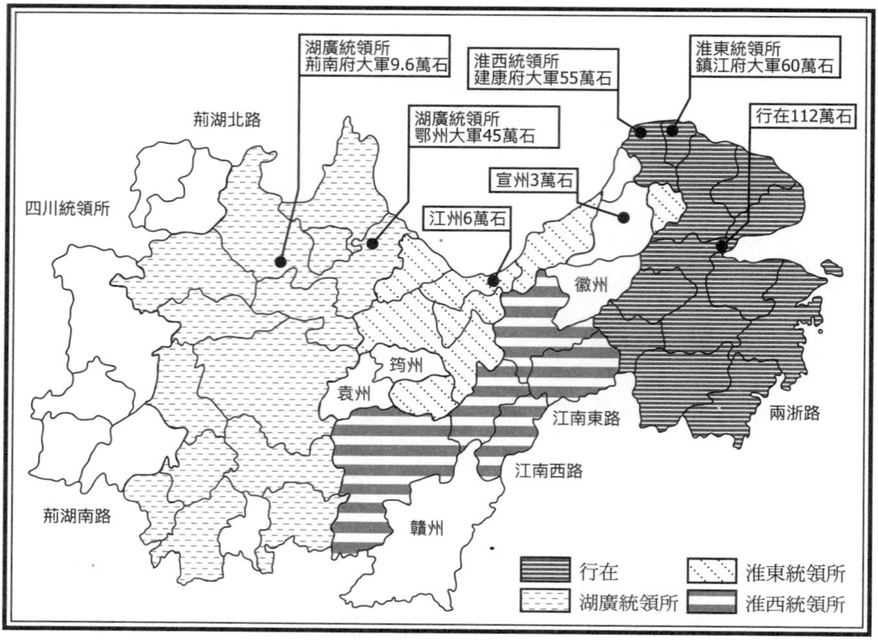

	歲額	科撥州軍
行在	1,120,000	兩浙全州軍、建康府、太平州、宣州
鎮江府大軍	600,000	洪州、江州、池州、太平州、臨江軍、宣州、興國軍、南康軍、廣德軍
健康府大軍	550,000	吉州、饒州、撫州、建昌軍
池州大軍	144,000	吉州、信州、南安軍
鄂州大軍	450,000	永州、全州、郴州、紹州、道州、衡州、潭州、鄂州、鼎州
荊南府大軍	96,000	德安府、荊南府、澧州、純州、復州、潭州、荊門軍、漢陽軍
宣州　殿前司牧馬	30,000	宣州
總計	3,000,000 石	

上供米籌措州軍（上圖）與供給地（下表）　根據《建炎以來繫年要錄》卷一八四紹興三十年春正月癸卯條「內外大軍等科撥諸路上供米」製成（參閱鳥居一康《宋代稅政史研究》製成）。

下的秩序正是國家安泰的基礎。」只能推測秦檜的專權來自於高宗完全的信賴，這個結構就像是神宗與王安石之間的關係。

另一方面，秦檜也很積極地在士大夫之間建立穩固人脈，「科舉」便是他建立人脈的最大利器。科舉考試的答案卷如同現代日本的入學考試和資格考試一樣，從卷面上完全看不出作答者是誰，照理說應該不可能有作弊的空間。

利用科舉考試建立人脈

但事實上，還是有許多漏洞可以動手腳。

根據最近的研究，南宋初期有許多出身明州（今浙江省寧波市）與溫州（今浙江省）的監考官與面試官，導致不少進士來自以這兩州為中心的浙東地區，這裡面自然少不了秦檜的幕後黑手。其中還有像陪同皇太后回國，升任參知政事的王次翁那類、在秦檜政權位居核心，又在明州購置住所，成為當地望族的人。

話說回來，將臨時首都設在杭州這件事，原本就與浙東士大夫的利益有關。國都有禁軍、胥吏等進駐，產生龐大的消費人口，能為周邊城市帶來巨額的經濟利益。從歷史淵源來看，以江南為據點的各王朝都將首都設在健康；不僅如此，主戰派從戰略意義上也主張臨時首都應在建康。可是，高宗完全不考慮這些原因，選定杭州為行在臨安府的原因之一，不排除是浙東出身的士大夫們想為自己帶來經濟利益的私心。議和前就在杭州大興土木，完善首都的基礎建設，該項支出也為浙東經濟助益不少。

紹興二十六年（一一五六），有位名為湯鵬舉的官僚上奏嘆息：「近幾年由於考官們結黨營私，包庇舞弊，辛苦自學的遠地考生很難考取高分，得到高位的幾乎全是名門子弟。」紹興十八年（一一四八），來自主戰派大本營福建建州的十九歲秀才朱熹勉強考上，敬陪末座，或許也與奏摺上所說的事情有關。

紹興二十四年（一一五四）的科舉中，考官評定秦檜孫子秦塤為省試第一名（省元），但高宗不想給他狀元之名，因此降級為探花（第三名）。高宗不僅利用此舉對外宣示自己不是秦檜的傀儡，也展現皇帝的權力。殿試存在的意義就是由皇帝決定考生名次，維持皇帝威嚴。不過，秦檜派子弟在所有合格者所占的比例，還是受到眾人注目，史料甚至如此記載：「百姓遺憾的是考生並非盡是天子的臣下了。」

該年（一一五四）八月，被視為是國家事業的徽宗文集完成編輯，在高宗接受文集的儀式上，竟出現宰相秦檜、儀典委員長秦熺，以及負責朗誦徽宗御製詩的秦塤，一家三代獨占典禮的驚人場面。這是秦檜一生中最輝煌的時刻。不過，秦熺其實是秦檜的大舅子的妾所生，過繼給秦檜夫妻為養子，並無血緣關係。

此外，秦家三代的名字依序使用木字旁、火字旁與土字旁的文字，這是根據五行相生說所定的順序，也是中國普遍的習慣。朱熹（部首為火）的父親名為朱松（部首為木），他的兒子名字分別為在、埜、塾（部首為土），也是依照五行相生說的順序命名。

與海陵王的對決

金朝毀約與入侵宋朝

紹興十一年（一一四一）簽訂議和條約後，直到秦檜逝世的紹興二十五年（一一五五）為止，江南並未發生重大的政治事件。議和成立的隔年，依照約定在兩國國境設置交易所（榷場），金朝也把徽宗的遺體和皇太后還給南宋。不過，和平條約沒有談及如何處理先帝欽宗（高宗的哥哥），因此欽宗還被軟禁在金朝境內。對高宗來說，欽宗回到宋朝反而難以處理，維持現狀較符合他的期待。當然，若要惡意解讀，欽宗回宋將威脅高宗帝位的正統性，影響個人利益；若從善意解釋，欽宗不回宋，可以避免政府內部的紛爭，維護公眾利益。欽宗是靖康之變的悲劇象徵，他一回來會讓主戰派有了立基之地，再次奪回優勢。欽宗被金朝軟禁三十四年，於紹興三十一年（一一六一）駕崩。隨後兩國再次進入交戰，直到多年後，欽宗的遺體才被運回臨安。

秦檜死後，曾經是主戰派的張浚當上宰相，但他遵守議和條約，維持良好的兩國關係。不過，金國皇帝完顏亮（因廢位無廟號，俗稱「海陵王」）推行強化王權與漢化政策。在此政策下，紹興三十一年（一一六一）九月，率領號稱百萬大軍，大舉進犯南宋，企圖一口氣併吞江南地區。

十月一日，高宗發出檄文，宋朝進入臨戰狀態，並在建康設置前線司令部，他打算在最佳時機御駕親征。儘管中央意志高昂，前線將士卻完全沒有士氣。金軍為了渡過長江，在進逼建康上游的

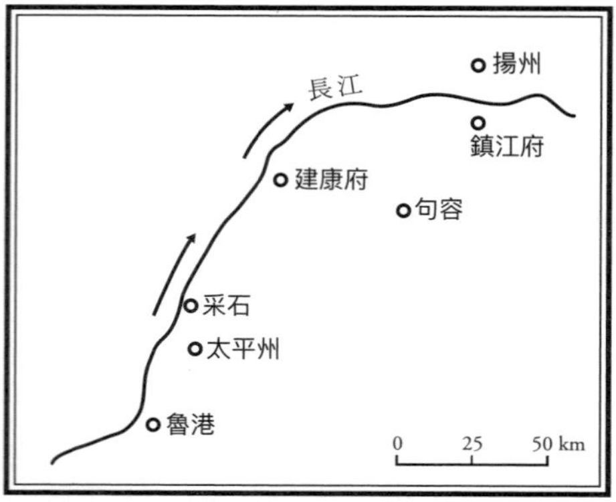

采石磯附近的地圖

采石（今安徽省馬鞍山市）布陣。面臨如此危機，管轄該地的太平州知事卻隱匿不報。後來被州學兩名教官質問為何不上報，才急忙地一天發出八封緊急信。可是，最初的報告只說了「金軍入侵采石」，卻沒說明金軍進占長江的哪一岸，朝廷上下都以為金軍已經渡過長江，引發恐慌。官僚們無不攜家帶眷出城逃難。第二封信報告金軍已經到了楊林，卻沒明說楊林是個渡口。朝廷不知道楊林是什麼地方，誤以為金軍已經攻到附近，人心更加混亂。直到晚上，聽出身當地的百姓說，楊林在長江對岸，這才放下心來。這個故事充分暴露出南宋國防體制有多荒謬。事前既無調查，也不做任何準備。這個無能的太平州知事第二天就被撤換，接任的是在前一節提到過、上書感嘆科舉現狀的硬漢湯鵬舉。

相異於陸軍的狼狽樣，海軍在幾天後遠征密州（今山東省），擊敗金軍船隊。保全了海上防線，避免臨安遭受敵方海軍襲擊。對金軍來說，這一戰無異是當頭棒喝。金國境內也不平靜，不只契丹和蒙古各部族造反，女真族內部也擁立其他皇子（世宗）即位，宣示廢除完顏亮的皇位。還在前線的完顏亮決定先殲滅宋朝，再回頭收拾內亂，所以他決定一口氣渡過長江。

回頭來看長江沿線的戰場，宋軍的士氣依舊一蹶不振。宋軍為了阻止金軍渡江，急忙挖溝、設立柵欄，卻被當地百姓嘲笑：「那種爛柵欄，河水帶來的泥沙一個晚上就沖掉了。」連宋朝史書都這麼寫了，相信當時的狀況一定更加慘烈。金軍渡江只是早晚的問題。

就在千鈞一髮之際，虞允文的出現救了宋軍一命。多虧他臨機應變，指揮得宜，宋軍在采石磯大敗金軍，成功阻止金軍攻勢。完顏亮隨後在前線遭到暗殺，再也無法實現併吞江南的雄心壯志。

面臨十幾年以來最大的國難，高宗親自出征到長江沿岸的鎮江府，鼓舞前線士兵的士氣。主戰派士大夫們的情緒許久沒有如此高昂，原想大展身手，但在完顏亮遭到暗殺、金軍主力撤退後，宋軍並沒有企圖扭轉逆勢，收復中原。主戰派雖然口氣強硬，卻欠缺越過既有國境、實際的進攻戰略。高宗很早就回到臨安，戰情陷入膠著狀態。

宋金第三次簽訂和約

隔年，紹興三十二年（一一六二）六月，高宗將皇位讓給早已立為太子的養子趙昚，自稱太上皇，移居到秦檜原來的豪宅裡。自靖康二年（一一二七）在緊急狀態下即位，在位期間達三十五年，此時想必比二十年前第二次議和時，多了更多白髮吧！

為什麼高宗會在這個時候以讓位的形式退位？詳細的理由並不清楚。但可以推測出幾個理由：第一，好不容易擊退金軍，擁立新皇可以顯示江南政府的穩固基礎；第二，去年收到哥哥欽宗的死訊，再也無須擔心自己的正統性；第三，在自己的有生之年評價自己的治世，給自己一個歷史定位等。

高宗的親生兒子早夭，他從眾多皇族男子中，選了有太祖血脈的趙昚為養子，是為孝宗。孝宗即位，代表皇統從太宗一脈回到了太祖一脈。不過，孝宗畢竟是以高宗養子的身分即位，因此這次沒有發生濮議之爭。更何況讓位的人還活著，自然沒有任何議論。事實上，高宗讓位還有一個意義，未來他將以現任皇帝的父祖身分受到祭拜。始於太祖、太宗的皇統，在自己的手中傳承至下一代，身為中興之祖的高宗成功地在生前見證了這件事。

不論他當時有什麼想法，高宗讓位後身體愈來愈健康，活了二十五年。直到淳熙十四年（一一八七），才以八十一歲高齡壽終正寢。兩年後，孝宗以為高宗服喪為由讓位。基本上孝宗在位期間，幾乎都在先帝監視下統領朝政。

在前一章，我以日本的後白河天皇與徽宗相較。高宗的父親徽宗突然讓位，退位後仍在政界有一定的影響力。從這一點來看，高宗與後白河天皇也有相似之處。巧合的是，這兩位主角雖然生存在隔海的兩岸，卻是同一個時代的人。宋金兩國在采石磯發生的戰爭，時間上比日本的平治之亂[1]（一一五九）晚兩年；高宗崩逝時，正是日本的源賴朝與義經之爭（背後有後白河天皇操弄）白熱化的時候。

孝宗即位的第二年元旦改元「隆興」。至此，中國歷史上空前長壽，長達三十二年的「紹興」時代終於落幕。由於明朝以後實行一世一元制[2]，雖然嘉靖有四十五年、康熙在位六十一年，但在宋朝，在位皇帝每幾年改一次元是很正常的事情。史學家至今仍不清楚，為何高宗一直使用紹興年號，從未改元？如果從王權特質來考量，這是十分重要的事情。此外，以紹興酒和魯迅（一八八一至一九三六）聞名的紹興是從越州改名的，當初高宗改元紹興時，人就在越州，後來才將此處改名為紹興。

經過異常漫長的紹興年號後，孝宗只用了「隆興」年號兩年，便改元乾道。歷經數年的膠著狀態後，乾道元年（一一六五），宋金又簽下第三次議和條約。因為先前金朝單方面毀約，侵略南宋，而且吃了敗仗，所以這次的條約對南宋較有利。以前的議和條約明訂金宋之間為君臣關係，新的條約改為早先宋遼那樣的親戚關係，金為叔父、宋為侄子。亦即中國人通稱的叔侄關係。宋朝每年給金朝的物品也從歲貢改為歲幣，數額大幅降低。

臨安的繁榮

接下來容我花點篇幅，介紹南宋首都杭州。畫中國概略地圖時，有一處海岸線往陸地大幅內縮的地方，看起來像一條名為中國的大魚想要吞掉日本列島。大魚喉嚨的部分就是杭州。杭州位於錢塘江口，由於中秋節前後當地因海灣地形形成壯觀的大潮，因此聞名。

從吳越國都城躍升為南宋首都

漢代在現在的蘇州設置會稽郡，郡中有一錢唐縣，到隋煬帝時獨立為餘杭郡，隋唐兩代稱為杭州。杭州是大運河的起點，負責運送南方物資到北方，地位相當重要。此處的節度使後來獨立，成立錢氏吳越國。吳越國將首府設在杭州，日本廢除遣唐使制度後，吳越國取代長安或洛陽的中央政府，與日本維持實質交流。由於吳越國利用鎮護國家的佛教學說做為王權基礎，因此杭州城內有許

西湖的蘇堤　朝廷派蘇軾來這裡擔任父母官，他疏濬西湖，興建貫通南北的長堤。蘇堤風景四季不同，如夢似幻，吸引無數詩人歌頌讚嘆。

京杭大運河終點附近　杭州位於連結北京與杭州的大運河南端，自古就是交通與貿易要衝，商業發達。如今仍有往來蘇州與杭州之間的定期船班行駛。

多佛寺。或許這一點就是吸引日本僧侶前來朝聖的原因。近年來受惠於日本直飛杭州的班機，日本人只要花兩到三小時就能抵達，與過去留學僧千里跋涉的辛勞旅途截然不同。

歷代錢氏都在形式上臣服中原王朝，自稱王，不稱帝。除了一段很短的期間之外，絕大部分時間都遵守五代各王朝的年號。宋太祖即位後，吳越國很快宣示效忠，奉建隆年號，宋朝也確保吳越國的獨立性。宋太宗太平興國三年（九七八），錢氏將土地與人民獻給朝廷，亦即將吳越國的版籍還給宋代。政權轉移後，錢氏家族變成一介士大夫，參加科舉成為官僚，不時躍上宋代的政治舞臺。與其說吳越國是被滅的，倒不如說是宋代收回了節度使錢氏的世襲資格。

杭州以擁有明媚風光的西湖著稱，與蘇州（江蘇省）並列江南的代表名勝。仰慕唐朝白居易文采的日本平安朝貴族們，都知道白居易以擔任這兩地的刺史為榮。加上從明州登陸一定要經過這兩地，所以這兩地的居民經常接觸從日本渡海而來的日本人。北宋時期隨著浙東地區開發，杭州成為各種貨物的主要集散地，此地地方官的影響力也日益增加。蘇軾兩次擔任杭州知州，表面上看起來是逐出中央，實際上絲毫沒有流放偏地、降格左遷之意。杭州是統治南方的重要據點，因此他花了很多心思建設杭州。橫跨西湖的兩條著名長堤如今稱為白堤與蘇堤，紀念唐宋兩代這兩位具有代表性的文人地方官。

不過，西元一一二〇年代是杭州的災難期。話說徽宗愛石成痴，喜歡奇珍異寶，甚至成立「花石綱」船隊使江南百姓苦不堪言。宣和二年（一一二〇），方臘率領的反政府軍便以此為理由（後世認為這是方臘起兵的原因）占領杭州，燒殺擄掠、無惡不作。朝廷緊急調派原本要與遼國大戰的精銳部隊擊退方臘，沒想到過沒多久，發生了靖康之變。靖康之變發生時杭州並沒有受到波及，但追擊高宗的金軍於建炎三年（一一二九）十二月底入侵杭州，此地再次遭受戰火摧殘。

南宋官窯遺跡　這是設立於官窯遺跡的南宋官窯博物館，公開展示的窯。官窯就是朝廷管理的窯，用來製作宮裡使用的陶瓷器。

受到金軍追擊的高宗轉進沿海諸城，最後於紹興八年（一一三八）落腳杭州（請參照前章地圖「南宋初期的宋金戰爭」）。我們稱杭州為南宋首都，但宋王朝始終認為自己的首都是開封，杭州不過是臨時政府所在地。這個情形就跟法制上（在寫這篇文章時）「中華民國」的首都位於南京而非台北一樣。[3]正因如此，杭州才升格成府，名為臨安府，也經常被稱為「行在」。順帶一提，馬可・波羅（Marco Polo）的《馬可波羅遊記》中，將杭州稱為「Quinsay」，就是從「行在」的發音轉變過來。當時日本禪僧在杭州學到的「行」的讀音，也成為現今日文音讀讀法「あん」（AN）的起源（中文則是唸「ㄒㄧㄥˊ／xing」）。

雖是臨時政府，但作為統治華中、華南地區的帝國中央政府所在地，還是必須具備完整的首都機能。秦檜主導的議和政策使得朝廷不可能回歸開封，但也無須擔心遭受金軍襲擊，被迫出逃。因此，朝廷可以安心地在杭州設置宮殿、政府機構、軍營，以及各種文教設施，其中大部分占用了原有的佛教寺院。吳越國時代四處林立的大寺院，陸續轉變成朝廷的各種機關與官府。

都市風貌的演變

隨著杭州的「本土化」發展，城市的基礎建設逐漸完備，為了滿足龐大消費人口的需求，愈來愈多商人移居此處。儘管紹興初期杭州城門外還野草叢生，但很快就成長為人口超過一百萬的世界最大都市，熱鬧程度就連舊首都開封也無法比擬。

人口成長免不了帶來都市環境惡化的結果，大量生活排水嚴重汙染西湖水質。紹興十九年（一一四九）湯鵬舉擔任臨安府知府，致力改善杭州的生活環境。

南宋滅亡後，一位名為吳自牧的人在其著作《夢粱錄》中，詳細記載杭州作為行在所在地，繁榮發展的景況。書名源自「人生如黃粱一夢」的故事。與描述開封盛世的《東京夢華錄》一樣，暗

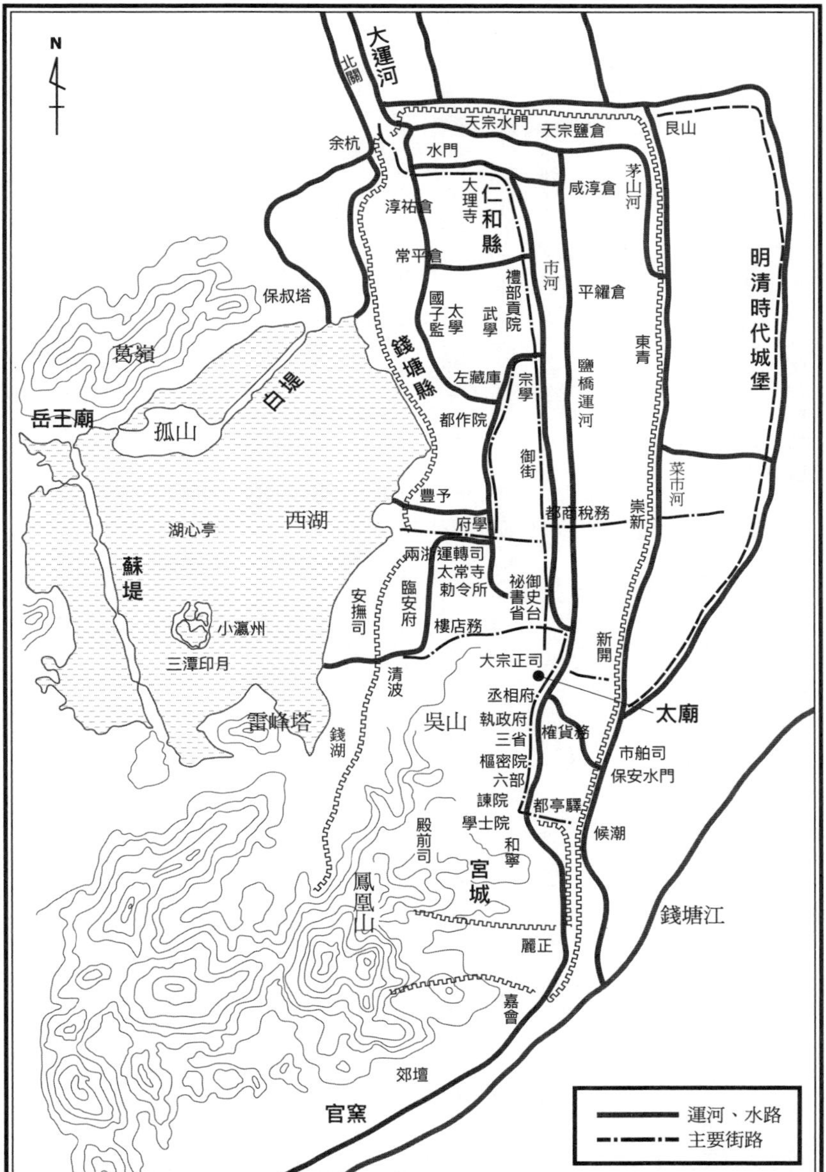

南宋時期的臨安府城（今杭州）

喻繁華絢爛皆為一場虛幻的夢。

《夢粱錄》與《東京夢華錄》相反，前半部介紹每年的例行活動，包括祭祀等事宜。《東京夢華錄》詳細描述了冬至的郊祀，《夢粱錄》則花了很大的篇幅介紹九月的明堂祀。從中可以看出徽宗為了提高王權威信，專心投入規劃國家祭祀的制度；南宋後期受到國力衰退影響，在宮中舉行的明堂祀取代原本的南郊祀。《夢粱錄》作者親眼目睹的幾乎都是明堂祀。若說北宋是在王權巔峰期猝死，那麼南宋就是逐漸衰老死亡。

受到臨安府地形的影響（請參照前頁地圖），南宋在遊行路線上也下了不少工夫。杭州城設置在西湖東岸，往南北延伸，呈細長形。此處原本就不是以帝國首都為概念規劃的，但以中國一般的行政城市而言，形狀也很怪異。不僅如此，南邊地勢較高，城外北方是通往大運河的濕地。由於這個緣故，行在所也就是宮城（皇宮）設置在城內南方的丘陵地。這與長安和洛陽城呈現的「天子南面」（天子坐北朝南，南面為王）完全相反，但郊壇還是得設在南郊，也就是城外南方。如此一來，宮城與郊壇便形成一直線，祭天的遊行隊伍無法行經城內。為了解決這個問題，勉強打造一條出宮城先往北行，再往南繞的路線。

此外，臨安府的另一個特性就是火災頻繁。由於此處沒有開封那樣的城市規劃，人口又過度集中在錢塘江和西湖之間的狹小地區，加上當初只打算在此暫住幾年，因此官吏和軍隊住宅的屋頂全是木製，這些都是火災時容易延燒的原因。《夢粱錄》也記錄不少這類場景。

比較《夢粱錄》與《東京夢華錄》，發現《夢粱錄》裡還有另一件事令人印象深刻，那就是每

皇帝	年次	月日	記事	西元
太祖	乾德 1	11 甲子	有事南郊	963
太宗	開寶 1	11 癸卯	〃	968
	4	11 己未	〃	971
	9	4 庚子	有事圜丘	976
	太平興國 3	11 丙申	祀天地於圜丘	978
	6	11 辛亥	〃（下同）	981
	雍熙 1	11 丁巳	〃	984
	5	1 乙亥	東郊	988
	淳化 4	1 辛卯	（配宣祖　太祖）	993
	至道 2	1 辛亥	祈穀	996
真宗	咸平 1	11 ？	〃	998
	5	11 壬寅	〃	1002
	景德 2	11 丁巳	〃	1005
	大中祥符 1	10 辛亥	祀泰山（天）	1008
	4	2 辛酉	祀汾陰（后土）	1011
	7	1 己酉	亳州太清宮祭祀	1014
	天禧 1	1 辛亥	謝天地於南郊	1017
	3	11 辛未	祀天地於圜丘	1019
仁宗	天聖 2	11 丁酉	〃（下同）	1024
	5	11 癸丑	〃	1027
	8	11 戊辰	〃	1030
	景祐 2	11 乙未	〃	1035
	寶元 1	11 庚戌	〃	1038
	慶曆 1	11 丙寅	〃	1041
	4	11 壬午	〃	1044
	7	11 戊戌	〃	1047
	皇祐 2	9 辛亥	大饗天地於明堂	1050
	5	11 己巳	圜丘	1053
	嘉祐 1	9 辛卯	恭謝天地於大慶殿	1056
	4	10 癸酉	景靈宮、太廟	1059
	7	9 辛亥	明堂	1062
英宗	治平 2	11 壬申	南郊	1065
神宗	熙寧 1	11 丁亥	圜丘	1068
	4	9 辛卯	明堂	1071
	7	11 己未	圜丘	1074
	10	11 甲戌	〃	1077
	元豐 3	9 辛巳	明堂	1080
	6	11 丙午	圜丘（天地分祭）	1083
哲宗	元祐 1	9 辛酉	明堂	1086
	4	9 辛巳	〃	1089
	7	11 癸巳	圜丘（天地分祭）	1092
	紹聖 2	9 辛亥	明堂	1095
	元符 1	11 甲子	圜丘（天地分祭）	1098
徽宗	建中靖國 1	11 庚辰	〃	1101
	崇寧 3	11 丙申	〃	1104
	大觀 1	9 辛亥	明堂	1107
	4	11 丁卯	圜丘	1110
	政和 3	11 癸未	〃	1113
	6	11 己亥	〃	1116
	7	5 辛丑	祭地於方澤	1117
	7	9 辛卯	明堂	1117
	宣和 1	9 辛亥	明堂	1119
	1	11 乙卯	圜丘	1119
	2	9 辛亥	明堂	1120
	3	9 辛未	〃	1121
	4	9 辛酉	〃	1122

皇帝	年次	月日	記事	西元
	4	11 庚午	圜丘	1122
	5	9 辛酉	明堂	1123
	6	9 辛巳	〃	1124
	7	9 辛巳	〃	1125
	7	11 丙戌	圜丘	1125
高宗	建炎 2	11 壬寅	〃	1128
	紹興 1	9 辛亥	明堂	1131
	4	9 辛酉	〃	1134
	7	9 辛巳	〃	1137
	10	9 庚戌	〃	1140
	13	11 庚申	圜丘（天地合祭）	1143
	16	11 丙午	〃	1146
	19	11 壬辰	〃	1149
	22	11 戊申	〃	1152
	25	11 癸亥	〃	1155
	28	11 己卯	〃	1158
	31	9 辛未	明堂	1161
孝宗	隆興 3	1 辛亥朔	圜丘	1165
	乾道 3	11 庚寅	圜丘	1167
	6	11 壬午	〃	1170
	9	11 戊戌	〃	1173
	淳熙 3	11 癸丑	圜丘	1176
	6	9 辛未	明堂	1179
	9	9 辛巳	〃	1182
	12	11 辛丑	圜丘	1185
	15	9 辛丑	明堂	1188
光宗	紹熙 2	11 壬申	圜丘	1191
	5	9 辛未	明堂	1194
寧宗	慶元 3	11 甲辰	圜丘	1197
	6	9 辛未	明堂	1200
	嘉泰 3	11 乙亥	圜丘	1203
	開禧 2	9 辛卯	明堂	1206
	嘉定 2	9 辛丑	〃	1209
	5	11 壬戌	圜丘	1212
	8	9 辛未	明堂	1215
	11	9 辛巳	〃	1218
	14	9 辛卯	〃	1221
	17	9 辛卯	〃	1224
理宗	寶慶 3	11 戊寅	圜丘	1227
	紹定 3	9 辛丑	明堂	1230
	6	9 辛亥	〃	1233
	端平 3	9 辛未	〃	1236
	嘉熙 3	9 辛巳	〃	1239
	淳祐 2	9 辛卯	〃	1242
	5	9 辛亥	〃	1245
	8	9 辛酉	〃	1248
	11	9 辛未	明堂	1251
	寶祐 2	9 辛亥	〃	1254
	5	9 辛酉	〃	1257
	景定 1	9 辛巳	〃	1260
	4	9 辛卯	〃	1263
度宗	咸淳 3	1 己丑	郊	1267
	5	9 辛酉	明堂	1269
	8	9 辛未	〃	1272
瀛國公	德祐 1	9 辛巳	〃	1275

郊祀・明堂祀實施年表

年都會在固定時期舉行科舉考試。照理說，開封每年也應該在同一時期舉行科舉，但《東京夢華錄》沒有這樣的記載。這一點或許可以說明，相較於重視蔡京的學校政策勝過科舉的徽宗時代，科舉具備的社會功能直到南宋時期才充分發揮。

《夢粱錄》接著介紹州城內外的模樣。首先描述的是城裡有無數橋梁，充滿江南風情。位於蘇堤附近的袁公橋是曾任臨安府尹的袁韶在寶慶二年（一二二六）建造，並以他的姓命名。袁公橋前的先賢堂，也是他奏請建設的。

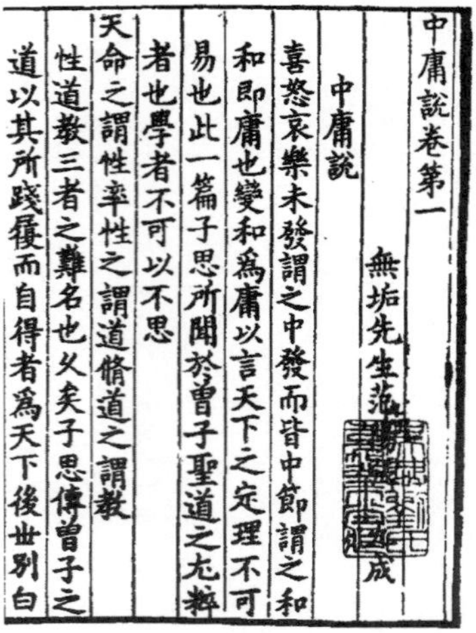
中庸說卷第一　無垢先生張九成
中庸說
喜怒哀樂未發謂之中發而皆中節謂之和和即庸也變和為庸以言天下之定理不可易也此一篇子思所聞於曾子聖道之尤粹者也學者不可以不思
天命之謂性率性之謂道脩道之謂教
性道教三者之異名也夫子思傳曾子之道以其所踐履而自得者為天下後世別白

張九成所著《中庸說》　引自《四部叢刊廣編》第六冊。

這裡的先賢指的是具有當地淵源的歷史人物。南宋時期，每個地方都很流行表彰當地先賢，打造雕像或立牌祭祀與紀念。這是國家介入民間信仰，讓儒教風俗深植社會的一環，詳情將於下一章說明。周敦頤身為道學始祖受到眾人注目，追根究柢，也是受到湖南地區表彰先賢的風潮所影響。

《夢粱錄》只節錄袁韶的奏文重點，不過，咸淳四年（一二六八）編纂的地方志《臨安志》則記錄了詳細經過。袁韶上奏表示：「杭州地靈人傑，人才輩出，如今更是行在所在地，卻沒有任何祭祀先賢之處。為了改善現況，特請求撥發公款興建祠堂。」他選出的先賢始於堯時期的傳說人物，包括六朝、唐代的士大夫們、吳越國王與其子孫中效忠宋朝的錢氏家族，以及「皇朝太師崇國張文忠公」等，共三十四名男性和五名女性。

張文忠公為錢塘縣人，名九成。雖是紹興二年（一一三二）的狀元，但身為主戰派，一直反對秦檜，生前從未當上大官。他之所以成名是因為拜楊時門下，相當於程顥、程頤的徒孫，成為紹興年間的道學領袖。死後過了好長的時間，直到先賢堂興建前，才追贈「太師崇國張文忠公」名號。現在提到張九成，人們只會想到朱熹批評他的思想是「洪水猛獸」。但他確實有一段時期被視為繼承程氏兄弟道統的接班人，在道學派之間頗受尊崇。張九成寫了許多書，包括一二四〇年代到中國留學的臨濟宗僧侶圓爾辯圓（聖一國師），從宋朝帶回的《中庸說》（解說《中庸》的書籍），這本書目前珍藏在日本東福寺。反觀中國受到朱子學獨霸的影響，道學逐漸式微，東福寺珍藏的《中庸說》成為全世界唯一僅存的正本，目前看到的《中庸說》皆為照片複印版。

透過表彰張九成這些地方前輩的做法，府尹袁韶希望能讓外來人口較多的臨安府居民產生鄉土意識，培養善良風俗。身為政治上具有特殊意義的城市，在宋朝整個都市化的過程來看，臨安府提供許多實際案例，具體情形將在其他章節隨時說明。

從孝宗到寧宗

北宋後期的政治史觀

乾道（一一六五至七三）與淳熙（一一七四至八九）年間不只國內政局穩定，也是後面章節將具體說明的朱子學形成期，因此後世並稱「乾淳」時期。隆興二年（一一六四），當時的主戰派張浚逝世，世代順利交替，宋與金的關係也漸入佳境。日本當時由平清盛（一一一八至八一）主導政權，福原（今神戶）開港，宋日貿易逐漸興盛。宋朝以明州作為對口，榮西第一次入宋正是在乾道四年（一一六八）從明州上岸。順帶一提，「淳熙」與接下來光宗的「紹熙」，兩者的「熙」字指的是熙寧，代表此時期應被視為繼承北宋神宗時期王安石改革的年代。

如何評論北宋末期的黨爭，關係到政權的正統性，這對南宋政府來說是很重要的課題。當時的人們一致認為，新法的外交政策是導致華北失陷的一大主因。不過，高宗是神宗的皇孫、徽宗的皇子，身為繼承皇位者，無法全盤否定新法。兩相權衡之下，他們找到的代罪羔羊就是「君側奸臣」，也就是呂惠卿與蔡京。雖然王安石有時候也成為批判對象，但還是從祀（陪祭）在稍後將會說到的孔廟裡。

淳熙後期，《續資治通鑑長編》（以下簡稱《長編》）、《四朝國史》、《東都事略》陸續完成。

本書描述北宋時期時，曾經引用《長編》內容。《長編》是編年體史書，編者是李燾。他認為應該編纂司馬光《資治通鑑》的續篇，所以編了一套宋代編年體史書的資料集。「長編」指的是未整理的資料，司馬光在編寫《資治通鑑》時，也是先做長編。

《四朝國史》是描述神宗到欽宗，北宋後期四代帝王的歷史著作，這是一部由國家編纂的紀傳體史書。編者代表為洪邁，他最知名的編撰作品是蒐羅靈異怪談的《夷堅志》。基本上，國史是每次皇位交替時都要編纂的當代史。《四朝國史》統合編纂四代皇帝，是因為可將這四朝視為黨爭時期一起評價。《四朝國史》確立了舊黨為正義的一方，新黨是邪惡政權的史觀。

《東都事略》是王稱個人的作品，將整個北宋視為一個正史朝代，是一本採用紀傳體的史書，這本書的歷史記述著重在舊黨。《四朝國史》與其他國史以及《東都事略》，都是元朝編纂《宋史》的參考資料。

話題回到《長編》，編者李燾雖為舊黨人士，卻能站在公平客觀的角度，根據一手史料沒有任何偏頗地記錄整個過程。遺憾的是，我們現在看到的《長編》並非原本。原本在明朝失傳，後來根據明朝初期編纂的《永樂大典》收錄內容進行編輯，直到清朝才印刷成書，流傳下來。《永樂大典》如今也已失傳，但其中收錄的《長編》內容，刻意省略熙寧初期與哲宗親政以後的歷史。永樂年間（一四〇三至二四）正好是朱子學在成祖獨尊之下，完成體制與教學系統的時期。要說這一切都是偶然，未免太說不過去。從朱子學的立場來看，身為道學源流的程顥、程頤兄弟與其門生都曾支持王安石的新法，因此一定要刻意隱蔽這項不光彩的事實。誠如前方章節所述，程顥當初是在王安石身邊鼓吹新法的，但在朱熹編輯的程顥文集、語錄以及現行《宋史》傳記中，卻沒有任何關於他如何參與新法的記載。把政策失敗、國土失陷等責任歸咎到新黨身上，大肆批評，成為北宋後期政治史的固定史觀。

韓侂冑的野心

孝宗治世和平穩定，直到淳熙十六年（一一八九）讓位後，政局開始出現變化。

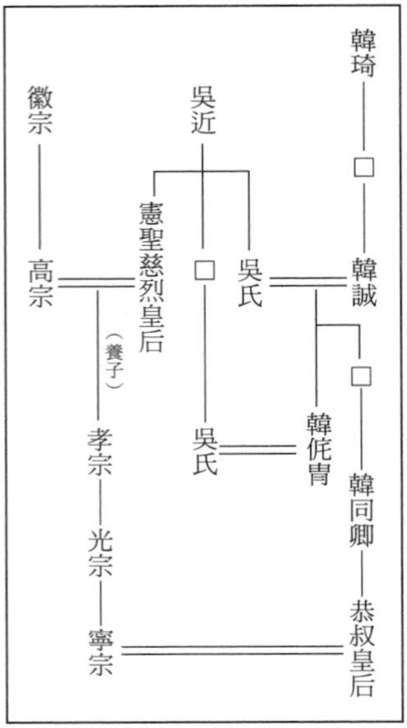

韓侂冑家族關係圖

新帝光宗趙惇天生體弱多病，相信孝宗也是想在一旁輔佐這位軟弱新主。沒想到光宗的皇后李氏，百般阻撓公公介入朝政。不僅如此，她更阻止自己的丈夫前去探望年邁父親。相較於前一代高宗與孝宗的友好關係，身為親生父子的孝宗與光宗，卻在媳婦從中作梗之下，關係日益惡化。

大臣們對這樣的情況感到十分憂慮，不斷向光宗諫言。無奈光宗對皇后言聽計從，完全沒聽進大臣的苦勸。紹熙五年（一一九四）孝宗崩逝，按禮制，光宗應該主持孝宗的喪禮，但他也在此時罹患重病，根本無法完成繁瑣禮儀與祭祀儀式。身為皇室一員的大臣趙汝愚說服高宗妻子，也就是太皇太后吳氏，出面勸光宗讓位，他們扶持繼位的是寧宗趙擴。

這次政變是以主持先帝喪禮為由而發動，這是前所未有的例子，背後隱藏的是對皇后李氏干政極為不滿的士大夫官僚們所發動的奪權鬥爭。他們對外宣示的理由是為了辦好先帝喪禮，圓滿執行各種儀式，這一點與當時的濮議相同，亦可看出宋代王權的特殊之處。宋朝的實際政務掌握在士大夫手上，皇帝雖為形式上的獨裁者，但實質上很接近「君臨而不統治」的狀態。能否圓滿執行對先帝的禮儀，才是君主資格的根本條件。

趙汝愚不惜使出更換君主的非常手段，但這個手段要成功，必須先在宮裡打點一切。此時他找來的幫手是太皇太后妹妹的兒子，也就是皇太子妃的家族成員之一韓侂胄。韓侂胄是范仲淹的盟友韓琦的曾孫，可說是名門後代。但他不是參加科舉，循正規管道當官，而是受到家族庇蔭，賜封武官。趙汝愚不僅出生皇族，更考取進士，由於這個緣故，他看不起韓侂胄，只打算讓他跑跑腿罷了。

沒想到，韓侂胄不是省油的燈。他先協助趙汝愚，將寧宗推上皇位，成功政變，接著便對趙汝愚下手。改元後的慶元元年（一一九五）二月，趙汝愚下台。在此之前，朱熹在趙汝愚的引薦下進入朝廷，擔任皇帝侍講，好不容易有機會位居核心，大展身手，卻在四十五天後遭到解職。不僅如此，韓侂胄為了強調自己的正統性，把朱熹學說誣為「偽學」，嚴令禁止，史稱「慶元黨禁」。就像程頤晚年遭受的處境，朱熹後來受到政府監控，死於建陽（福建省）。時為慶元六年（一二〇〇），春暖花開的明媚三月。

有別於秦檜隻身歸朝立刻拉攏朝廷士大夫，組黨結派，韓侂胄只用自己人，基礎並不穩固。有人認為問題出在他並非科舉官僚，僅靠名門望族的身分，根本沒有官僚買帳。

急於樹立權威的韓侂胄想建立戰功，穩固政權，於是準備對金朝發動戰爭。開禧二年（一二〇六），宋軍越過淮水國境，進入金朝領土。這是靖康之變發生以來，宋軍首次主動出擊。儘管後方的蒙古勢力日益強大，但金軍戰力依舊雄厚。宋軍很快就屈居劣勢，不過金軍也沒有能力消滅宋，最後兩國決定議和。這個時候，原本就對韓侂胄專權感到不滿的史彌遠，聯合其他外戚暗殺韓侂胄。把韓侂胄的首級獻給金軍，完成議和，時為開禧三年（一二〇七）。

史彌遠時代與朱子學興盛

取代韓侂胄掌握政權的是史彌遠，他是來自明州且通過科舉考驗的進士。父親史浩曾任孝宗朝宰相，撰寫經學著作。史彌遠利用政變奪取政權，強行推動簽訂議和條約。這些做法理論上應該受到傳統主戰派道學官僚抗議，但或許因為他背景雄厚，加上高超的政治手腕，因此並未聽到任何異議之聲。

後世根據史彌遠與真德秀、魏了翁等人意見不合的事實，認為他厭惡朱子學。無論最後給他個人的評價如何，基本上都是從這個角度出發。但是，從他的兄弟與表兄弟們在明清之際編纂的《宋元學案》中，被歸入南宋理學家楊簡門下來看，他與道學的淵源確實很深。由於宋代史料皆經過朱子學者整理統編，流傳至今，相關史觀非黑即白，因此我們有必要正視這些史料經過加工所產生的危險性。

明州士大夫的出線

一般認為楊簡是陸九淵的高徒，通常稱呼其號「慈湖」。「慈湖」取自其故鄉明州慈溪縣的湖名。陸九淵是朱熹的論敵，但若因如此便認為他不喜歡朱子學，那就大錯特錯。事實上，浙江陸九淵的門生們與朱熹維持良好關係。朱熹批評陸學派的人時總是稱呼「江西學者」，由於陸九淵本人來自江西，因此「江西學者」也特別指稱江西出身的子弟，有意排除浙江出身的門徒。

與不喜歡著作的老師不同，楊簡寫了好幾本經學注釋書。或許這與他來自科舉發達的明州有關，無論如何，這一點足以證明其與陸九淵的學風截然不同。不過，棘手的是後來在浙江興起的陽明學，強調陸楊之間的師承關係是心學傳統，所以產生了楊簡與朱子學不同的印象。事實上，在史彌遠時期，楊簡和志同道合的夥伴形成一個道學流派，與朱熹一門關係友好。而且從他們的師事紀錄來看，可以確定楊簡對於史彌遠的思想形成影響頗深。

與楊簡一起拜陸九淵門下的袁燮，在嘉定七年（一二一四）趁著與自己同族且為門人的袁韶擔任考官的時候，成功將兒子袁甫推上狀元之位。袁韶就是擔任臨安府尹，興建先賢堂並祭祀張九成的人物。袁燮本人在嘉定十年（一二一七）擔任同知貢舉（特派主持進士考試的大臣），當年的省試會元（第一名）是楊簡門生，與袁燮同鄉的陳塤（殿試狀元是另一位來自建康的人物）。

陸學與朱子學相比，容易被認為是與科舉無關的學問，但事實上完全不是這樣。他們都與史彌遠關係密切。後世對於史彌遠的評價惡劣，為了避免連帶影響陸九淵和朱熹，有人說他們都在內心批評史彌遠，企圖以這個方式恢復他們的名譽。寧波（宋朝的明州）出身的清代浙東史學之雄全祖望，便是以此為論點收集史料、進行考證。不過，他並非根據客觀考據，而是先有結論，再找證據。

話說回來，史彌遠不是只靠裙帶關係建立人脈，事實上，他與真德秀、魏了翁等其他地區出身的朱子學派學者官僚基本上處得不錯。當金國受到蒙古侵略，勢力漸微時，真德秀建議終止向金國支付歲幣的合約規定，史彌遠採納了這個意見。雖然史彌遠支持終止開禧之戰，但他的對金政策絕對非採取屈服姿態。

開禧七年政變後改元「嘉定」，這個年號持續了十七年。這段時期國泰民安、風調雨順。在史彌遠的領導下，政局安定平穩。嘉定十六年（一二二三），從日本渡海而來的道元禪師從明州上岸。

史彌遠使計擁立理宗

隔年，嘉定十七年（一二二四）寧宗駕崩。寧宗沒有親生兒子，從宗室中選了趙竑當皇太子。不料史彌遠想擁立其他王子，於是聯合暗殺韓侂冑時幫過他忙的外戚楊谷，不斷責問皇后，最後終於將理宗趙昀推上龍椅。一般認為趙竑與史彌遠的個人恩怨是政變主因，但既然這些觀點都受到朱子學史觀影響，因此只能相信一半，史彌遠的作為在當時受到大半士大夫的默許與支持。

理宗治世長達四十年，是南宋時期最長的。一般史書論及這段時期，都認為在日漸興起的蒙古帝國威脅下，宋朝國力不復以往，但實際情形無從得知。由於理宗即位後，南宋很快就被滅了，還來不及編纂國史，加上與蒙古一戰，失去許多一手史料，也可能擔心後人得知蒙古相關史實後所產生的心理影響，總之元代以後流傳下來的史料文獻十分零碎。

紹定六年（一二三三），掌權達二十六年的史彌遠逝世。其掌權時間不但超過王安石與蔡京，也超越秦檜，創下宋朝最長的執政紀錄。其他人死後皆遭受強烈抨擊，家族瞬間失勢，唯有史氏一族依舊受到朝廷重用，高官輩出。這是因為史氏一族以明州為根基，活用盤根錯節的人脈，確立了史氏成為名門士大夫的地位。這一點與呂夷簡以後的呂氏一族相同，但就深根故鄉的地域性而言，史氏一族更加堅固，明州史氏可稱為地方之霸。

史彌遠死後，非明州系與朱子學系的人終於有了一展長才的機會，真德秀、魏了翁重返中央，後世取年號命名的「端平更化」時期終於到來。不過，這個名稱本身是元祐更化的翻版，並非出自黨派史觀。

獲得認可的朱子學——孔廟祭祀的諸儒

這段期間值得特別一提的是朱子學獲得大眾認同，從選擇祭祀於孔廟的儒教學者即可確認這項事實。我們不清楚更早以前的時代是如何遴選進入孔廟祭祀的儒教學者，可以確定的是，唐太宗時代除了在孔廟[4]裡祭祀本尊孔子像之外，同時還祀奉其主要弟子，與歷代儒者像（立體雕像或平面畫像）。唐代除了直系弟子之外，還選出鄭玄等注釋經書者二十一人。到了北宋神宗時代，加上孟子、荀子、揚雄、韓愈；徽宗時代加上王安石、王雱父子。靖康之變時，抨擊新黨的趙鼎與楊時要求除名王氏父子。淳熙年間，王雱一人被逐出孔廟。淳祐元年（一二四一）則展開大規模改革。

清代興建的台南孔廟　照片中是牌匾，以及孔子的牌位。遵循朱子學教義，明代孔廟不設雕像，只祭祀牌位。

這次的改革排除了王安石，加入周敦頤、程顥、程頤、張載、朱熹等人。追加的五人都是朱熹認可的道統繼承人（包括朱熹自己），這是一個明確象徵王安石學派退場，道學而且是朱子學派勝利的事件。之後更選入朱熹的盟友張栻、呂祖謙，以及邵雍、司馬光等人，從此之後，孔廟祭祀的儒者中，道學家的比例愈來愈高，這個趨勢一直到清代都沒改變。不僅如此，現在幾乎也是同樣的情形。從這一點來看，淳祐元年的改制不只是孔廟歷史的劃時代變革，也是儒教史上一件值得紀念的重大事件。皇帝的廟號使用中國歷史上前所未有的「理」字，也是受到朱子學別名「理學」的影響，取名理宗。

到目前為止，我們以政治史為中心的時間軸，從安史之亂的唐宋變革期，概略描述至宋朝結束的整個過程。朱子學獲得認可，無論從政治史與思想文化史兩方面來看，都是代表宋王朝的象徵性事件。接下來我將變換角度，從社會和技術發展背景介紹宋代文化，首先要介紹的是朱子學勝利帶來的思想與宗教的本質演變。

註釋

1 【譯註】源義朝因不滿自己的封位比平氏家族首領平清盛低，聯合藤原信賴拘禁後白河天皇和二條天皇。在外的平清盛聞訊，立刻趕回京城擊敗源義朝，平清盛從此獨攬朝政。

2 一個君主的任期內只用一個年號的制度。

3 【編註】中華民國憲法中並未明確指出首都位置，一般所稱的首都指「中央政府所在地」。目前國內外媒體報導和學界中，將台北市視為並稱為首都。

4 依孔子廟號，宋代的正式名稱應為「文宣王廟」，但以下皆以孔廟稱之。

第五章　宗教本土化

「哲學」與「宗教」

當朱子學變成「哲學」

在前四章裡，我們沿著時間軸，概略描述了西元九世紀末到十三世紀中葉的政治史。大唐帝國在宋代初期的人們心中，是一個可作為模範的理想王朝。不久之後，宋人開始摸索超越大唐、屬於自己的政治理論和王權觀點，最後形成的朱子學可說是集大成之作。淳祐元年（一二四一）的孔廟改制代表朝廷執政是將朱子學視為御用學問與體制學說。若說唐朝實體是被黃巢和朱溫（全忠）消滅的，那麼唐朝的理念則是在此時被朱子學取代。

西元十二世紀朱子學的誕生與十三世紀朱子學教學體制的形成，不只改變了中國，更影響朝鮮、越南、日本等整個東亞地區之後的文明發展。事實上，以大唐帝國為模範建設國家的時代已結束，各地紛紛出現高舉朱子學政治理念旗幟的政權。不僅如此，源自宋代的文化新浪潮，也依時間順序滲透至東亞各地。我們該如何看待這件事具備的文明史意義？為了釐清這一點，我將在以下三章詳細介紹朱子學誕生的環境與背景，也就是本書書名「中國思想與宗教的奔流」。

如今一般人皆以為朱子學屬於「哲學」，與古希臘思想、近代德國觀念論並列。這個想法有其脈絡可循，朱熹以嚴格概念定義各種術語，非常精密且概略地——在中國思想家中十分少見——建構自己的思想體系。從這個角度來看，將他的思索成果視為「哲學」確實很有道理。

不過，我從以前就認為以這種框架解讀朱熹和他的學說，有很大的問題，曾在其他場合發表論文闡述個人疑慮。在此，我們先從這一點說起。

追根究柢，朱熹從未聽過「哲學」這個名詞。不僅朱熹，崇尚其學說的東亞儒者們也未曾使用這兩個字形容他與他的學說。與自古就存在且經常使用的「文學」與「史學」等漢語語彙情況不同，「哲學」是十九世紀後半，由日本人西周[1]（一八二九至九七）發明的詞彙。他不得不自創名詞解釋「philosophie」，這件事本身潛藏著問題根源。他認為原本就存在的「經學」——此詞彙過去一直與文學、史學並用——無法詮釋英文「philosophie」的涵義，他提出的論點獲得共鳴，「哲學」一詞很快就在日本普及。不只日本，中國、朝鮮以及越南，雖然發音不同，也根據個別語言使用「哲學」這兩個漢字翻譯英文「philosophie」、德文「philosophy, Philosophie」的概念。我們現在每天都會用到「哲學」這兩個字，例如「重視家庭是我的個人哲學」，用來說明自己的信念，或是當動詞用：「昨天我哲學了一下世界現狀」，不覺得有何不妥[2]。「朱熹的哲學」也跟「亞里斯多德的哲學」、

朱熹畫像（台北故宮博物院收藏品）

「康德哲學」完全對等，每個人都能輕鬆自在地使用這些說法。

「朱熹哲學」這個名詞的誕生，歸功於我個人專攻的中國思想研究領域的前輩先進。他們不僅創造出「東洋哲學」、或視為其中一個分科的「支那哲學」（當時日本的一般稱呼），更長期從「哲學角度」分析研究孔子與孟子的儒家思想，累積雄厚知識。這個結果使得諸如「朱子學的生成論與存在論」、「朱子學是唯心論（觀念論），還是唯物論？」等命題設定成為可能，事實上也獲得許多學術成果。更有甚者，還有人將朱熹與亞里斯多德或康德放在一起比較研究。不過，與原本就存在生成論、存在論、唯心論、唯物論等範疇的西洋哲學不同，中國沒有類似的分類。換句話說，當事者是在沒有這些概念定義下進行思考。雖然使用這些框架分析朱子學具有一定的意義，但是否僅靠如此就能釐清朱子學？這是個耐人尋味的問題。事實上，這一點也是我涉足此領域二十年來一直抱持的疑問。

進一步理解朱子學

花這麼多篇幅闡述略顯艱澀的話題原因無他，我只想告訴各位：想真正理解朱子學，千萬不要局限在西方建構的學術框架裡。「理學」一詞直到宋代末期才出現，到了元明兩代，理學更是代表朱子學與其相關流派的名稱。不僅如此，理學也是江戶時代日本人耳熟能詳的詞彙。明治初期，思想家中江兆民（一八四七至一九〇一）更以理學兩字稱呼西洋哲學（非西周創造的「哲學」一語）。隨著「哲學」兩字逐漸普及，加上「理學」後來常被用來指稱自然科學的基礎領域，於是一般日本人慢慢忘記「理學」原本指的是儒學流派。我曾經開玩笑地跟攻讀理科的朋友說：「你根本不能稱為『理學博士』，我才是真正的『理學博士』。」沒想到他完全聽不懂我在說什麼，嚇了一大跳，不過這也是沒有辦法的事情。

話說回來，重新認識朱子學以「理學」代表推廣至東亞地區這個過程，有其意義存在。或許是因為我們再次來到文明的轉折點，這幾年很流行反思過去，但大多數的「過去」不過是這一百多年罷了。過去曾風靡一時的後現代主義思潮，最終只是近代主義的變種。同樣的，把西洋框架作為顯而易見的前提，這個問題設定的做法本身就很淺薄。更徹底的思考問題，只有站在與此相異的知識體系上才可能做到。唯有如此才能避免只讚賞自己的文明，排除其他不同文明，墮入「文明衝突」的窠臼。

誠如「前言」所述，本書以朱子學為核心介紹宋代時的中國，這一點與現有的相關書籍不同。在章節編排上，位於中間的這三章就是專門說明朱子學的。首先，本章將從朱子學的思想與宗教層面切入，第六章闡述政治與社會層面，第七章則是以科學與技術層面為重點。科學技術與朱子學，這兩個概念乍聽之下格格不入。但只要讀過本書，就會發現這一切都是因為十九世紀中葉以後，一般人對於朱子學的印象流於虛幻，才會認為其與科學完全扯不上關係。話說回來，朱子學原本就自稱「理學」。第八章拓展至朱子學外圍的文化層面，第九章則介紹建構朱子學發展基礎的百姓生活。某種程度上，八、九兩章可說是這三章的延伸。

有鑑於此，雖然各章皆以個別主題進行闡述，但各位不要忘記彼此之間都有密不可分且互相牽動的關係。我們將利用這些線索，在第十章編織成一件美麗的衣物。

宋代以前的三教交流

現在就從宗教話題開始說起。在進入主題之前，我們必須先了解一下「宗教」的定義。

「教」與「宗教」

有別於「哲學」，「宗教」是具有歷史與傳統的漢語。不過，最初的意義卻與我們現在的認知，也就是英文的「religion」有微妙差異。其本來的意思是「宗之教」，亦即宗派學說之意。這一點又是受到明治時代日本人，為了翻譯英文的「religion」而使用宗教兩字所影響，使其產生意義的轉變。

東亞地區原本就沒有西方意義上的宗教概念，因此，若以宗教這個新進概念闡述東亞的思想文化，一定會產生許多問題，最顯著的例子就是「儒教算不算是宗教」的爭議。當宗教於十九世紀傳入東亞地區，一般人對「宗教」感到懷疑，因此大多數人認為「儒教不是宗教」。不過，也有人認為「儒教即宗教」，並透過學術性手法或情感面的訴求，對抗反對派的批評。無論如何，如今社會上一般民眾都認為「儒教並非宗教」。本書書名「中國思想與宗教的奔流」，將思想與宗教並列在一起，這是受到現代日語對於「宗教」一詞語感的局限性影響，不得不如此並列（其實「思想」一詞也有其意義轉變的過程，不過為免內容冗長，讓讀者嫌煩，在此省略）。

話說回來，在「宗教」一詞出現之前，東亞地區使用哪個詞彙？答案是「教」。唐代早就有儒教、道教、佛教統稱「三教」的用法。不僅如此，還以意思是「野蠻人的三種教」的「三夷教」來統稱代表瑣羅亞斯德教的祆教、意為基督教（西方世界認定為異端的尼斯多留教）的景教以及摩尼教。

說到這裡，各位可能會覺得：「什麼啊？不就是少了一個宗，只用『教』這個字而已，這跟宗教又有何不同呢？」這麼說也沒有錯，不過，正因如此，明治時代的日本人才將religion翻成宗教。話說回來，此處我們要釐清的問題是，儒教被定位成一種「教」，而且三教與三夷教之間存在著地位上的差異。事實上，這兩個問題是同一個問題的兩種表現。

首先要釐清的是，「教」到底是什麼？請容我將時序從宋朝回溯至更早之前的漢代初期，也就是西元前二世紀。當時還不存在三教，佛教是西元一世紀傳入中國，自然也沒有佛教。不只是佛教，儒教與道教都不存在。由於孔子、孟子、老子（實際存在的人物）與莊子都是更早之前的人，因此《論語》、《老子》等書籍經過無數編纂統整，內容與現在幾無差異。不過，這些都是闡述儒家與道家思想和論述的教材，並非儒教與道教經典。身為諸子百家之一的儒家——「諸子百家」這個說法也是公元前一世紀才發明的分類方法——直到漢代中期以後，才被當成建構王朝體制基礎的教學體制，擁有幾本神格化的經書。一般認為西元前二世紀後半，漢武帝針對五種經書設置「博士」，將儒教立為國教，學術界對這個做法有不同意見。換句話說，直到漢武帝的時代，儒教還沒確立無上的權威。雖然不同學者對於獨尊儒教的時期各自觀點，但可以確定的是，最晚到東漢的某個時期，才發展到儒教獨尊的程度。我個人也認為西元一世紀以後，擁有經典的儒教才終於成立。

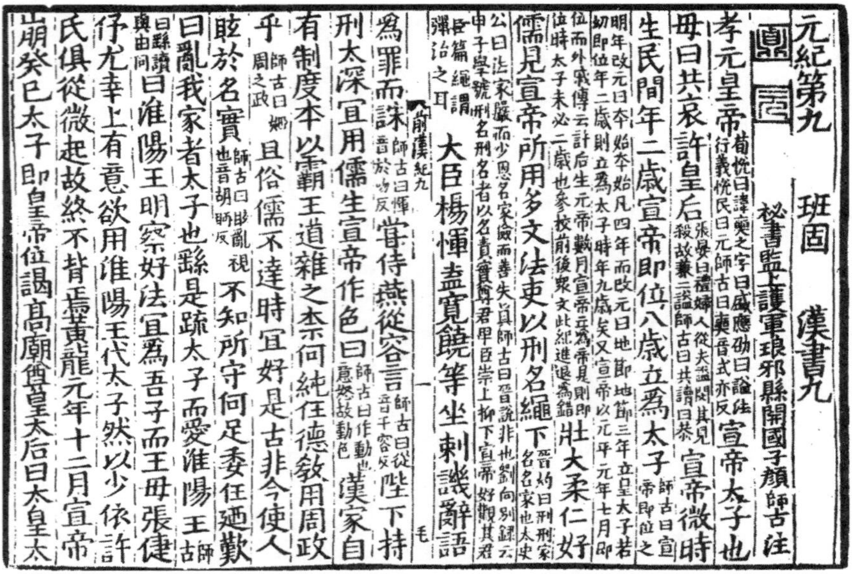
元紀第九　班固　漢書九
祕書監上護軍琅邪縣開國子顏師古注
孝元皇帝荀悅曰諱奭之字曰盛應劭曰諡法行義悅民曰元師古曰奭音式亦反宣帝太子也
母曰共哀許皇后張晏曰禮婦人從夫諡故兼二諡師古曰共讀曰恭宣帝微時
生民間年二歲宣帝即位八歲立為太子師古曰宣帝即位之
明年改元曰本始本始凡四年而改元曰地節地節三年立皇太子若即位年二歲則立為太子時年九歲矣又宣帝以元平元年七月即位而外戚傳云許后生元帝數月宣帝立為帝是則即位時太子未必二歲也參校前後衆文此紀進退為錯壯大柔仁好
儒見宣帝所用多文法吏以刑名繩下晉灼曰刑家名名家也太史公曰法家嚴而少恩名家儉而善失眞師古曰晉說非也劉向別錄云申子學號刑名刑名者以名責實尊君卑臣崇上抑下宣帝好觀其君臣篇繩謂彈治之耳大臣楊惲蓋寬饒等坐刺譏辭語
為罪而誅師古曰惲音於吻反嘗侍燕從容言師古曰從音千容反陛下持
刑太深宜用儒生宣帝作色曰師古曰作動也意怒故動色漢家自
有制度本以霸王道雜之奈何純任德教用周政
乎師古曰鄉周之政且俗儒不達時宜好是古非今使人
眩於名實師古曰眩亂視也音胡眄反不知所守何足委任廼歎
曰亂我家者太子也繇是疏太子而愛淮陽王師古曰繇讀與由同曰淮陽王明察好法宜為吾子而王母張倢
伃尤幸上有意欲用淮陽王代太子然以少依許
氏俱從微起故終不背焉黃龍元年十二月宣帝
崩癸巳太子即皇帝位謁高廟尊皇太后曰太皇太
前漢紀九　一　毛

《漢書・元帝紀》　內容為宣帝教育皇太子（元帝），左頁第三行可看到「德教」一詞。引自臺灣商務印書館出版之百衲本二十四史《漢書》。

不過，此時還沒有「儒教」這個說法。在漢代，我們現在稱作儒教的學說，多用「德教」一詞表現。事實上，「德教」也是日本明治時代的哲學研究家井上哲次郎（一八五五～一九四四），為了區別儒教與其他宗教時使用的分類概念。井上哲次郎是知名的御用學者，曾接受日本政府委託，編寫《教育敕語》[3]，也在內村鑑三不敬事件[4]中，首先抨擊內村，並著有《教育與宗教衝突》一書。此外，他還是將江戶時代的儒學整理成朱子學、陽明學與古學三個流派的開拓者，如今日本高中課本依然使用這個分類方法——儘管學術界已不太重視這個方法。井上使用「德教」一詞絕非偶然，而是呼應儒教成為漢朝官學（或國教），地位比其他諸子百家更優越的事實。與漢代儒者有同樣的想法，井上也為「德教」一詞賦予應以正確道德教育帝國臣民的意義。

現在一般認為，儒教的優越地位到了東漢更加穩固。即使佛教傳入，剛開始仍未對儒教形成任何威脅。「教」即代表儒教，沒必要特意稱呼「儒教」。後來出現了必須與其他「教」有所區分的情形，才開始出現「儒家之教」。

三教並立

此情形出現在漢朝滅亡之後。漢滅之後的幾百年間戰事不斷、亂世興起，包括道教團體的濫觴太平道引發的黃巾之亂（一八四），由此帶來的大漢帝國崩潰，三國時代與南北朝時代的國土分裂，五胡十六國及六朝等短命王朝（除了晉）等，導致儒教獨尊地位受到動搖，形成與道教、佛教並稱三教的時代。事實上，直到西元五世紀後，史料才出現「儒教」、「道教」、「佛教」等用詞。由於道教與佛教是名符其實的宗教，因此對於認定儒教非宗教的研究者而言，絕對可以將這個時期稱為「宗教時代」。這點與西洋中世紀相似，也成為形容這個時期為中國中世紀的學說根據。

姑且不論南北朝時代（六朝時代）是否可定為「宗教時代」，可以確定的是，三教維持了三足鼎立之勢。不過，我們還是要注意到，這個「教」與西洋近代意義上——嚴格來說是新教意義上——的宗教涵義有微妙不同。中國此時的「教」並不是獨立於政治，祈求個人安身立命的對象，相反的，它具有極度的政治性。

根據某項研究，正因為「教」是「教」，所以必須擁有君王統治的教祖與記載其政治理論的經典。以道教為例，老子必須神格化成為「道」，再透過各種形式的「經」教化人類，才能讓道教成為「道教」。由於這個原因，今日一般人稱作《老子》的書籍，才會成為道教經典《道德經》的基礎。《老子》不是宣揚處世之道的書，而是政治學說。佛教也是因為對世俗的王闡述最高的領導統御術，亦即佛法，才成為「教」，這一點顯示在其鎮護國家的想法上。令人想起日本當初就是因為將佛教學說當成政治體制核心，才會接受這個外來宗教。

隋代與唐代皆站在三教的政治思想上建立皇朝，尤其是大唐帝國的皇室李氏，將老子（本名為李耳）奉為自己的祖先，因此格外重視道教。教團組織也利用此現象，建立完整的禮制和教義體系。佛教為了對抗日益壯大的道教，玄奘三藏（六〇二至六六四）從印度帶回大量經典進行翻譯，努力補強鎮護國家的佛教學說。此時禪宗與淨土宗等信仰也逐漸崛起，這一點將於後文中補充說明。相較之下，儒教理論的開展不如預期，一般認為唐代受到前代影響，屬於儒教不振的時代。事實上，貴族官僚們的生活規範與政治理念皆以儒教為基礎，皇朝國家的統治機構也以儒教經典《周禮》為典範設置。儒教在唐代一蹶不振的印象，很可能是受到宋代儒者們故意對當時儒教強烈批評的影響。

無論如何，三教在唐代是以共存的形式，在皇朝體制占有一席之地。史料記載不時有人在朝廷爭議三教的優先順序，由此可見三教在當時都同樣重要。雖然也會出現如本書之前提到的「三武一宗法難」，某些教受到當時皇帝的個人喜好遭到鎮壓抵制，但尚未發展到消滅教團、教義退化的程度。大唐帝國兼容並蓄的特質，使得非漢族信仰的三夷教也被當成「教」，雖然這一點反映出大唐的國際觀，但其地位無法與三教比擬。儒教身為三教之一，重要性不言可喻，但也不具有壓倒性的優越地位。韓愈等部分儒者對此感到不滿，不過，他們也不代表多數意見。

儒教再興

隨著時代演進，我們進入了宋代。容我再次強調，宋朝一開始是以大唐帝國為模範建立的，對於「教」的看法也是如此。最初的太祖、太宗、真宗三代皇帝，皆對三教表示相當程度的興趣。雖然程度各有差異，例如太祖熱衷佛教信仰、真宗傾心於道教，但他們都沒有忽略其他兩「教」。

這個情形直到仁宗開始出現變化，幕後推手是歐陽修。歐陽修十分尊敬韓愈，以其後繼者自居。身為古文運動的領袖，他提倡古文（文言文）的行為其實十分符合排斥佛教的想法。關於這一點，將於第八章討論文學時詳細說明。當時流行的是西崑體，擅長此文體的作者們都是有名的佛教信徒——各位可能還記得，帶領西崑體風潮其中一人，就是澶淵之盟時，寇準每天晚上與其對飲的楊億，古文運動可說是從文體與教義這兩方面顛覆西崑體的嘗試。

對於讖緯思想的批判

歐陽修認為唐代的儒教不是純粹的儒教，最具代表性的例子，就是注釋經書時經常使用緯書。緯書指的是出現於漢代的一批書籍，據說是孔子為了解釋經書奧義而寫，因此流傳很廣。與預言未來吉凶的「讖」，並稱「讖緯」；第一章所述的禪讓革命理論，便出自此讖緯思想。事實上，唐朝國定的儒教經典注疏《五經正義》引用大量緯書，根據緯書說法解釋經書內容，而這正是歐陽修大肆批評的重點。

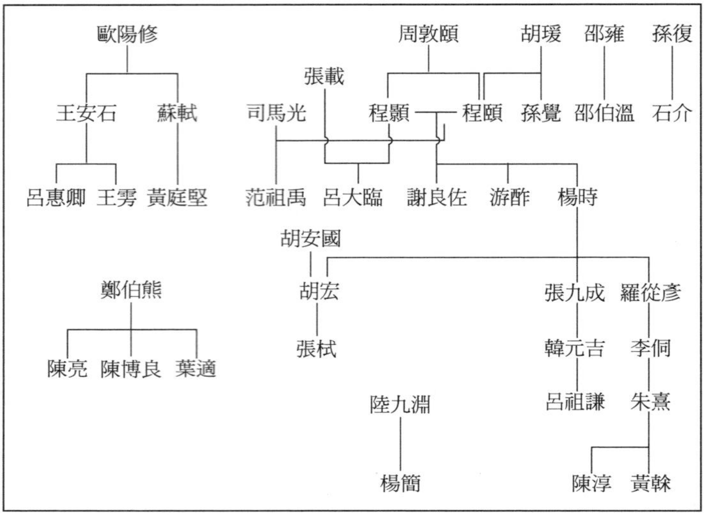

宋代儒學族譜　根據《宋元學案》內容列舉師生關係，但課堂之外的私淑關係也很重要。

他認為緯書不是孔子著述，甚至不是如實闡述孔子思想的書籍。相反的，這是根據漢代的迷信觀念，由當時的學者捏造出來的文獻，無法作為解釋經書意義的參考。有鑑於此，歐陽修主張將現行的《五經正義》中（真宗時已有十二經疏，歐陽修統稱為「九經」），把從緯書引用的所有內容全部刪除，重新印製修訂版。

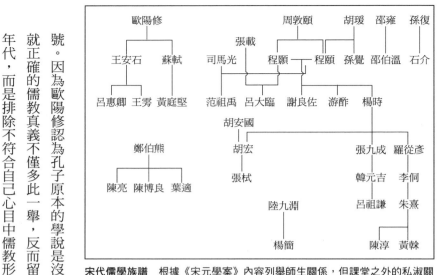

歐陽修從文獻學角度批判緯書，這與現代的研究態度一致。就連認為經書是孔子編纂的人——抱持這種立場的學者如今是極少數——也認為緯書是漢代人編寫的文本，解說孔子思想時應予排除。關於這一點，歐陽修的想法與我們站在同一個基礎，從現代觀點來看也是正確的。

但是，這裡所說的「正確」似乎需要加上引號。因為歐陽修認為孔子原本的學說是沒有謬誤的，在他看來，用內容怪異的讖緯思想來解釋原本就正確的儒教真義不僅多此一舉，反而留下毒害。他不是要從文獻學或實證性上，確定緯書的撰寫年代，而是排除不符合自己心目中儒教形象的緯書思想。歐陽修認為，儒教的真實樣貌就隱藏在讖緯思想的面紗裡。

話說回來，什麼才是儒教的真實樣貌？對漢代諸儒而言，讖緯思想才是儒教的真實樣貌。孔子的理念不只透過經書，更透過緯書這個不同文本才首度得以一窺全貌。他們確實捏造了另一個文本，但這是為了彰顯他們信仰的孔子理念，輔助說明儒教這個「教」的經典才做的行為。非儒者的我們——至少「我」不是儒者——感興趣的是，從漢到唐的儒者所認知的儒教學說，與歐陽修主張的「原有儒教」之間，究竟有哪些本質上的差異？而這個差異又代表什麼意義？

歐陽修效仿韓愈，高度評價孔子的接班人是孟子。在古文運動中，孟子以卓越文章備受尊崇，從這裡也可看出他們認為「文章高手就是卓越思想家」的文學觀。這點完全阻斷了漢到唐信奉讖緯思想的諸儒，與歐陽修以後的新世代儒者們之間的關聯。

宋代新興儒教的特徵

受到學校教育的影響，只要提到儒教，我們最先想到孔子，接著則是孟子。儒教同時也是「孔孟之道」，但這個說法其實是宋代才形成的。在此之前，儒教的代名詞是「周孔之教」。「周」是武王的弟弟，亦為周王朝成立的最大功臣，協助侄子周武王治理朝政，孔子多次夢見的周公旦。

如前所述，作為政治學說的儒教應該是君主制定的學說，當然也應該是堯舜以來的聖人君主學說。但繼承這些學說，形成體制化，建構周王朝黃金時代的功績全部歸功給周公。說得專業一點，經學中的古文經學流派——此處的「古文」與古文運動意義不同——特別彰顯周公的功績。而學習

《女孝經圖》事姑舅章（北京故宮博物館收藏品）　宋代根據闡述女性孝道的書《女孝經》繪製的畫作。

周公教誨，將周公學說集大成為經書的人，則是孔子。

漢代將易、書、詩、禮、春秋等五種經書統稱為「五經」，定為太學的必修課程。一般認為孔子是將堯舜與周公等聖人教誨寫成五經的人，除此之外，當孔子給弟子們講述聖人的政治要點時，他使用的經書是《孝經》。

聖人們以「孝」為德目中心，並依此治國。孔子繼承這個主張且發揚光大，形成儒教，這是漢代之後的學者們所做的解釋，同時尊崇周公與孔子，宋代的司馬光也特別重視《孝經》。

基於這個觀點，孔子雖不是實際統治者，卻被授予相當於統治者的「玄聖素王」稱號。唐朝追謚孔子為「文宣王」並祀奉在廟裡、宋真宗在文宣王前加封「玄聖」二字——隨後改稱「至聖」——都為了把孔子當成王來祭祀。儒教是正確解讀周公與孔子集大成經典的「教」，凡是在這方面功績卓著的儒者們，皆進入孔廟接受祀奉，但其中不包括孟子。

西元十一世紀後期出現宣揚孟子功績的運動，這是儒教本質大幅改變的現象之一。新黨政權繼承歐陽修理念，將孟子入選至孔廟裡。王安石親自督導，撰寫新的經書注解（新義），成為科舉考生的指定教材，都與此有關。王安石的兒子王雱與心腹呂惠卿共同撰寫《周禮》、《尚書》與《詩》的新義，但現在只剩零碎的內容。此外，繼承其思想的許多學者們所做的注釋，大部分佚失不傳。不過，若從少數留下來的文件資料判斷，他們的注釋完全沒有引用緯書的跡象。天人感應說是讖緯思想的基礎，因此曾經主張「天變不足畏」的王安石，原本就不可能相信緯書。無論如何，他們的注釋承襲了歐陽修的主張，從根本改變了唐代為止的儒教樣貌。

同樣身為歐陽修的接班人，除了以王安石、王雱父子為首的流派（俗稱新學）之外，還有與其分庭抗禮的蘇軾、蘇轍兩兄弟的流派（後世稱為蜀學），以及程顥、程頤兄弟建立的流派（道學），蘇氏和程氏兄弟及其追隨者也著有許多經書注釋。接著從道學流派登場的不是別人，正是朱熹。

由於這個緣故，道學與從漢發展到唐的舊時代儒教有很大的不同。否定緯書和彰顯孟子皆是如此。相信看到這裡各位應該可以明白，這些行為不只是道學獨有的特徵，更是宋代新興儒教的整體特性。我們必須從更廣泛的觀點了解北宋時代的各種潮流，才能確實理解朱子學的特性。朱子學必須被視為宋代思想文化史的巔峰，這一點在批判淫祀邪教的脈絡上尤為顯著。

發現淫祀邪教

祭祀是儒教本質上的要素之一。儒教並非純粹的儒家思想，正因為其有一連串包括各種儀式、禮儀在內的祭祀活動，所以才能成為「教」。祭祀活動的高峰，就是為突顯皇帝接受天命的觀點而進行的祭祀天帝，與祭祀皇室祖先的宗廟禮儀。誠如第二章所描述，經學否定了祭祀天帝中格外重視的封禪，形成郊祀與明堂祀為主的祭祀制度。此外，皇帝也透過祭祀天地諸神和先賢偉人的方式，從空間與時間的概念代表人類社會，孔廟祭祀不過是其中一環而已。

遴選祭祀對象

為皇帝代勞統治地方的官員們，也有義務祭祀當地的山川和英雄。除了這類官方祭祀，還有祭祀個人祖先的私人祭祖。而且祭祀規格也依政治社會的順位劃分等級，這正是儒教禮制的重點。儒教依循《孝經》主張的實踐倫理，鼓勵一個家族應祭祀有血緣關係的祖先。但是，家裡祭祀的神不只如此。根據傳統民俗信仰，或隨著全新生活習慣和技術開發的出現，人們有好幾個祭祀對象。儒教經學要做的就是為所有人進行篩選。

有一個經書常見的詞叫「淫祀」，亦寫成淫祠。前者使用的是祭祀的祀，代表禮儀本身；後者是祠堂的祠，指的是祭祀場所。不過，這兩個詞在使用上沒有嚴格區分。

「淫祀」一詞的存在由來已久，相對的，批判淫祀的歷史也很悠久。先秦時代就把「毀淫祠」

視為地方官的功績。「毀淫祠」在現代的解釋就是「破除迷信」，這一點也曾在共產黨統治下，成為政治正確的舉措。但此事有時會被批評為「破壞百姓文化的行為」，可見其含有相當程度的機會主義。不過在我們看來，這些地方官的行為該說是文明的象徵，還是對習慣的破壞？至今仍然尚無定見。

儒教不全然否定人向神明祈禱這個行為，有問題的地方是「在不應該祭祀的場合」祈禱，這就是所謂的「淫祀」。說到這裡，什麼是「不應該祭祀的場合」？什麼是「淫」？當祭祀對象不是儒教學說認可的神，或主持祭祀儀式的人，其地位不足以祭神卻僭越主祭時，都屬於「不應該祭祀的場合」。

容我先說明後者。假設一介平民主持祭祀天帝的儀式，那就是「淫」。因為唯有接受天命的皇帝才能祭祀天帝，不只是庶民，就連貴族和諸侯都沒有資格祭祀天帝。說得嚴格一點，漢代以後即使獲封「王」，但不是「皇帝」就不能主祭天帝。禪讓革命之後，新王朝的皇帝會立刻舉行感謝天帝授予天命的祭祀儀式，這也是為了向天下宣示自己具有祭祀資格。此外，受到中國皇帝冊封的諸國之「王」，也沒有資格祭祀天帝。「朝鮮國王」自稱「大韓皇帝」後，立刻在漢城（今首爾）建造天壇（在此之前，高麗國王與朝鮮國王都曾祭祀天帝）。越南的「越南國王」也曾瞞著中國，對國內自稱「大南皇帝」，舉行天帝祭祀儀式。與日本奈良時代的諸位天皇不同，桓武天皇曾經舉辦郊祀，但這是為了宣示日本脫離大唐，獨立自主的現狀。

專欄四
地方志

記載某地各種資訊的書籍，稱為地方志。地方志的起源很早，日本奈良時代編纂的風土記就是受到其影響而產生。到了宋代，中央派遣的地方官為了早日掌握當地狀況，同時讓地方仕紳望族知道自己的存在，無不致力編纂地方志。這個現象也與朝廷命令和印刷技術普及有關。現在留存下來的雖然不多，但對於掌握宋代地方狀況來說，是不可或缺的珍貴史料。

地方志是由該行政單位的由來、當地風土、產物特色、過去人口與稅額沿革，加上有當地淵源的偉人傳記構成。地方志對於祠廟的記述各有不同，反映出執筆者（多為當地士大夫）如何看待祠廟。此外，地方志裡記載的神明名稱與地方百姓稱呼的神明名稱不一定相同。從地方志的記述方法，可以看出士大夫文化與百姓文化碰撞時產生的化學變化。

神廟

東海助順孚聖廣德威濟王廟在縣東北五里皇朝元豐元年左諫議大夫安燾起居舍人陳睦奉使高麗還十一月請建廟勅封淵聖廣德王（按續通鑑安燾言東海之神已有王爵獨無廟貌乞于明州定海昌國兩縣之間建祠宇往來商旅聽助營葺從之仍令為屋百區今考本廟累封誥勅自乾道前並無東海字蓋燾之言如此然是時實有東海廣德王廟在萊州不可謂無故封誥不盡如燾言也）崇寧二年賜額崇聖宮大觀四年加封助順二字仍建風雨二神殿於左右宣和五年又加顯

欽定四庫全書　寶慶四明志　卷十九　十

靈二字封風神曰寧順侯雨神曰寧濟侯且撥賜官田五頃皆因高麗使回奏請也廟碑知制誥鄧潤甫撰知明州王誨書建炎四年車駕幸海道二月十日有旨改封助順祐聖淵德顯靈王廟燬于兵紹興二年重建乾道五年九月二十四日勅賜今封四海神于祀典甚尊國朝淳化二年因秘書監李至言祀東海廣德王於萊州南渡以來萊州道絶乾道詔書加東海二字於封爵之上正祀典也每歲春秋及郊祀

在地方志《寶慶四明志》中記述的廟宇和地方神明祭祀狀況　引自《景印文淵閣四庫全書》第四八七冊，史部。

免於烙上邪神印記的城隍爺與媽祖

接著討論前者。儒教經書中沒有記載的神明，指的是純粹基於民間信仰，受百姓祭祀的神。即使如此，並非這類神明都受到禁止。原本就存在的祭祀是否被認定為「淫祀」？端視發言者（皇帝、官員、學者個人）的判斷標準而有不同。

不過，這個判斷標準會隨著時代變化，最典型的例子就是城隍爺與媽祖。兩者皆與宋代有關，在此稍作介紹。

城隍一詞起源於城牆外圍的護城河，是很早以前就出現的詞彙。西元六世紀的文件記載「向城隍神祈禱」，這是城隍神第一次出現在歷史文獻上。城隍神是唐代的都市守護神，早已深入民間。不過，城隍神並不是固定的神，而是由與該城市有關的英雄擔任城隍神，接受百姓祭祀。從這個現象來看，「城隍」這個名字並非平民百姓取的，而是出自文采超群的士大夫之手。一開始可能是有人說：「那座城祭祀這個人，我們這座城祭祀那個人，乾脆把這些都稱為城隍神吧！」才會有這樣的名字。總而言之，「城隍」就像「守護神」，是個普通名詞。

城隍神

事實上，這與儒教經學的「社稷」牴觸。社稷兩字經常被用來比喻國家，「社」原本指的是土地之神、「稷」指的是穀物之神。照理說，社與稷應該是不同的神，儒教卻將之視為同一個神。帝國的首都有庇護整個帝國的社稷

媽祖

神、各州有各州的社稷神、各縣也有各縣的社稷神；最底層的行政區劃「里」也設置了「里社」（非「里稷」）。順帶一提，日本神道將佛教的「寺」稱為「社」，也是由此而來。

宋代也根據儒教經學，在各地設置社稷神的祭壇，但社稷神在功能上與城隍神重疊，程頤的弟子曾經問他該如何解決這個問題，程頤回答：「不需要城隍神，只要有社稷神就夠了。」不過，事實是或許受到崇拜當地英雄的心情使然，城隍神的信仰遍地開花。到了南宋，已經興盛到道學者再也無法忽視的程度。真德秀擔任地方官時，就將城隍神視為與自己同等級的冥界同僚，每次上任都會主動到城隍廟拜碼頭。雖然沒有史料證明，但我認為其他地方官應該也有這個習慣。既然到了這個程度，就不能算是淫祀。後來明太祖洪武帝更親自下詔，頒布祭祀城隍神的方法。

另一方面，稱為媽祖的女神原是宋代福建林姓漁夫的女兒。據傳她一出生就能通靈，是一位靈媒。中國史書稱這類人物為「巫」。儒教通常把他們視為淫祀代言人，排斥其存在。她雖然很年輕就去世，但死後依舊顯靈救助漁民，漁民為了感恩建造祠堂祭祀她，並尊為媽祖。媽祖信仰普遍存在於漁夫、海運業者、船員等靠海維生的族群之中，先是在福建、廣東等沿海各地興起，後來逐漸擴展至寧波、天津等港口。宋代朝廷賜予她「夫人」稱號，奉為神祇，元代授予「天妃」，清代更升格為「天后」，成為正式的國家祭祀對象。隨著地位的提升，她的出身也被升格為來自士大夫之家，生前的豐功偉業也被加上各種傳說，增添神奇性。雖然受到百姓崇拜這一點沒有改變，但還是免不了錦上添花的修飾與美化，出身士大夫家庭的背景就是最好的例子。儘管原本來自社會底層，但百姓們也希望將她視為「大家閨秀」。民間信仰就算在某個時期受到政治傾向影響過度美化，但這個現象並不意味著否定當時的身分制度。

此外，媽祖雖是女性神明，但當時對於其女性身分的讚美儘管有別於現代社會對於性別特質的概念，仍值得多加關注。媽祖亦即「天上聖母」，說穿了不過是男性船員之間崇拜的偶像罷了。

話說回來，正因為城隍神與媽祖信仰不危害社會秩序，祂們才能免於烙上「淫祀」的印記。不過，祂們的表象與實質內容在此過程中，確實也產生了不同程度的改變。可以確定的是，許多「淫祀」沒有被納入國家祭祀的體系，受到儒教排斥而消失。但我想從本書理論畫出的重點是，「淫祀」兩字是從宋代開始頻繁出現在史料中。

國家整頓神明體系

研究學者一直認為，史料中頻繁出現「淫祀」兩字，代表那個時期的民間祭祀十分多樣，既存儒教的「祀」無法祭祀所有神明。換句話說，這個時期出現了大量的「淫祀」。

我的看法卻不盡相同，「淫祀」之所以會頻繁出現在史料中，不是因為這類祭祀活動真的增加，而是撰寫史料的人認為這是一個問題，才會特別注意民間信仰的祭祀活動。簡單來說，過去從不認為具有議論價值的「淫祀」，有一天突然被儒教學者們看不順眼，才造成這個結果。與其說「淫祀」產生質變，不如說是外界看待「淫祀」的眼光不同了。

這個現象與朝廷積極關注未被認定為「淫祀」的祭祀設施——暫且稱呼為正祠——的態度形成強烈對比。根據這幾年的研究，神宗時期皇帝賜予正祠名稱（廟的匾額），授予祭祀神明（及其夫人）爵位與稱號的例子急遽增加。有一說認為，當時因黨爭白熱化，導致政治情勢不穩，為了緩和政局才實施這個政策安撫各方勢力。但個人贊同另一種解釋：這是國家刻意推動的政策，整頓雜亂的神明體系。

新黨政權積極推動這項政策最根本的原因是，將各地百姓祭祀的地方神明收歸於皇帝的支配與統治下，透過授予神明爵位等方式劃分等級，創造萬神廟，統御帝國臣民們的信仰生活。嚴禁「淫祀」正是這種政策的反映，表示人民不能祭祀皇帝不認可的神明，這正是王安石向神宗進諫「變風俗」的真正目的。

徽宗政府照例繼承了這個政策。政和三年（一一一三）完成的《政和五禮新儀》，內容詳細規定了國家祭祀到一般庶民喪葬禮儀、祖先祭祀的所有儀式而備受注目。《政和五禮新儀》是參考經書《禮儀》和唐玄宗時期頒行的《開元禮》，但過去從來沒有一個政權直接針對個別家庭套用相同標準。雖會依身分有質與量的差異，但基本上所有禮儀的規範皆訂定得十分詳細。而且，就在同一年，朝廷拆除了開封一千多處淫祠。

各地關閉的淫祠通常轉為學校或書院等文教設施之用，這種做法可在明代與清代的史料看到。

明代初期在全國統一設置「社學」，大多也是為了這個目的而草草興建。依個人親眼所見，共產黨政權也承襲了這個做法，將縣的城隍廟本殿轉為中學校舍。

因被壓制而受到矚目的淫祀邪教

新黨、亦即新學，積極授予各種神明廟額與封號，這種行為被道學批評為濫發。從之前章節程頤的發言即可看出，道學認定祠廟為「淫祀」的比例較高。不僅如此，道學家要求不能使用冠冕堂皇的名號，而應該直呼神明名稱。朱熹門人陳淳對授予泰山神「天齊仁聖帝」封號一事大肆批判，明太祖洪武帝接受他的主張，改稱「東岳泰山之神」。

如上所述，到了宋代，儒教新興流派之間對「淫祀」的打壓更加顯著。換言之，儒教對於過去從未放在眼裡的庶民信仰，不僅出手干涉，更企圖建立某種秩序。由於這樣的意志愈來愈明確，他們用文字記錄祠廟現況的方法也產生了變化。

宋代以前的史料即使使用了「社」這個字，也無法確認到底是不是儒教經學所認定的「社」。事實上，這些神很可能跟宋代以後被指為「淫祀」的神是同一個，祭祀方法也相同。不過，宋代史料對於這些庶民信仰、對於一般百姓以何種方法祭祀哪些神，記載得愈來愈詳細。由此可以看出撰寫史料的史學家對於這類祭祀很感興趣，只是他們的興趣與現代民俗學者、人類學者的參與觀察不同，而是從政治家、道德家的角度展開實質的禁止與打壓行為。正因為他們開始將庶民信仰視為打壓對象，史料才會使用「淫祀」二字。換句話說，直到此時「淫祀」才站上歷史舞臺。

在過去，禮的世界只存在於士大夫之間，現在也成為拘束百姓的規範。這個趨勢直到清朝末期，甚至是現在仍未消退。在此容我套用諾博特・伊里亞思（Norbert Elias）的書名來下註解，這是一個《文明的進程》（*The Civilizing Process*）。

同樣的事情也發生在比「淫祀」更惡劣的「邪教」上。邪教，邪惡之教也。相對於國家認定的三教，凡有危害政治秩序之虞的「教」皆為「邪教」，其中包含唐代認可的摩尼教。

宋代道學家固定用「吃菜事魔」來批評摩尼教，意思是不吃肉，專門侍奉惡魔。不過，根據最近的研究，這句話批判的不一定都是摩尼教。其實這四個字不過是一個標籤，只要找到汙衊對象，就將這個標籤貼上去，即使自覺不太合適，仍會為了政治目的使用，就像現在把政敵樹立成「全民公敵」一樣。

令人玩味的是，對儒教士大夫來說，「吃菜事魔」本身就帶有負面意思，他們無法置之不理。朱子學剛開始也被視為「吃菜事魔」，受到打壓。江戶時代日本幕府打壓天主教，當時曾出現模仿朱子學式的葬禮，卻被看成是天主教而被禁止。總而言之，革新者總是很容易遭到誹謗中傷。

為什麼朱子學會被抨擊為「吃菜事魔」？這是因為他們這些道學家過的日常生活與一般人不同，尤其服裝更為特立獨行。他們根據經書內容，身穿一身白衣，名為「深衣」。像是要展現給別人看似的，每次都一群人走在大街上，引人側目。他們宣揚結合理和氣的艱深理論，認為自己的主張才是唯一正確的孔孟之道，過去大家信奉的學說全都是胡說八道。在朝者無不擔心，要是這些道學家參加科舉考試中舉，進入朝廷培養勢力後，一定會危及既有體制。基於這個原因壓制其發展也是合情合理的事情。實際禁止朱子學的韓侂胄並不孤單，當時不少士大夫都曾當過幫凶，朱子學在初期被視為邪教，遭受強力打壓。

在此逆境之中，教祖朱熹之死對其信徒來說，是一種殉教。繼承其遺志的弟子們企圖力挽狂瀾，經歷一段與史彌遠政權維持微妙合作關係的時期，最後終於在上一章提及的淳祐元年（一二四一），成功地讓朱熹進入孔廟，成為祭祀對象。他們要驅逐的，正是過去的正統派儒者王安石。相信說到這裡各位已經明白，包括朱子學在內，道學的最大敵人就是儒教內部的異端邪說，而當時的體制派正是以王安石為核心的北宋新學學派。

教義內化與完整的喪葬禮儀

超脫的心靈教義——佛教盛行

我們先將時序倒回歐陽修那個時代。在那個時候，希望復興儒教的有志之士覺得最嚴重的問題究竟是什麼？他們認為唐代儒教有何缺陷？

這個問題的答案，就是教義中有關心性的部分。儒教的聲勢一直比不過道教與佛教（至少北宋的儒教改革者如此認為）的原因，是因為儒教無法徹底解決人心問題。不可諱言的，想要考取科舉、成為官僚，就要學習儒教經書。即使當官，也必須具備儒教的政治思想和統治手腕。但，僅僅如此而已。儒教並沒有告訴我們，身為一個人，如何解決在人類社會生存遇到的心理問題。強調「修身」的道教與「修心」的佛教，便趁著這個機會日益壯大。

相對於「修身」與「修心」，儒教提出的是「治世」一詞。隨著科舉官僚制度的成功，儒教身為政治學說的地位明顯比其他兩者優越。在政治實務上，道士與佛僧沒有插手的空間。不過，正因如此，對於儒教改革派的士大夫們來說，他們更應該從儒教立場回答心性問題。

禪宗與淨土信仰是佛教中強調「心」的兩大流派，實際上，宋代以後佛教幾乎被這兩者獨占。那些建構於唐代、極為精細縝密的佛教學說體系，無論唯識、華嚴與天台，其教義到了宋代幾乎沒有什麼發展。勉強撐得住場面的是天台宗在明州出了一位四明知禮大師。受到此背景影響，當時從日本入宋的僧侶，其目的不是為了學習，而是為了巡禮修行或擔任外交使節。成尋等僧侶來到中國，並不是來學習佛法，反而是來教育宋代的僧侶。

話說回來，中國佛教界究竟發生了什麼事？早在唐朝就出現了荷澤神會創設的禪宗、以善導大師為代表的淨土宗。禪宗後來在許多僧侶的努力下逐漸壯大，成為一個擁有許多流派的大型宗教組織。過去的佛教史研究著重在這一點，認為佛教（包括禪宗與淨土宗）在唐代已發展至巔峰。這種史觀也受到中國哲學界「唐代不振的儒教在宋代中興」的觀點鼓舞，形成宋代輕視佛教發展的趨勢。

但是，最近國內外的各種研究從新的角度檢視這種史觀。所謂新的角度不是只注重教義發展，還要考慮佛教身為宗教——或身為「教」——的發展態勢。事實上，宋代不論是禪宗或淨土宗，都吸引了更多虔誠信徒。從這個觀點出發，我不太贊成將唐代以前稱為「宗教時代」，以區隔宋代以後的時代。

禪宗內部分裂

如前所述，吳越國庇護了佛教。不只是吳越國，就連福建的閩國、四川的蜀國等朝野上下，也捐贈大量土地給佛教寺院，在經濟上優待佛教。由於這個緣故，這些地方的佛教寺院，到了宋代仍發揮強大的社會影響力。從這一點來看，這些經濟實力雄厚的寺院相當於經濟上的支配階級，難免給人一種壓迫庶民生活的感覺。但這也代表佛教對於庶民百姓，已成為日常生活的普遍存在。說穿了，六朝隋唐的佛教，其存在目的是為了鎮護國家，說得精準一點，是為了國家而存在。有別於此，經過五代到宋朝以後，佛教把對象擴大至平民百姓，逐漸轉化至為人民生活而存在的佛教。唐末以來的藩鎮政治衍生出地方分權的趨勢，使得佛教寺院與當地關係愈加緊密。最初是在宋太宗支持下，由國家出面印刷大藏經，但南宋以後，則是由蘇州與福州等地方寺院推動印刷事業。

天台山國清寺大雄寶殿（浙江省台州）　天台教學聖地也設有禪宗道場。

為了對抗既有的經典學說，主張「不立文字、直心見性、以心傳心」等理念，禪宗登上了唐代的宗教舞臺。雖然稱為「禪宗」，但與日本的宗派意識略有不同，他們強調自己是誰的弟子，突顯自己屬於某個系譜的「法門」意識相當強烈。「師資相承」雖是禪宗的理想，但通常師父都有為數不少的弟子，弟子們對師父教誨各有自己的理解，很快就會分裂。儘管同在禪宗門下，卻會一而再、再而三地分裂。比喻代代繼承燈火的「傳燈」象徵的正統意識，正是不斷分裂的反證。朱子學的道統論就是禪宗理論的脫胎換骨。

早在唐朝初期，禪宗就已分裂成北宗與南宗兩派，後來南宗系譜成為主流，臨濟義玄[5]更從中脫穎而出，擴大勢力範圍。北宋時，臨濟宗的黃龍派善用蘇軾、黃庭堅等人脈，在四川、荊湖與江西等長江流域一帶設立據點。蔡京的政敵張商英也是有名的支持者。

到了南宋，臨濟宗系統的楊岐派系得勢。特別是大慧宗杲與張九成同為主戰派，立場一致，關係相當好，在臨安郊外設置教團本部，短時間內大量增加士大夫信徒。後來不只秦檜以政治理由鎮壓，就連同為主戰派的朱熹也毫不留情地大肆批判。由此可見，當時臨濟宗學說的影響力，已經大到令主流派備感威脅的程度。

大慧的弘法特色是看話禪[6]或公案禪[7]。基本上，臨濟宗否定了曹洞宗系統的默照禪，亦即透過坐禪得到開悟的方式，著重在利用語言誘導參禪者開悟的方法。簡單來說，就是禪問答。公案的本義是在某個具體場合發言，後來把過去大師的發言視為引領教團成員開悟的珍貴共有遺產。再經過編輯，出版為「語錄」。透過「語錄」宣揚自家學說的做法，也被儒教的道學所接受。

順帶一提，日本榮西大師宣揚的是黃龍派系，但之後的臨濟禪僧皆為楊岐派系。從這一點不難看出，榮西大師是日本臨濟宗祖師這件事可能是虛構的，以「只管打坐」為會禪要訣的道元大師很明顯是曹洞宗的僧侶。

傾向道教的主流意識

與佛教的發展趨勢相同，道教也出現教團分權化與當地化趨勢。失去了唐代崇拜老子那樣的國家保障後，道教內部出現脫離政權、獨立發展的傾向。從道教進一步完善各種禮儀的行為，即可看出這個傾向。這些禮儀稱為「科儀」，其中有些儀式流傳到現在，仍是現代道士遵守的規範。道教從祈求皇室健康長壽、祈禱老子子孫治理的王朝安寧的「教」，轉變成為人民的息災長壽祈福，並透過這個方式穩定國家秩序的「教」。

宋朝事實上也出現了如真宗、徽宗一般，信奉道教、庇護道教發展的皇帝。他們將道教經典的編纂與刊行列入國家發展項目推動，真宗時發行了《雲笈七籤》、徽宗時出版了《道藏》。徽宗有一段時期十分信任道士林靈素，給予道教極大的權威。容我稍微岔開話題，簡單說明一下來龍去脈。

徽宗根據《政和五禮新儀》頒布全新禮制後不久，林靈素便進入宮中。他說了以下的話，抓住徽宗的心：「天有九層，最上層為神霄，由上帝長男神霄玉清王統治。皇上，您正是這個王，蔡京以下的大臣和后妃們全都是天上的神。」徽宗一聽，龍顏大悅，命人

在道觀舉行儀式的道士

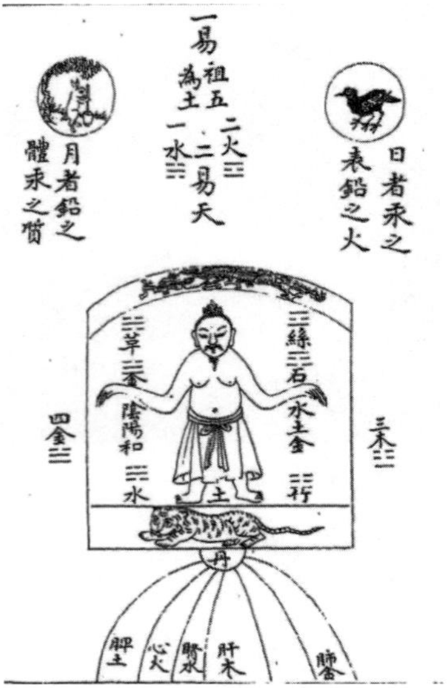

內丹之圖　收錄於《雲笈七籤》第七十二卷的《真元妙道修丹歷驗抄》之〈還丹五行功論圖〉（引自正統道藏）

在各地興建神霄萬壽宮，自稱「教主道君皇帝」。不只建設「道學」（與儒教流派無關）學校傳授道教，太學更將《老子》、《莊子》、《列子》列為指定教材。到了重和二年（一一一九），更下令將釋迦牟尼佛改稱「大覺金仙」、僧侶改稱「德士」、尼僧改稱「女德」，寺院改稱宮觀。這個做法強制佛教從屬道教理論，使佛教成為與「道教」相對的「德教」。

不過，林靈素在這一年失勢，佛教的各種名稱也在隔年恢復舊名。雖然推崇道教的趨勢沒有改變，但獨尊道教的現象猶如曇花一現。此外，同為重和二年（二月改元為宣和元年），徽宗照例參與籍田（耕田儀式），皇后親自親蠶（摘桑儀式），《政和五禮新儀》規定的各種儀式也按計畫實行。與其說徽宗是盲信道教，倒不如說他想統合三教，建構一個君臨其上的皇權體制。

就在這個時候，道教內部開始出現變化，王重陽創始的全真教誕生了。王重陽出生於徽宗治世下的政和二年（一一一二），全真教教團卻是在金的統治下成立，而非北宋，相關內容請見本系列第八冊《疾馳的草原征服者》細細說明。

在南宋，內丹道因有助於解決稍後描述的生者心理問題得到發展機會，道教修行者轉而以得道成仙為目的。得道成仙有兩個方法，一是使用仙丹妙藥，透過化學手段改造自己的身體；二是藉由精神統一，在心靈層面養成仙人。成仙的種子稱為「丹」，因此前者稱為外丹，後者稱為內丹。唐代以來，內丹與坐禪相通，透過身體技法進行修養。北宋初期，道士陳致虛撰寫《悟真篇》，以韻文形式闡述內丹的作法和境界，到了南宋開始流行。內丹派中的白玉蟾派採取類似儒教朱子學的戰略，他們讓儒教（道學）、佛教（禪宗）的教義脫胎換骨，變成自己的學說。同時應用書籍印刷術等新技術擴大影響力，在道教中站穩一席之地。

送別往生者的禮儀

唐代後期以後，無論佛教或道教皆積極關注人們的心理健康。這一點可從送別往生者的儀式與關心生者精神狀態兩方面看出。

關於葬禮，不但道教科儀有所貢獻，佛教也在中國本土化過程中，從民間習俗融入許多印度時期沒有的儀式，完備了整個禮儀。例如現在日本還有的七七日（四十九日法要）、祭祀祖先的盂蘭盆會（道教的中元節），追本溯源都是唐代早已存在的習慣。頭七、一周年忌日、三周年忌日等儀式，也起源於儒教經學。正確來說，是經書記載的傳統習俗。這些習俗後來被佛教採納，成為佛教儀式之一。隨著佛教普及，進而變成深入民間的例行儀式。或者說即使事實不是如此，歐陽修等儒教改革派卻認為這些習俗已是佛教儀式。不僅如此，埋葬遺體的方式之一「火葬」，也是因為佛教普及，才成為傳統習俗。從司馬光等人的告發、批判，以及根據史實所做的現代研究，足以證明火葬在宋朝十分盛行。儒教學者根據經學理論，認為這一點是最大的問題。用火燒父母的遺體，不是正常的孝子該做的事，他們認為人們都被佛教的邪說蠱惑了。

儒教學者為了對抗這些邪魔歪道，製作正確葬禮指南，致力普及。其代表作就是被視為朱熹寫的《家禮》。《家禮》依照婚喪喜慶記述相關短文，根據經書記載，融合當時風氣編寫而成。朱熹的名字有一定的權威性，在南宋末期產生某種程度的影響力，對於明清時代形成禮制系統有很大的貢獻。姑且不論實際的禮儀行為為何，但這些禮儀是理念上應遵守的規範，成為一種社會共識，具有強烈的約束力。無論如何，當年歐陽修的感嘆總算有了一個較為圓滿的結果。

禪學對於覺悟境界的追求

另一方面，生者的精神狀態又是如何？

身為一個人，我們為了什麼活在這個世界上？這個真實存在的問題，對於不知道哲學為何物的宋代人而言，恐怕想破頭也很難說出個所以然。做個好官，成為人上人，究竟有什麼意義？或者科舉落榜，是否代表沒有做人的價值？從漢代到唐代的儒教，都是透過讖緯思想侍奉皇權，從來不曾正面回答這些問題。

不，正確來說，過去曾經想要回答這些問題。儒家思想自古討論的「性說」，就是回答這些問題的初期嘗試。性說並不是討論性愛（sex）或社會性別（gender）的學說，而是對於人類本性的考察。孟子的性善說、荀子的性惡說、漢代揚雄的人性「善惡相混」說，以及性三品說等，漢代以後對於人類本性的議論，都是圍繞著這四種學說進行的。

唐代的思想主流是最後的性三品說，雖然西漢已經看出這個傾向，但宋代儒者選定韓愈作為這個學說的核心人物。此外，孟子等四人被認為是孔子學說的繼承人，而且神宗時還被新選入孔廟祭祀。不過，到唐代為止，以性三品說為中心的性說，與宋代的四說並稱，以及後來性善說取得勝利的爭論過程中，他們對「性」各自採取了不同態度。

話說回來，性三品說是一種將人分成上中下三種價值的政治理論。性善的皇帝透過教導普通人，懲罰性善的下等人等方式治理天下，這是性三品說適合漢代以後貴族體制社會的原因。不過，性善說至少在宋代人的理解中，是把人性問題與個人修養連結在一起。唯有掌握本性，才能檢視自己的內心，讓自己過得更好。

佛教的禪給這樣的爭論打下了紮實的基礎。淨土宗以「他力本願」（依靠別人完成自身成就）為主要學說，鼓勵人們期待阿彌如來佛的救濟，或彌勒菩薩的來臨，因此獲得不少百姓信仰。相對於此，靠自己的力量在官場生存下來的士大夫們流行修禪，追求覺悟境界。不可否認的，以出世為目的的禪修也很興盛，但大多數都以在家修行為主，這些在家居士跟隨適合的禪師參禪，期待獲得心靈的平靜。禪師們也積極關注天下國家的問題。不過，其關注方法與過去佛教那種鎮護國家的祈禱與咒術不同，他們想實現的是成為掌政者的諮詢顧問，擔任其精神支柱。我在前言提到的成尋的誤解，指的就是這件事。一個祈禱師的政治地位絕對比不上政治顧問。

淨土宗結合葬禮逐漸滲透民間，禪宗則透過坐禪與公案吸引士大夫的心。在教理上也不斷深化，甚至吸引日本學僧遠渡重洋到中國學習；不過，禪宗並不注重經典注釋，所以教理的意義與過去的佛教不同。這也是榮西再次入宋的原因。反過來說，亦為鎌倉佛教中，修習天台系統法華理論的日蓮、淨土系統的三大祖師（法然、親鸞、一遍）沒有入宋的必要。法然只要尊崇唐代的善導大師即可，但榮西不能只讀臨濟義玄的語錄修行。當時禪宗在宋代正值高度發展期，「只管打坐」的道元禪師更需要學習宋代的禪學。幸虧其他僧侶將禪學典籍與道學家的作品一起帶回日本，才能帶動日本的佛教發展。

新學也並非沒有透過性說探究人的心性問題，但其學說體系將重點放在有助於促進政治系統與制度的「教」，因此無法提出比禪更吸引人的理論。道學便是積極探究人性問題，取代新學滿足人們需求的學說。道學將自己定位在一方面對抗儒教內部偏重政治的傾向（新學），另一方面取代佛教的心性學說（禪）。不僅如此，道教還積極發展代表身體理論的內丹術，不斷深入南宋道學的士大夫階級。

道學使孟子的性善說脫胎換骨，不再是王者教化的言論，而是個人修養的教誨，成為道學性說的議論核心。一般稱之為心性論，在哲學領域上是近代以來的主要研究對象。無論如何，這只能代表他們很重視立論基礎，不將其當成思考的目的。追根究柢，信奉儒學的儒家們想達成的目標是天下國家的安寧，個人的內心層面不過是與社會連結在一起。換句話說，哲學不過是政治學的基礎罷了。

話說回來，我們該如何理解道學的形成與滲透過程？這個問題正是下一章的焦點。

簡明中國思想文化史

●神話傳說時代

三皇五帝（伏羲、女媧、神農／黃帝、顓頊、帝嚳、堯、舜）……太古傳說的帝王，儒教塑造的理想君主形象。

三代（夏、商、周）……儒家思想中，理想的黃金時代。

周室東遷（西元前七七〇年）春秋戰國時代的開始→進入諸侯對立時代。

● **諸子百家** 時代——**儒教成立**

- 儒家（孔子、孟子、荀子）……根據古代帝王制定的正統「禮制」，以恢復理想政治社會秩序為目標。
- 墨家（墨子）……主張兼愛、節葬、非攻，與重視血緣與名分的儒家相抗衡。
- 道家（老子、莊子）……認為「道」是宇宙的根本概念，主張順應道的處世術。

漢代後，還追溯法家與名家等流派，予以正名。

秦始皇統一天下（西元前二二一年）→思想文化的統一政策

實行焚書坑儒政策（極可能是受害儒家的誇大說詞）

西漢：初期的統治手段以無為而治的黃老思想占優勢，後來 法家 官僚（酷吏）受到重用，實踐嚴格法治。

→國家統治重視「法」的流派。

隨後儒家官僚參與政治（西元前一世紀）。

王莽為了建設理想的儒教國家篡位，建立新朝（西元八年）。

東漢：根據儒教教義建立國家體制→成為唐代為止的規範

●三教並立時代

佛教傳入（西元前一世紀）

道教教團形成（西元二世紀）→ 進入「三教」並立時代

魏晉南北朝：南北分裂下思想進一步深化 → 隋朝統一

唐：玄宗時的安史之亂（七七五）動搖體制

→ 國家變質（唐宋變革之始）

東亞固有佛教（禪與淨土信仰）普及

道教教團改編與禮儀體制化

儒教排斥異端論（韓愈）

●朱子學的時代

北宋：（前半）模仿唐代

（後半）儒教思想革新

南宋：儒教完成了朱子學

道教成立新興教團（在金朝境內）、普及內丹術

佛教的禪宗興盛

元：統治階層認同思想多樣性 → 三教融合的傾向

明：朱子學獲得特權 → 道教、佛教在教義上出現儒教道德化

朱子學內部的教義爭論促使 陽明學 誕生

→反對朱子學分開看待性與心，重視連結日常倫理的人格陶冶勝過概念性、分析性的知識。

耶穌會會士渡海入明、穆斯林知識分子（回儒）的活躍 → 科學思想興盛

清：在滿州族統治下完成禮治系統 → 普及於鄉里層級

考證學興起 → 批評朱子學、陽明學的觀點理論

春秋公羊學再次興起 → 批評舊體制

●西洋思想時代

西洋思想從日本傳入中國 → 打破異民族統治、打倒帝政的革命運動

中華民國：列強侵略下，民族主義意識高漲 → 五四新文化運動（一九一九）

受到一九一七年俄國革命影響，馬克思主義入侵 → 中國共產黨成立（一九二一）

過度歐化的格格不入與創造「中華傳統」→ 現代新儒家（一九二〇年代～）

中華人民共和國：共產黨政權的政策

毛澤東思想時代（一九四九～七六）與改革開放路線（一九七九～）

東歐革命、天安門事件（一九八九）後，儒教成為「中華民族」的文化核心，被重新評價。

「中華民國」（＝台灣）：擁護儒教政策（產生對抗共產黨意識），台灣本土化與「全球化（globalization）」引起的社會質變。

註釋

1 日本江戶時代後期幕末至明治初期的啟蒙家、教育家。江戶幕府將軍德川慶喜的政治顧問、明治貴族院議員。

2 【編註】在日文中可做動詞使用，但在華文世界無此用法。

3 日本明治天皇頒布的教育文件，其宗旨成為戰前日本教育的主軸。

4 一八九一年一月九日，內村鑑三在其任教的第一高等中學的教育敕語宣讀式上，因未對天皇親筆簽名致最敬禮引發「不敬」爭議，遭受各界撻伐，也因此被迫離職的事件。

5 唐代禪宗高僧，名義玄，因居臨濟院，世稱臨濟義玄，為臨濟宗的開宗祖師。

6 修行者把自己的念頭集中在一句話，或一個問句上，觀察自己內心，之後升起疑情，在打破疑情之後，由此得到開悟。

7 公案意指禪宗祖師的一段言行，或一個小故事，通常與禪宗祖師開悟過程或教學片斷相關。希望參禪者如法官一樣，判斷古代祖師的案例，以達到開悟。

第六章　士大夫精神

先憂後樂

第二章已經介紹過慶曆改革領袖范仲淹的「先憂後樂」精神，沒有任何字比這四個字更能確切表現出宋代士大夫的理念。

為萬世開太平

當然，這不過是理念而已，並非每個士大夫都這麼偉大，本書也不打算讚揚過去。美化歷史人物的工作交給小說家和編劇即可，研究學者們的任務，是阻止那些創作被當成史實，在學校教育中傳授給青少年。學習歷史不是閱讀偉人傳記，就連范仲淹也不是完美無缺的正人君子。

話說回來，將先憂後樂的精神當成理念並發揮作用，這件事本身具有非常重要的意義。士大夫的使命感是正確教導百姓，唯有先完成這個使命後，才能考慮自己的快樂。既然如此，他們該如何完成使命？

范仲淹有個朋友叫做張載，外界有時將他視為范仲淹的門人。他是程氏兄弟的親戚，對於程氏兄弟的道學形成有很大的貢獻。不過，他也是被朱熹捧成道學創始者之一，朱熹曾說張載說過「為萬世開太平」這句話。相信日本人應該記憶猶新，一九四五年八月十五日中午，日本天皇向「大日本帝國」全體「臣民」親自宣讀的投降詔書中，就有一句被漢學者改成「為萬世開太平」。

話說回來，「為萬世開太平」這句話在現存史料中，只能在朱熹與呂祖謙共同編著的《近思錄》裡找到，沒有其他證據證明張載曾說過這句話，因此我才會用「朱熹曾說張載說過」如此奇妙的說法來形容。朱熹這位「偉人」時常捏造事實，所以不能全信，我們暫且相信的說法，這句話在朱子學中頗受重視。「為萬世開太平」指的是為萬世後代開啟安寧與和平的時代，表現出心懷未來、治理現在的宏觀氣度。宋代士大夫的心中一直有——這麼說似乎又有「美化」嫌疑——這種以天下為己任的態度。

他們能對未來如此充滿信心，與第九章描述的經濟榮景脫不了關係。告別到目前為止的黑暗時代，重現太古的黃金時代，這樣的氣度不只存在於程氏兄弟創始的道學，王安石父子的新學與蘇軾兄弟的蜀學也具有同樣的精神。從這個意義上來看，擺脫大唐帝國桎梏的慶曆年間（一〇四一至四八）可說是分水嶺。對於「復古」的構思，新學有新學的態度、道學有道學的想法。只是因為新學的計畫先出來，於是道學便參考新學，有時贊同、有時批判，逐步建構自己的學說。接下來，我們先從新學，換言之就是從新黨政權的政治構想開始看起。

新學的政治構想

第三章已經說過，王安石改革的特徵在於滴水不漏，嚴密的制度設計，其基礎是他對《周禮》等儒教經典獨特的深刻解讀。各項新法是以相傳為周代的政治制度、財政機構為參考範本，融合宋代現況建構而成，可說是唐宋變革最引人注目的改革。如果新法政策可以永續實行，我們或許也能想像中國社會像西洋史一樣，順利進入近代社會。道學是使這個理想無法實現的原因，道學當然不會從這個角度承認自己的錯誤。他們認為北宋失去榮景的原因，在於引起靖康之變的徽宗與蔡京組成的無能政府。但，真是如此嗎？

靖康之變究竟是徽宗政府諸多政策下的必然結果，還是純粹的偶然？我們很難判斷這一點。不過，若是為了替這個結果尋找代罪羔羊，我們絕對看不到徽宗時代的真實樣貌。了解歷史，除了必須具備從現在回顧過去的眼光，追溯當事者的行動，並從過去回到現在。如此，我們才能解答「當時為什麼會這樣？」這個問題。

王安石的目標是在中央政府的指導下，建構一個滴水不漏的社會秩序。第三章介紹的諸多新法、前一章介紹的宗教政策，都是按照他自己理解的太古聖人的想法，以恢復過去的黃金時代為目的所實施的具體政策，他參照的基礎經典是《周禮》。

儒教經書幾乎都存在著一個問題，那就是來路不明，其中以《周禮》最為明顯。至少《周禮》從未出現在《史記》上，據傳它是被地方的王發現並獻給皇帝。西漢末年，劉向、劉歆父子在整理宮廷藏書閣時發現《周禮》，將其分類在禮書之列。最初這本書稱為《周官》，東漢末期的鄭玄認定其為所有經書之首，定名為《周禮》。《周禮》模仿宇宙秩序，設天地春夏秋冬六個主要官署，還有其下屬機關約三百六十個官職，與天人感應說相互輝映，使人們認為這是皇權應有的形式。

漢代的官僚機構與《周禮》似像非像，到了魏以後，《周禮》成為各王朝的制度典範，終於在北周完全實現了六官制。唐代的六部制也承襲了這個體制，玄宗的《大唐六典》是這個理想最完整的形式。王安石退出政壇後，神宗主導的元豐改制想要簡化唐末以來疊床架屋的行政機構，重新恢復六典職稱。《周禮》建構了龐大的官僚體系，想要運用這個體系，需要培養大量具有實務能力的官員。王安石希望科舉選拔出來的人才，必須具備實務能力。

重建太學與設置州學

為了進一步解說相關背景，讓我們將時間拉回慶曆改革的時候，也就是西元一〇四〇年代。范仲淹為了培養優秀官僚，不只修訂科舉考試，更積極充實學校制度，他的具體做法就是重建太學與設置州學。

太學是設置在首都的帝國大學，也是漢代儒教國教化的象徵。東漢末期成為抗議宦官專權的學生運動據點，招致強烈鎮壓，這就是知名的「黨錮之禍」。後來的歷代王朝雖然仍設有太學，打著培育人才的旗幟，但是否真能發揮功能，還要看執政者的關心程度。范仲淹為有名無實的太學注入新思潮，積極培養學生們先憂後樂的精神（嚴格來說，他的《岳陽樓記》是慶曆改革後的作品）。

當時他重用胡瑗。胡瑗過去一直在蘇州州學執教，因引進新的教學方法受到各界歡迎。他的教學課程分為兩部分，分別是經義齋與治事齋。前者根據經書陶冶人格，後者傳授實務的必備知識與技能。他以「體」與「用」區分兩者，「體」指的是本體，亦即學問基幹；「用」指的是實用，也就是學問的作用、效用。胡瑗教學方法的新穎之處，正是結合儒教經學與政治實務，這一點也是時代所需。

這裡的經學，與過去注疏之學注重的名物訓詁不同，更重視個人主體性的涵養，這也是人們經常強調宋代儒教自由學風的濫觴。不過，第八章還會談到，他們並非完全排斥名物訓詁之學。在根據經書學習做人的生存方式時，正確解釋經書文言的意思仍是相當重要的工作。胡瑗沒有採用禪宗那樣的以心傳心，或因某個偶然機緣，突然獲得領悟的觀點。基本上，他認為應透過聖人留下的文本，追溯聖人教誨，實現人格陶冶的目的。有鑑於此，解讀經書是他的新經學必須做的工作之一。

范仲淹等人的新儒教並非來自於個人獨創的「哲學」，而是在經學範圍內解讀經書產生的。他們透過提出與過去不同的解讀——其主觀認定原本的正確解釋——闡述新思想。

君主形象的變化

最具代表性，也最被外界津津樂道的例子，就是《尚書‧洪範篇》中，對於「帝」這個字的解釋。《尚書》又稱《書經》，是堯舜以來聖人們的政治紀錄。〈洪範篇〉是殷周革命後，殷朝王族箕子向周武王說的話。實際上是戰國時代的作品，將政治要訣分成九個範疇，俗稱「洪範九疇」。話說回來，當初在翻譯英文「category」時，日本教育家西周將「洪範九疇」簡化成範疇，作為英文「category」的日語翻譯詞。

〈洪範篇〉開頭提到，「帝」賜大禹九疇，過去一直將這個「帝」解釋為天帝，九疇的意思是洛水（流經洛陽市區的河）出現的神祕現象。不過，胡瑗否定了這些解釋，他認為「帝」是大禹事奉的帝堯。換句話說，到唐代為止的儒教認為「九疇」代表天帝賜天命之意，但胡瑗將其解讀為堯傳舜、舜傳禹，王者之間的皇權轉移（禪讓）。如此一來，讖緯思想所說的易姓革命理論，被轉化

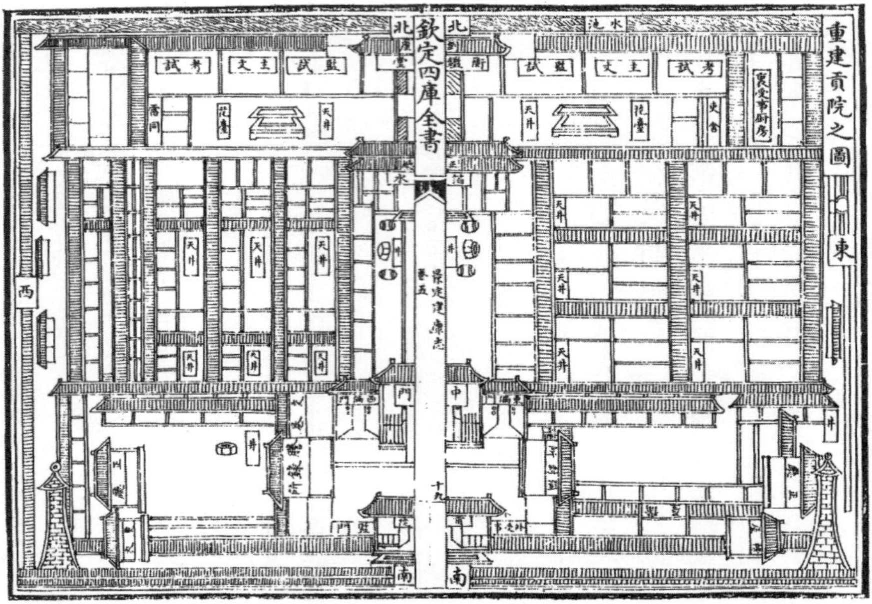

科舉考場 引自《建康府志》，出自《景印文淵閣四庫全書》第四八八冊，史部。

成讚頌有德者統治天下之意。

基本上，宋代新興儒教的各個流派皆如此認為，甚至對於堯舜的讚揚已經到了氾濫的程度。無論是王安石或程頤，都強力建議他們事奉的皇帝，以堯舜為榜樣治國。他們找出漢代和唐代皇帝們的各種缺點，指出這些皇帝已無法成為榜樣，勸諫王者必須具備嚴格的理論觀念。同時強調經書中的誠意、正心、修身等德目，是皇帝與士大夫都要擁有的特質。總而言之，皇帝與士大夫本質上是相同的，必須具備同樣等級的倫理道德。直到唐代為止，正確來說是到宋真宗為止，那樣的神聖王權思想已不再受到青睞，這個時代需要的是哲人王[1]。科舉官僚希望自己服從的不是高高在上、君臨天下的君主，而是一個與自己本性相同的人，一起遵守同樣的倫理規範與行動準則。對王安石來說，皇帝也是國家官僚體系的成員之一。有學者認為，這個構想早在歐陽修的時代就已出現。

既然如此，君主與一般官僚又有什麼差別？這就是與以往觀念稍有不同的天命論。

發現天理

「天變不足畏」——當外界將彗星出現與蝗害發生歸咎於是老天對自己的施政失敗所發的怒氣，王安石不僅沒有退卻，反而說出這句話為自己辯護。他說的或許沒錯，像王安石這樣大膽的人，說出如此天不怕地不怕的話，一點都不奇怪。不過，若因此就認為王安石要完全斬斷自然界現象與人類政治之間的關係，未免過於武斷。

貫穿天人之「理」

之所以出現這樣的觀點，是因為學者想將王安石定位為符合西方意義的近代理性主義者。朱子學直到清末都是朝廷尊崇的教育體制，如果說中國發展的停滯與沒落是朱子學統治體制下的現象，該負起責任的朱子學，就是帶領中國走上錯誤道路的元凶。由於這個緣故，清末以來的主流言論，將未能實現的中國近代化夢想寄託在王安石身上，把他比喻為近代西洋政治史的知名人士。尤其是毛澤東（一八九三至一九七六）晚年的歷史認知，認為中國思想就是一部儒家與法家的鬥爭史，肩負起火車頭的角色，亦即正義的一方，往往是後者法家思想。因此王安石被推舉為法家思想的重要人物，形塑成對抗儒家典型朱子學的英雄。無論哪個時代或哪個國家，執政者都有一批御用學者，這些學者附和毛澤東的觀點，從唯物史觀的立場建構出極盡美化之能事的王安石形象。王安石成為一位為中國近代化努力奮鬥，勇敢反抗保守勢力，最後落敗的悲劇英雄。

但是，王安石的真正樣貌與此顯然不同。王安石並不強調天人分離，相反的，他深入研究以天為代表的自然界原理，據此思考人間應有的秩序。「自然」一詞經常出現在王安石和與他思想接近的學者們的文章裡。他們努力想從中找出一貫的法則，這個法則稱為「理」。

王安石政權的主要閣僚之一沈括，寫了一部隨筆叫《夢溪筆談》。從近現代的眼光來看，他是公認的宋代第一科學家。《夢溪筆談》確實有許多從「科學」立場探究自然界原理的內容，不過，這個探究的基礎來自於與西洋近代思維不同、對於「自然之理」的信任。自然界不是第三者、也不是觀察對象，而是從中找出世間規範的探究對象，在探索知識的領域裡占著相當重要的樞紐地位。事實上，宋代出現的各種技術革新都是在與西洋近代科學不同的思維邏輯中，在貫穿天人的「理」的前提下出現，這些技術革新留待第七章詳細介紹。

重視內心問題的儒教教義——道學

道學從人的更深層內在強調上述問題。這正是我之前說過「道學是為了對抗新學而形成」的道理所在。王安石的新學確實志在探究自然界與人間，用他們的說法就是貫穿「天」與「人」之間的「理」。基於「理」的制度，亦即「法」的施行，實現完整的社會秩序，使人們得到幸福。「理」如果只在人之外考究，便無法告訴為政治社會秩序訂定規範的我們為何存在，亦即無法對西方人常說的主體（subject）定義存在的意義。當然，新學也想以自己的方式解答這個課題，但一個好官想服務整個秩序，不可能讓所有人都滿意。恐怕當時許多心思細膩的人早已發現，這個狀態很接近西方所說的疏離（estrangment）。於是大聲疾呼：「維持秩序的根源不是『法』，而是『心』！」「佛教禪宗的流行是因為關心人類內在的精神與心靈，相較於此，我們儒教又做了什麼？」誠如前章所述，關注心靈問題的儒教學說「道學」，就在此時應運而生。

道學強調的是「天理」。程顥曾自豪地說：「我的學說都是繼承前人的，只有『天理』二字是我自己領悟到的。」這個概念是道學的賣點，也是主打特色。「天理」原本是《禮記・樂記篇》中與「人欲」相對應的詞彙，事實上，朱熹也總是說「天理人欲」。但到了北宋中期，王安石政權的全盛時期，程顥、程頤兄弟創造出「天之理」的概念，在思想史上具有重大意義。

這麼說的理由是，「天之理」的概念成功地將上一章提及自古以來的性說，提升至更精緻、更縝密的理論。《禮記・中庸篇》開頭便說「天命之謂性」，將這句話的「性」解釋為「性就是理」，樹立起天與人的一貫性，也就是天人合一的思想。「性就是理」的原文為「性即理」。

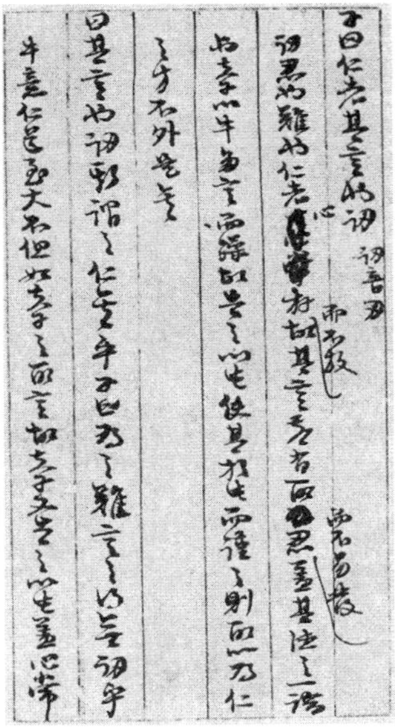

朱熹草書《論語集註》殘稿　京都國立博物館收藏品。

總而言之，「天命」就是「理」，化為「性」賦予我們的內心。正因如此，性為善。我們每個人天生具備善的資質，無法發揮善性不是任何人的錯，純粹是因為我們自己有問題。只要我們察覺善的資質，努力用正確的方式讓自己回到善的位置，就能實現原有的、普遍的「理」的世界。程氏兄弟的學說就是透過全然信任天理陶治內在，以這種方式回答「心性」問題。他們依據的是《孟子》的說法，但身為歷史人物的孟子，卻沒有如此談論過「理」的問題。中國將以朱子學和陽明學為主、橫跨宋金元明的儒教思潮稱為「宋明理學」，以區隔前後的時代。對於任何事情都要說出個道理才肯罷休的宋代人，從儒教中誕生「理學」，可說是宋代世界觀的產物。

程顥與神宗同年逝世，也就是說比王安石早走一年，於元豐八年（一〇八五）撒手人寰。哥哥死後，弟弟程頤出面率領這股新勢力。比起哥哥程顥，弟弟程頤才是道學學派的創設者。程頤吸收早已去世的親戚張載和忘年之交邵雍的門人，使自己的勢力在學界與官界站穩一席之地。我在第三章提過元祐更化時期，程氏兄弟與蘇軾兄弟的不和情景。兩派的鬥爭不只是新學與蜀學的理論戰爭，還有人際關係的恩恩怨怨，到了南宋，道學開始在在野士大夫之間產生極大影響力。將靖康之變的責任歸咎在楊時身上，不僅是批判新黨的政治戰術奏效，也因為道學的理論內容具有吸引地方士大夫的特質。道學舉出儒教經學《禮記・大學篇》的三綱領八條目（亦稱三綱八目），強調新學學說的瑕疵，與道學之間的差異性。

宗族形成運動

新學的基本立場是獨霸朝廷中樞，透過穩固的政治體系與掌控教育機構的方法，建構中央集權體制。新學必須在權力庇護下才能發展，這是其本質上的缺點。正因如此，南宋時受惠於秦檜這類偏新學的執政者，新學才得以衍生新論點。

獲得士大夫階層支持的道學

相較於此，道學是為了對抗新黨政權勢力而產生的，最初原本就是一股在野運動。元祐更化時，程頤是皇帝的侍講，受到重用；靖康之變前後，楊時也在政界呼風喚雨，但道學本來的地盤是在朝廷之外。道學之所以能在南宋蓬勃發展，就是因為受到士大夫階層的廣泛支持，這堅強的後盾也使得朱子學獲得最後的勝利。

道學獲得地方士大夫——若按個人以「士大夫」稱官僚、以「士人」代表官僚二軍的習慣用語，應該是「士人」——支持的理由，在於強調三綱八目。

《禮記・大學篇》是宋代以後突然受到注目的教學經典。〈中庸篇〉由於是性說論的基礎，自六朝時代就經常被單獨討論。與此不同，〈大學篇〉與其主要論題三綱八目特別符合宋代人的想法，道學可說是建構在《易》的形而上學、〈中庸篇〉的性說，以及〈大學篇〉的三綱八目之上。

三綱指的是「明明德」、「親民」、「止於至善」。程顥與朱熹陣線皆認為第二項「親民」的

「親」為「新」的誤植，所以應該解釋成「新民」。八目則是個別的具體實踐法，分別是格物、致知、誠意、正心、修身、齊家、治國、平天下。在此容我不詳細解說，但這個順序代表了確立自我主體性，肩負起建立社會秩序之責的過程。

話說回來，與大多數儒教經典相同，〈大學篇〉也是以執政者為設定的實踐主體。狹義來說就是君主。君主若是品格高尚者，自然能逐漸感化身邊的人，最終成為君臨天下的王者。戰國時代末期出現一股期待王者降臨的風潮，〈大學篇〉的八目就是在這樣的背景下形成的「成為王者的八大條件」。不過，道學將這八目解釋為教育一般士人的學說，范仲淹的先憂後樂精神，便是士大夫對此學說的親身體現。道學把人與生俱來的明德視為天理的同義詞，明曉自身本性的善德後，才能為天下國家所用，「天下國家」詞彙來自八目最後三條（齊家、治國、平天下）。這是每個人責無旁貸的責任與義務，也是身為人應有的生存之道。道學在這一點上展開了前一章所述的兩面作戰，亦即對佛教禪宗與新學宣戰。道學提出的論點是禪宗逃避社會責任，新學忽略自我修養。

學界至今無法確定道學是否一開始就有這樣的意圖，但對於八目的關注等於是給地方士大夫一條明確的人生之路。最理想的人生之路就是以優秀成績考取科舉，輔佐皇帝，治理天下國家。以范仲淹《岳陽樓記》的「居廟堂之高」來形容最為貼切。不過，現實問題是，這樣的人物少之又少。大多數士人終其一生都沒考上科舉，這樣的士人是否就對社會毫無貢獻？若真如此，他們的人生未免過於悲慘。「處江湖之遠」難道就不能挑起治國、平天下的重擔嗎？八目的最終目標雖為治國、平天下，但更重視過程。它教育士人修身、齊家是治國、平天下的基礎，在這個基礎上發揮作用的，是重視男系血緣的組織「宗族」。

宗族團結

宗族是由宗法統治的家族組織。儒教經書認為，嚴格縝密的宗法體系是周代封建制度的基礎。本書不深究當時是否存在宗法體系，但至少可以從這一點看出，對於置身儒教內部討論議題的人而言，宗法確實存在於過去的理想時代，這是不言自明的理論前提。

紫褐色羅鑲花邊單衣　從福建省福州市南宋黃昇墓出土，當時精英階層的衣服。考古學家在黃昇墓發現大量染織品，顯示地方官豐富的衣著文化。

宋代隨著科舉官僚制度的完善，在當權者之間產生了一股不安。那就是宋代不存在支持王朝的世族。相傳太宗聽到奝然自豪地談論日本公家，忍不住感慨萬千，從這個小故事便可看出皇室的憂慮。無論是慶曆新政的領袖范仲淹或歐陽修，兩人的父親很早就亡故，正因如此，他們很重視宗族團結。范仲淹為了扶持自己的宗族，晚年在蘇州設置「義莊」；歐陽修則是編纂「族譜」，釐清本族的血脈傳承。這些作為不只為後代子孫積累在官僚社會生存的資本，更立志建構一個支撐王朝體制的組織。此外，蘇軾的父親蘇洵也曾編寫自己的族譜。

程頤與張載也強調宗族的必要性，他們認為宗族是將儒教的婚喪喜慶儀式普及社會的根基。司馬光撰寫《司馬氏書儀》作為

家廟（福建省泉州市郊外）　宗族團聚祭祀祖先的設施。

治理大家族的典範，規定婚禮與喪禮的各種細節禮儀。他們想要強調宗族是恢復正統古禮不可或缺的推手，但這個做法與王安石想要建立由上而下的社會秩序完全相反，為他們的社會思想帶來不同方向的主張。他們主張由下而上，也就是從家、地方開始建立社會秩序的基礎，穩固王朝統治體系。

事實上，宋代並不存在宗族。正因如此，他們才要強調宗族的必要性，以各種形式宣揚各種典範。他們的努力也獲得了廣泛支持。從私心面來看，宗族是使自己家族獲得穩定社會地位的策略，從公眾利益來看，又可根據古代禮制，對維持現在的社會秩序做出貢獻，種種原因讓整個社會對於宗族愈來愈關注。宗族原本就不存在，從現代的眼光來看，宋代的這個動向可說是宗族形成運動。

前章介紹過朱熹的《家禮》，這本書讓當時逐漸形成的宗族，在舉行婚喪喜慶時有了依據。《家禮》主張「不做佛事」，這個觀念頗受追求純粹儒教（他們想像出來的儒教型態）的士人階層肯定。正因為實踐《家禮》規範的人屬於少數，所以做這件事便能獲得與維持強大的社會威信。許多士人傳記都會特別強調「按《家禮》規範舉辦葬禮和祭禮」，就是為了讚揚他們。話說回來，會特別強調也就代表這麼做的人很少。舉例來說，會有人在現代日本的人物傳記裡寫到「他寄出了服喪期間不便寄送的賀年卡」嗎？如果正月前三天（過年期間）都安靜地待在家裡，比較可能因「遵守服喪禮儀」而被外界傳頌。原本該做的事情，大家卻沒那麼做，才顯得「該做的事情」特別。多虧有宗族這個媒介，儒教規定的葬禮與後來的祭禮才能逐漸深入民間。

這一點也被解釋為八目中的「齊家」。朱熹在《大學章句》裡極力鼓吹這樣的主張，由於天下秩序是由各個宗族構成，因此身為家族之長率領全族，亦對社會有所貢獻。話說回來，誠如先前所說，這些都是想像中的現實。事實上，朱熹在世的時候，（像清末那樣的）宗族社會根本不存在，國家法制上也不會假設宗族存在。從王安石的統治體系構想來看，宗族是擾亂社會秩序的重大原因。但若站在地方士大夫的立場，他們認為「自己有助於團結宗族」，這個想法給他們安身立命的歸屬感，從而感到滿足。繼續讀下去就能發現宗族在實際利益上的貢獻，但是，為什麼要使用「宗族」這個稱呼？為什麼會形成重視男系血緣的組織？因為這些規範都能在儒教經書中找到。換句話說，他們從不存在的存在中找到了利用價值，而且無須感到愧疚，甚至可以驕傲地高談闊論。南宋以後的宗族普及與朱子學的勝利，其實是一體兩面的關係。

科舉扮演的角色

科舉一千年的歷史分水嶺

探討宋代士人的心性——此「心性」非儒教用語，而是mentality（心理狀態）的意思——時，科舉是最大的問題。士的存在意義就是成為官僚居於人上，宋代的科舉制度讓這件事變成可能。

《觀榜圖》（台北故宮博物館收藏品）　科舉考試放榜光景。

同是父親早逝，由母親和母親身邊的人（娘家或再婚的丈夫）拉拔長大的范仲淹與歐陽修，都是考取科舉，成為進士，才成功進入官場，最後成為士大夫的領袖。他們的經歷最能突顯科舉的權威性。范仲淹的政敵呂夷簡、歐陽修批評的駢文家楊億雖為守舊派人物，但他們都是考上科舉進入官場的新進官僚。

唐代科舉允許事前請託，通常考生會將自己平日做的詩詞文章進呈給考官，推銷自己。宋真宗時期禁止事前請託，考官只能依憑匿名的考卷打分數。到了歐陽修擔任考官的嘉祐二年（一〇五七），科舉考試要求以古文作答，一直學習駢文寫作的考生群起反抗，造成不小騷動。不過，蘇軾、蘇轍兄弟以及張載、呂惠卿等後來挑起時代大樑的諸多人才，也都在這次一舉中第。這次科舉為慶曆改革開創的時代帶來決定性的改變。

接踵而來的是王安石的改革。熙寧三年（一〇七〇）是科舉實行一千年的歷史分水嶺。隋代以來將近五百年，科舉考試重視詩賦的傾向，改成以經義（經書的解釋）為主。隨後，元祐更化再次恢復以詩賦為主的路線，南宋時期兩者並存，但元明兩朝延續王安石的方針。嚴格來說，並非繼承王安石路線，而是贊同王安石路線的道學（亦即朱子學）獲得勝利。元祐更化時，司馬光基本上支持王安石的方針，是蘇軾主張恢復詩賦。蘇軾與程頤之間的不和，從這一點即可看出。

經義出題的經書分兼經（必修科目）與本經（選修科目），必修包括《論語》與《孟子》；選修則是從五經（《易經》、《書經》、《詩經》、《周禮》、《禮記》）中擇一。經義之外還有論歷史人物與事件的「論」、針對時事問題闡述諫言的「策」。這種形式經過微調後，由朱子學繼承。在必修科目追加〈大學〉與〈中庸〉，以《春秋》取代選修五經的《周禮》，恢復舊有形式。自此，四書成為必修科目。

考生必須熟讀四書五經，尤其是四書。到了明代，考生除了通曉四書之外，在五經中擇一熟讀即可。話說回來，雖說四書是必修科目，但每次只出三題，並非四書全出，因此大多是從〈大學〉或〈中庸〉擇一出題。直到清乾隆年間（一七三六至九五）受到考證學影響，五經全為必修科目，才改變之前的形式。

熙寧年間的科舉改革還有另一個重點，那就是完善學校制度。科舉改革延續范仲淹的方針，設立地方學校，原則上只有學校學生才有資格參加科舉。徽宗時代完成了先前提過的三舍法，配合科舉改革，學校教學重視經書解釋，王安石連教科書都準備好了。王安石、王雱父子親自撰寫《周禮》、《尚書》與《詩經》的經書注疏，並將這項工作當成國家政策推動，發送各地學校，是為《三經新義》。除此之外，王安石也寫過許多書籍注疏，繼承其意志的新黨也出了許多注釋家。北宋末期，從哲宗親政到徽宗時代，這些注疏都被指定為官方參考書。道學家也從他們的立場撰寫注釋，但南宋後期道學系統的學者在藏書目錄所占的比例不高，新學的影響力由此可見一斑。

科舉考生必讀書籍

朱熹透過精密且具系統性的文字注釋經書，其弟子再進行二次注解——按照六朝隋唐的說法稱為「疏」——使得朱子學的注釋書奪下科舉考生必讀書籍的寶座。此舉等於宣告了新學死刑，失去市場的新學系統注釋書不可能再版，遭到淘汰，逐漸消失。元代和明代由官方指定使用朱熹寫的注疏，確定了最終的勝利。清朝考證學讓漢代經學重新回到朝堂上，將這些舊有注釋稱為古注，朱子學稱為新注，兩者互相對立。介於兩者之間的王安石學派卻被大家遺忘，幾乎不再提起。但是，朱子學全盛之前，新學也曾風靡一時，我們絕對不可忽略這項歷史事實。

於此同時，道學內部也在建立獨尊朱子學的立場。被視為程氏兄弟的接班人、靖康之變前後活躍朝堂的楊時與胡安國去世後，張九成和胡宏共同擔起發揚道學派的責任。但朱熹批判他們的學說，提出道統論，對外宣稱自己才是道學正統。到張九成和胡宏掌權為止，周敦頤與張載並非道學派的核心人物。朱熹與呂祖謙於淳熙三年（一一七六）編纂《近思錄》，收集並分類周敦頤、程顥、程頤、張載等四人的文章和語錄，深深影響了全天下的讀書人，成功地將自己信奉的道學形成史烙印在年輕人的心裡，進而創造出「周敦頤為道學始祖」的歷史印象。朱熹大量引用上述四人的觀點注釋四書五經，這些注釋不但經得起訓詁學的驗證，也具有整合性與系統性，是最適合科舉考生的參考書。加上學說內容兼具獨創性與卓越性，使得朱子學藉由科舉文化的帶動，廣泛普及於士大夫之間。

道學原本就是陶冶個人內心的學說，從某方面來說，並不相容以出人頭地為目標的科舉考試。

東林書院　位於江蘇省無錫。宋代的楊時所創設，到了明末成為士大夫批判政府的據點。

事實上，不少學生鑽研道學後，立志實踐「成為聖人的學問」，放棄科舉考試。除了公營學校之外，道學還設立了自己的教育機構，稱為「精舍」。「精舍」兩字在日本因印度的祇園精舍而廣為人知，但在中國，從漢代便以「精舍」來稱呼私塾。「精舍」又名「書院」，後世較熟悉這個稱呼。剛開始設立並非為了科舉考試，而是基於其他目的，但後來書院也成為準備考試的補習班。

話說回來，無論以何種形式出題，想要考上科舉事前都要下工夫準備。不管哪個時代，準備考試都是一件耗費金錢與心力的事。能從容不迫地準備考試的人，只有少部分特權階級。每次科舉都有超過萬名考生匿名應試，考試規定也很公平，這樣的制度讓十七世紀的基督教傳教士感到驚訝，成為後來法國導入高等文官考試制度的契機。身為考試制度的始祖，中國科舉具備如法國社會學大師皮耶・布迪厄所說的「再生產」作用，許多平民百姓連站在起跑線上也不可能。

科舉與世族在理念上是勢不兩立的。根據一般說法，當初隋文帝是為了打破貴族制度才推行科舉，所以這兩者本來就是不相容的。程頤和張載在說明郡縣制的缺點時，曾舉出「郡縣制會導致世族消失」，事實上，這個結果是科舉制度造成的。另一方面，科舉憑藉的不是運氣而是實力，因此只要考生用心準備，就能提高上榜率。而且只要有人中第，不只考生本人飛黃騰達，也能給他身邊的人帶來極大好處，因此這也可以說是一本萬利的好投資。話說回來，光靠一個家庭可以供應的資金與環境十分有限，為了確定自己的子弟中第，或維持考上後的權力，先前提到的宗族便在此時派上用場。總而言之，義莊與中第者開辦的義塾皆具有培養科舉官僚，維持宗族勢力的使命。

名公與豪強

宗族的力量不僅僅表現在科舉上，俗話說「人多力量大」，向心力愈強的宗族愈能在地方上掌握發言權。宗族一方面被視為維持地方社會秩序的推手，雖然這樣的說法聽起來很了不起，但在官方的眼裡，往往將其定義為「豪強」。王安石推動的社會秩序構想失敗後，社會結構出現很多空洞，造就地方勢力在南宋社會大量興起的結果。

地方士大夫的糾葛

士大夫們對他們的態度既衝突又矛盾。雖說此處以「他們」來稱呼，但誠如先前所說，士大夫本身就是地方勢力，因此有時「他們」指的是自己。理念上的士大夫與實質上的豪強雖然在這個社會是同一個存在，但會隨著自己當時所處的立場與信念改變態度。而有時候則是不得不改變態度，這一點也深深困擾著士大夫們。光靠史料留下的結論，就傲慢地批判當事者的階級立場，這樣的處理方式無法了解他們的思維。

作者不詳的《名公書判清明集》（以下簡稱《清明集》）正是記載這種糾葛最典型的史料。「書判」意指審判的判決書，徵稅與審判自古便是地方官的兩大職責。這本選集編纂於南宋末期，

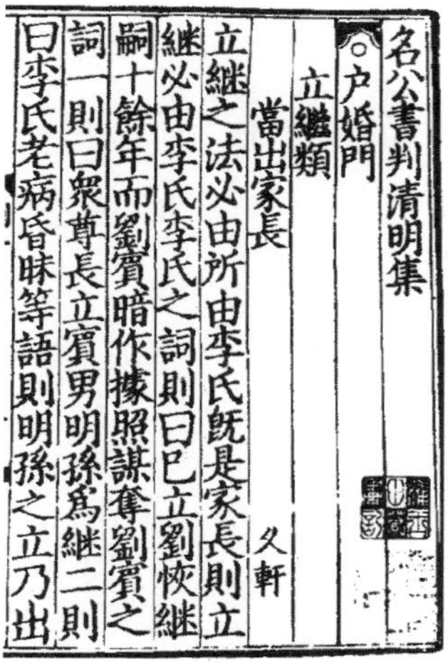
名公書判清明集
○户婚門
立繼類
當出家長　久軒
立繼之法必由所由李氏既是家長則立
繼必由李氏李氏之詞則曰已立劉㤼繼
嗣十餘年而劉實暗作據照謀奪劉實之
詞一則曰衆尊長立實男明孫爲繼二則
曰李氏老病昏昧等語則明孫之立乃出

《名公書判清明集》　引自《四部叢刊廣編》第一九冊。

用意可能是作為地方官的指南。除了這本選集之外，宋代還針對飢荒對策與治水方法編寫多本地方官指南。當時全國共有一千多個縣，各縣設有知縣、主簿（財務長）、尉（警察局長），再加上府、州，總計超過數千職位。每三年定期進行人事調動，而且基本上不能連續就任實務職位，所以光是準備升上地方官的二軍就有數萬人。換句話說，指南書的需求很大。包括上述《書儀》、《家禮》在內，宋代是一個流行編寫各種指南書的朝代，印刷出版文化的普及也讓這個現象愈來愈盛行。

《清明集》從很久以前就是散佚失傳的書籍，宋代刊本只有片段傳入日本。在內容偏向制度、思想與文學的文獻資料裡，這些片段成為研究社會實態的珍貴史料。一九八〇年代，上海圖書館發現了幾乎完好無缺的明代刊本，立刻在全世界宋史研究家之間，掀起解讀與分析《清明集》的風潮。

《清明集》如實記錄了日常生活的吵鬧紛爭，不僅是重要文本，裡面也描繪了與中央政府頒布的各種統計數字不同的宋代社會。不過，也由於內容引人注目，外界對內容的研究討論較感興趣，而忽略了對執筆編輯方針這個重要問題的分析。這本書收錄的不是一般的訴訟資料，而是「名公書判」。換句話說，這不過是一本身分不明的編者心目中理想的判決書選集罷了，內容不可能真實反映宋代社會的樣貌。

從此書看到的宋代社會現況留待第九章說明，在此稍微提及剛剛提到的宋代人之間的糾紛。撰寫判決書的地方官們都來自地方社會，沒有一個人出身自世代在朝為官的家庭。他們卻要在這裡批判橫行鄉里的權勢者，亦即「豪強」（又稱「豪橫」、「豪民」）。對地方官們來說，這是政府官僚應該採取的態度。但從這些文本中，有時能看出他們感嘆豪強不明事理的態度，或是遇到本性難移的頑固豪民時，透露的聲聲無奈。借用一位研究者的話來說，從《清明集》的內容不難看出這些「奮鬥的民政官們」希望實現理想社會秩序的煩惱。

「名公」輩出的思想集團的注目焦點

記載於《清明集》裡的判決書皆由名公所寫，這些「名公」大多為朱子學派。開頭三篇文章（非判決書，而是對官吏的告誡）的作者是知名的真德秀；緊接著登場的是蔡杭，全書收錄七十多篇他寫的判決書，他們家祖孫三代皆師承朱熹。從這一點也能想見本書編者應為朱子學派的人物，透過《清明集》體現他們理想中的地方統治樣貌。書中的判決書大量引用《論語》和《大學》的孔子言論。「身為判官，我沒有超乎常人的能力，但我追求的是沒有訴訟的世界。」若以此為基準，目前稱霸現代世界的某大國實在令人感慨萬千。

《清明集》還出現專門幫人打官司的「訟師」，他們雖是幫當事人按照固定格式撰寫訴狀的代筆人，但有時也會暗中挑起訴訟，他們的角色相當於現代社會的律師。

不僅如此，《清明集》的壞蛋角色經常由官僚機構最底層、處理日常實務的地方公務員「胥

專欄五
審判與刑罰

在採取西方的法治體系之前，中國並沒有刑事審判與民事審判之分。儘管如此，還是有國家直接對嫌犯施以刑事罰則的案件，與國家受理原告訴狀，調節當事雙方的利害衝突後，再做出裁決的案件。制度上沒有區分，表面上的處理方式也一樣，這樣的做法體現出以「禮制」為圭臬的儒教國家真實面貌。判官（由地方知縣兼任）的任務是打造一個沒有訴訟的和平世界。

話雖如此，刑事案件依舊頻繁發生。宋代基本上實行沿襲唐律（唐代刑法）的《宋刑統》，實際運用時新增以棍棒抽打的勘杖，與受到官府監控管制的編管等兩種刑責，《水滸傳》中的好漢們幾乎都吃過這樣的苦頭。

府或州中地位相當於中央刑部的職務，由司理參軍擔任。本書第五章已敘述過「理」這個字，宋代的法務是用「理」來表現的，從中也能看出「理」的重要地位。

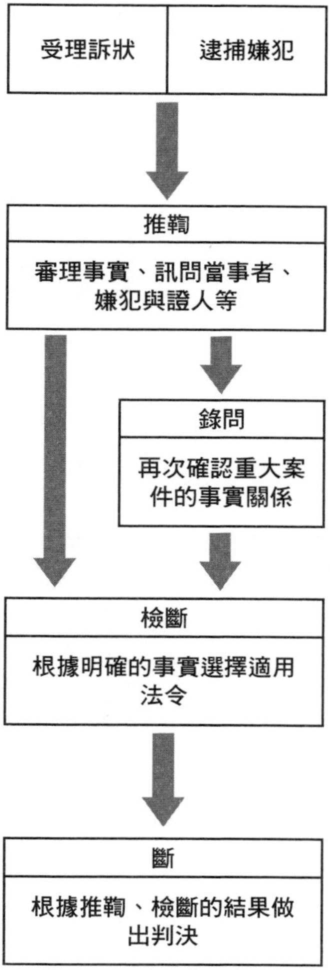

●審判流程（根據大澤正昭《自我主張的愚民們》內容製成）

吏」扮演。由中央派遣至地方政府任職的官吏人數很少，只有最高行政長官（知州或知縣）與輔佐官員等少數幾人。實際的行政實務，無論是徵稅、維持治安等事宜，都由胥吏處理。而任期只有三年，初到陌生地方任職的中央官僚們，大多時候只能任由胥吏擺布。士大夫官僚只想安穩度過任期，帶著本來的薪俸和擔任民政官得到的好處，前往下一個地方任職或回歸鄉里。基於這個心態，地方勢力通常會與胥吏維持互惠互利的關係，形成「官商勾結、包庇縱容」的世界，也為「名公」的登場搭好了舞臺。

《清明集》記載的判決書刻意突顯「奮鬥的民政官」形象，雖然都是真實的判決書，卻沒有統計上的意義。「奮鬥的民政官」畢竟是少數，正因如此，才被「名公」視為典範。追根究柢，以帶有負面意思的「豪強」稱呼地方勢力的人，正是將他們視為國家秩序之敵的「名公」們。各位千萬不要忘記，生於現代的我們從《清明集》看出「名公」與「豪強」的對立，都是因為「名公」輩出的思想集團以其角度解讀的觀點，並且過度強調令人感慨的社會現況所致。

不只是豪強與胥吏，一般老百姓與「名公」眼中的「愚民」們，也是判決書中訴訟案件的當事人。他們的出現是為了表現出堅毅不拔的庶民形象。儘管如此，同時也突顯出「名公」不願對「愚民」施以暴力鎮壓，或動用訴訟手段使其就範，而是希望透過教育，理性溝通使當事人心悅臣服的意志。「名公」在這些時候引用聖人教誨，代表過去儒教的本質「禮不下庶人，刑不上大夫」（《禮記・曲禮篇》）已經出現變化。將平民百姓納入禮教秩序的志向，與上一章提及他們對於淫祀的態度相同，都順應著「文明的進程」。

這些判決書是編者用自己的價值觀判斷遴選的著名判決，才被收入《清明集》裡，絕對不能代表宋代審判的普遍狀態。可以想見宋代一定有許多不分青紅皂白，只憑自己主觀審案的酷吏，與收受賄賂，刻意做出有利行賄者判決的貪官。正因如此，編者才會編纂本書，希望成為更多地方官的參考指南。但我還是要在這裡再次強調，先憂後樂的理念限制了士大夫的生存之道。儘管只有極少部分，這些作為典範的判例在思想文化上依舊具有重大意義。

宋代地方官有事時，向轄下百姓公布的告示統稱「諭俗文」。朱熹特別表彰慶曆士大夫陳襄的諭俗文。諭俗文不是只有道學家發布，但道學派的地方官特別喜歡發布。諭俗文用三綱五常，確立儒教自古強調、用來區分人類與禽獸的人倫，要求人們遵守禮儀規範生活。相對於地方官以上對下的立場發布的諭俗文，地方強豪與當地百姓協商，共同簽訂的誓言稱為「鄉約」。朱熹把張載門生呂大臨的兄弟與鄉親們簽訂的鄉約，修改成《增損呂氏鄉約》，成為朱子學中關於鄉村秩序的規範。若說《家禮》是以家庭為單位，針對宗族這個血緣組織訂定的規範，《增損呂氏鄉約》的對象則是以鄉為單位的地緣組織。「奮鬥的民政官」退休回鄉，便成為「維護地方秩序的富豪」。

誠如以上所言，道學或者朱子學的學說目的是為了回答人的心性問題，同時正當化士大夫在社會上的存在意義，因此普及民間。但如果這些觀點對於維持政治秩序穩定沒有實質作用或效果不彰，那麼這不過是一種觀念論述罷了。若只是純粹討論「心」的問題，就成了字面意義上的「唯心論」。

但實際上並不是這樣，朱子學的思維也受到現實中的技術知識支持。正因如此，朱熹把八目中的「格物」訓為「即物」，進一步解釋為「即物窮理」。下一章的焦點便是宋代的各種技術。

註釋

1 柏拉圖在《理想國》裡提出的最重要概念之一，宣揚理性主導的統治政權，當統治者同時是一位思維敏銳的哲學家，才能建立理想國。

第七章　技術革新

印刷出版

排版樣式的變化

正如上一章所述，宋代社會以科舉制度為軸心發展。雖然科舉本身是從隋代開始的，但社會各階層都能參加科舉考試，是外界認為科舉在宋代備受注目的原因。隋唐兩代的科舉制度只為中下等級的貴族子弟開一扇飛黃騰達的大門，但宋代科舉讓任何一位祖宗八代與官場無緣的白丁，都有可能一舉成名，進入朝廷擔任高官。印刷技術的普及促使負責傳達知識的媒介「書籍」在社會上流通，這正是一般庶民也能出人頭地的重要關鍵。

在木板刻上左右顛倒的文字，刷上黑墨，再鋪一層紙，最後把文字轉印至紙上的技術（雕版印刷）早在唐代就出現。敦煌出土的佛典與曆書，就是以這種技術印製而成的書籍。

仔細想想，這種等級的印刷術與印章沒有兩樣。日本的百萬塔陀羅尼過去有一段時間被視為全世界最古老的印刷作品，它其實是用印章印出來的。兩者的差異在於，「印」是將紙放在平面上，刻著文字的工具往下按壓印製的技術；「刷」則是將刻著文字的工具放在平面上（文字朝上），將

百萬塔與百萬塔陀羅尼　百萬塔陀羅尼（背景處的印刷品）原先被認定為是最早的印刷品。

紙放在文字上，用刷子刷過紙的背面，使文字附著在紙面的技術。這小小的差異改變了書籍的型態，也為人類的閱讀行為帶來決定性的變化。

在紙張發明以前，中國記錄文字的方法有兩種，一種是將竹子和木片表面削平，再寫上一行行的文字，稱為「簡」或「冊」；另一種則使用具有一定寬度和長度的絹布，稱為「帛」。正如本系列第三冊《始皇帝的遺產》所強調的，從漢代以前的墳墓出土的陪葬品中，發現了「竹簡」、「木簡」與「帛書」。這個出土資料與過去古代史截然不同，可說是劃時代的發現。即使後來紙張發明，也沒有改變記錄文字所使用的材料型態。書籍以具有一定長度的「卷」為單位，平時捲成筒狀收藏保管。因此，閱讀某部作品時，可以馬上看到各卷的開頭部分，但若要看中間的某個段落，就必須把「卷」整個打開。打開卷書（卷軸裝，一般稱為卷子本）需要有相對應的空間，若要查資料進行比對研究，就得同時打開好幾卷書，一般人很難做到。話說回來，這樣的研究方法或許原本就不存在，因為書不應該隨時打開參考，基本上應該將內容記在腦子裡。

運用「刷」的技術製作書籍，改變了書籍樣式。採用雕版印刷時，紙張寬度與木板寬度相同，印好的書籍基本上是一疊與木板寬度相同的紙張。木板的寬度產生了「頁」的概念，最初應該是將頁黏在一起，做成卷書。後來為了方便翻閱，才發明出按「頁」摺疊的裝訂方法（摺本，亦稱經摺

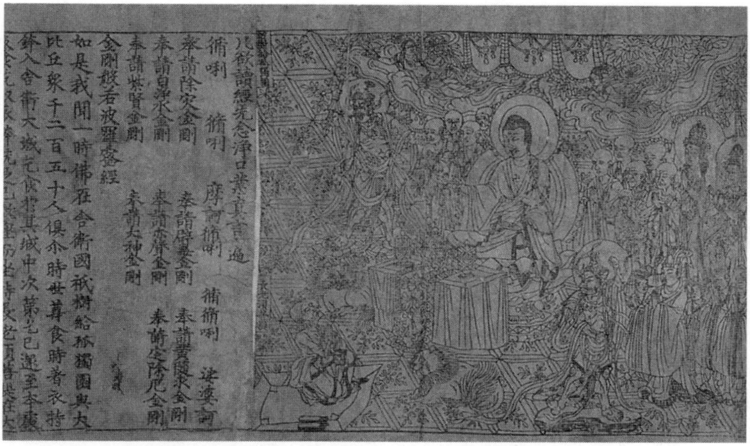

敦煌出土的印刷佛典《金剛般若波羅密經》（大英圖書館收藏品）

裝）。傳真機發明之初使用的是捲筒式感熱紙，各位應該都有過收到內容很長的傳真時，按照每頁的摺疊線正反交疊的經驗，摺本就是那種感覺。直到今天，舉辦葬禮和做法事時，唸經的和尚從懷裡拿出來的經書還是摺本型態，宋代的大藏經也是如此。

後來發明出不摺疊紙張，將紙裁斷後疊放在一起，感覺很像我們現在以夾子固定會議資料一樣，只固定一邊。這種裝訂方法常見於大本流水帳，在書頁邊緣穿四孔為眼，以兩眼為一組，穿過絲繩打結固定。這種方法不適用有厚度的書，因為打開書籍時，需要比書大兩倍的空間。為了改善這一點，於是改良出用線縫在書頁中心，兩邊往內闔起，看書時再將書頁往外翻的裝訂法。由於打開書頁時，看起來很像蝴蝶，因此又稱蝴蝶裝。宋代書籍主要使用蝴蝶裝製成。為了因應蝴蝶裝特性，書頁中心必須保留裝訂空間，不可印製內文。而且為了裝訂線斷了之後能按順序重新裝訂，必須在書頁中心印上書名、卷數與頁碼。還有另一種與蝴蝶裝相反的裝訂法，以書頁為中心往外摺，在紙頭裝訂，這是現在的線裝書最常見的裝訂法。不過，這個裝訂法直到很久以後才開始普及。凡採用這類方法裝訂的現存宋版圖書，都是後來的人重新裝訂的。不管怎麼說，我們上小學後接觸到的稿紙，中心處沒有格子或呈現空白，此格式即源自蝴蝶裝。

裝訂方式的改變為閱讀行為帶來革命性的轉變。首先，無論我們想參考的段落是不是在書的中間，我們都能隨時翻閱，夾上書籤更方便我們立刻翻開想看的頁面。即使記得不是很清楚，也能馬上找到原書的出處確認。更棒的是，只要有與雕版同樣大小的空間，就能打開一本書看，還可以同時打開好幾本書比較研究。「甲書是這樣寫的，乙書是這樣寫的。」——裝訂方式的演進興起了一字一句的校對作業風潮，也推波助瀾了針對某個事件進行考證的學術風氣。無須擁有高人一等的記憶力，也能參與相關的文化事業。最顯著的例子就是岳飛之孫岳珂的《刊正九經三傳沿革例》，這本書是校訂當時流傳的各種版本後，羅列其中異同而成。

印刷的功效與副作用

無須多言，印刷的重要功用是大量複製同一本書。只要有錢，誰都可以讓自己的書齋成為知識寶庫。印刷不像抄本，不會因為寫手的個性與心情影響書籍的可信度，當然也不會因為字醜或潦草而看不懂內文。

印刷為文字帶來規範。初期印刷在雕版上刻的是類似唐代顏真卿那種粗壯的字體，雕刻師可能也覺得這種字體比較好刻。但到了小型普及版書籍進入商業印刷之後，線條清瘦、穩重大方的字體便成為主流。事實上，這個字體就是現在常見的電腦字體「宋體」。或許是為了節省紙張用量，字裡行間沒有空白，也沒有標點符號，密密麻麻印滿細小文字的書，一點也不適合閱讀。不過，大小均一的文字工整地排列於紙上，書籍儼然成為一種高科技產品，深深吸引宋代人的心。

每次說到這個話題，我一定會引用蘇軾的感想：

> 余猶及見老儒先生，自言其少時，欲求《史記》、《漢書》而不可得，幸而得之，皆手自書，日夜誦讀，惟恐不及。近歲市人轉相摹刻，諸子百家之書，日傳萬紙，學者之於書，多且易致如此……（引自《李氏山房藏書記》）

這篇文章正好說明蘇軾的時代是抄寫進入印刷的轉換期，他接著批評「現在的年輕人」：「而後生科舉之士，皆束書不觀，遊談無根，此又何也？」由此可見，「束書不觀」的惡習早在九百年前就已誕生，而且還是印刷術產生的副作用。

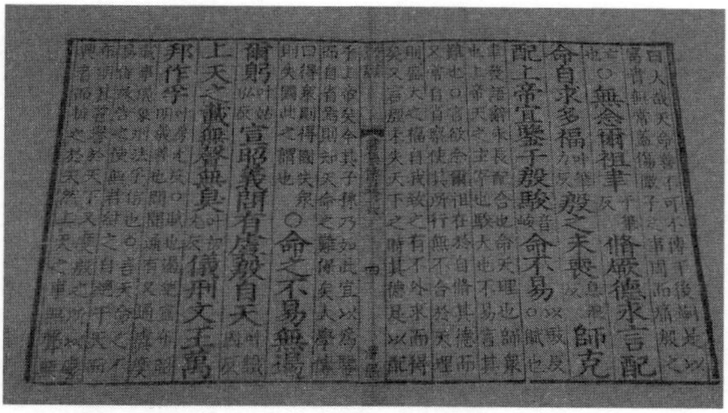

宋體印刷字範例　引自朱熹的《詩集傳》。

印刷出版拓展宗教影響力

佛教教團是最早將印刷技術運用在思想傳播上的組織。他們印刷經典，從事宣教活動。宋太宗時更得到國家財政補助，發行佛教經典與教義全集（大藏經）。之後，朝廷更將刊行儒教經典注疏全書視為國家事業推動。第一章介紹的五代宰相馮道和繼承其政策的宋真宗，命邢昺校勘、發行經書的疏，和王安石的《三經新義》。

朱熹也是最具象徵性的人物。道學派在野時即活用印刷術出版經典，自行籌措經費發行古今典籍，擴大自己的影響力。有時甚至利用地方官特權，動用公款印製書籍。與呂祖謙同鄉的唐仲友遭到朱熹彈劾，罪狀之一就是「挪用地方政府公款印製書籍」。雖然唐仲友發行的是荀子與揚雄的著作，但朱熹認為這不是應該使用公款出版的書籍。如果唐仲友印製的是《論語》、《孟子》，甚至是朱熹的集注，相信他不會受到非議批評。

唐仲友不過是為了促進學術發展，在常識範圍內運用公款，印製了自己認定的好書。從法律觀點來看確實已經違法，但當時的地方政府都這麼做，社會也默許這樣的行為。孰料朱熹卻刻意告發，揮舞正論旗幟，打垮自己的論敵。朱熹真是一個討厭的傢伙。從他們的交情來推測，朱熹很可能收到了這些書的贈書。也可能是朱熹沒有收到「贈書」，才心懷不滿，惡意報復？真是可怕啊！

話說回來，舊抄本不會因為新刊本出現就完全被取代，宋代刊本的價格很高，許多人會向朋友借書，親自手抄珍藏。我還是個窮學生的時候，就為了省下影印費，向同學借筆記來抄。不過，這個方法更容易記住內容。上一章引用了蘇軾的感想，或許是經濟無虞的士大夫二代、三代才有的現象。此外，自費出版不是一件簡單的事情，因此宋代大部分書籍還是直接抄寫原書複製。不過，也許正因為刊本很貴重（紙張品質也較好），所以現存的宋代書籍以刊本居多。

事實上，有些書因為只有抄本而失傳，南北朝時代梁的學者皇侃所寫的《論語義疏》即為一例。邢昺的《論語疏》本來是以皇侃的《論語義疏》為基礎撰寫的，後來朝廷印製出版《論語疏》，市場需求也集中在這本書，導致《論語義疏》不再受到青睞，據說連朱熹也沒看過《論語義疏》。換句話說，《論語義疏》到南宋中期便已失傳。從那以後，中國學者一直認為這個世界上再也找不到《論語義疏》。沒想到，這本書的抄本竟然還在！而且就在日本的足利學校裡。十八世紀，日本印製了《論語義疏》刊本，出口到中國，當時清朝的考證學者看到這本書大為吃驚。雖然他們大力批判宋代以來的學術，依據的卻是宋代以後印刷的文獻，他們從未看過宋代以前的書籍實物，所以看到《論語義疏》才會如此驚訝。

邢昺以後，宋代出現了許多《論語》注疏，經過印刷刊行廣為流傳，在這股潮流中最後是由朱熹的《論語集注》勝出。由於朱熹對於《論語》的解讀充滿個人主觀，因此當後來皇侃的《論語義疏》收錄在四庫全集裡，人們便以此書挑戰朱熹的主觀意見。

如上所述，朱子學是在印刷術發明後才普及民間。歷史學界常說「若沒有古騰堡（Johannes Gutenberg）就沒有宗教改革」，套用這句話，「若沒有雕版印刷就沒有朱子學」。

雕版印刷成就中國的印刷文化

容我再次強調，雕版印刷是建構中國印刷文化最重要的支柱。個人以前曾經讀過一本以西洋為中心，闡述書籍歷史的著作，其中只出現三個中國歷史人物的名字。他們分別是秦始皇（始皇帝）、蔡倫與畢昇。書中介紹秦始皇是下令焚書坑儒的皇帝，蔡倫是紙張的發明人。不過，他們兩人流傳後世的這些事蹟都是傳說，沒人知道是否真是如此。而第三位人物畢昇則是宋朝人，他發明了活字印刷術。沈括的《夢溪筆談》清楚描述畢昇發明的活字製法。從西洋史的角度來看，活字印刷的發明才是印刷文化的主角，備受注目的重要事件。由於這個緣故，畢昇受到該書作者大力讚揚。

話說回來，漢字是由大量表意文字所組成，這是一個只有二十多個字母的西方人無法想像的世界。如果要製作幾千幾萬個活字來排版，必須付出鉅額財力與大量勞力，更重要的是，還必須有足夠空間存放。因此，活字印刷僅限於以慣用句排列組合，製作印版。初版印刷後須馬上拆解，而且使用過的活字必須再次應用在下一次的印刷作業。比較適合應用在需要緊急出版但不需要再版的情形，例如具有時事性的宣傳品或紀念出版物，不適合初版賣得好就必須增刷再印的商業出版。由於這個緣故，活字印刷並不普及於整個東亞地區。日本也是如此，江戶時代的出版業以使用木刻版的雕版印刷為主。當時的基督版（天草版）書籍是傳教士為了宣揚古騰堡學派教義開創的事業，同時期的駿河版書籍則是剛坐上大位的德川幕府，為了展現威信而創設的文化事業。朝鮮自古使用金屬活字，但也是以國家文化事業之名推動。日本明治初期為了印刷官報而普及活字印刷術，也是基於即時性與單次性的特質。從西洋角度評價東洋文化必須謹慎小心，將畢昇列舉為中國書籍史最重要的三名人物之一，個人覺得似乎有待商榷。

宋代是全世界第一個出現印刷出版文化的朝代，其他各式各樣的技術相關知識，皆透過書籍普及民間、傳承後世。本章後續各節仍以書籍為主要話題。在印刷術普及以前，全天下的知識全部深藏在宮廷的藏書閣裡，只有能進出其間的御用學者才能獨占書中知識。後來有一段時間，佛教寺院也收藏了不少書籍，為傳播知識貢獻良多。不過，隨著印刷物的普及，人類自古以來的智慧才真正深入街頭巷尾。印刷術不只是新發現、新發明，就連唐宋變革本身，也與文化普及密切相關。

醫・藥・食

醫書出版風潮與出口海外

出版印刷風潮也蔓延至醫學書領域。太祖開寶年間，國子監（國立大學）出版兩本本草（藥學）書。雖然現在已失傳無法確認，但根據比這兩本書早十年刊行的《三禮圖》來推測，那兩本本草書應該有插圖。以類型而言，可算是植物圖鑑。印刷術使得複製圖版更加容易，圖版不是活字，而是圖與文字一起刻在雕版上的技術，因此無論印製文字或插圖，所需的技術與勞力幾乎一樣。知識可透過視覺圖像傳達。

二十年後，太宗淳化三年（九九二）發行了《太平聖惠方》，書中網羅各式各樣的治療方法。仁宗天聖五年（一〇二七），王惟一銜命校訂與刊行《黃帝內經素問》、《難經》等古典注疏。王惟一擅長針灸，不僅製作兩尊標示穴位位置的銅人，更出版與穴位有關的圖經。四十年後英宗時期，由林億帶頭校勘《傷寒論》、修訂《黃帝內經素問》的注釋，陸續出版許多醫書。雖然這些書籍都已失傳，但現在流通的版本皆以那些書為基礎編寫，因此中國醫學史專家高度推崇宋代印刷文化，認為那是非常重要的文化事業。儘管英宗治世的評價受到濮議影響，但從這些醫學書的發行不難看出他對文化的重大貢獻。此外，徽宗時還重新編纂了《太平惠民和濟局方》等處方書與本草書，一直到南宋還不斷再版。

這些書相當實用，很快便出口至國外。日本直到現在還保存著好幾種南宋刊行的醫書，證實這些書都是經過慎重包裝與運送，放在日本珍藏。高麗早在十一世紀中期印製自己的醫書，由於正值中國的宋英宗時期，盛行醫書出版，因此一般認為當時的風潮很快吹進高麗。元祐八年（一〇九三），來自高麗的朝貢使節團購買許多史書、制度書籍以及《太平聖惠方》，想要帶回本國。這件事被蘇軾發現，上奏朝廷嚴令禁止書籍出口措施。他這麼做不只是為了避免最新的科學技術白白流出，更是拉攏在宋遼之間施行兩手策略的高麗，使其親宋的手段，蘇軾不愧是個深謀遠慮之人。國家實力不光是取決於軍隊強弱，宋代是一個受到周邊諸國景仰的文化國家。到了南宋時期，醫書出版的領域也與儒教學術一樣，地方運作比中央更積極。

宋代醫書傳入對日本造成的深遠影響有目共睹，但是，這裡也出現了跟皇侃的《論語義疏》同樣的情形。日本與中國本土不同，十分珍惜過去傳入的書籍，江戶時代隨著古方派[1]興起，這些抄本再次受到矚目。包括《黃帝內經太素》在內的幾本醫書，甚至還從日本反輸出到中國。

在醫學理論方面，十二到十三世紀的華北和十四世紀元朝統治的江南地區，陸續出現許多優秀醫學家，表現比宋代更加出色，因此才有「金元四大家」之稱。他們應用運氣學說建立有系統的醫學理論，這個理論體系試圖以一致性與整合性的概念，說明陰陽五行對身體各種功能的影響和病理機制。從這一點來看，很接近儒教精神。實際上也能看出儒教的影響力。我們有必要特別關注此理論沒有出現於南宋，而是誕生在金朝的原因，對於解析金朝的思想文化有很大的幫助。

前面已經說過，宋代為擔任地方官的士大夫編寫印製各種指南，在醫學方面也針對非自然死亡的刑事案件，編寫了幾本驗屍用教材。其中由宋慈在淳祐七年（一二四七）編著、附有自序的《洗冤集錄》，是一本具有系統性的法醫學書籍，在後世獲得極高評價。法國更在一七七九年舊制度（Ancien Régime）末期（法國大革命前夕），推出《洗冤集錄》的法文翻譯版。當時的法國受到啟蒙主義思想家影響，將中國譽為理性之國。同樣的，日本過去也曾將《洗冤集錄》的內容，應用在實際的驗屍過程裡。

宋慈相當於朱熹的徒孫，從《洗冤集錄》可以看出他想要從整體性、系統性的角度整合個案的意志。例如透過化學實驗觀察遺體和金屬的變色情形；從生理學驗證人類死亡的狀況等，許多方法直到現在還通用。另一方面，書中還介紹了在遺骨上滴活人的血，從能否滲透來判斷有無血緣關係的方法。從現代醫學與化學的立場來看，這樣的內容完全是迷信。不過，也可從中看出當時的人認為祖先與子孫心意相通的觀念。日本對於「家」的概念不一定建立在具有生物學意義的血緣關係上，但中國宗族十分重視父系血脈，滴血驗親表現出這樣的特性。

宋代料理的特色

誠如「醫食同源」這句話所說，中國很重視利用飲食維持並增進健康，最大的特徵在於烹調方式。無論動物性或植物性，也不管山珍或海味，任何食材都能用火烹調成美味菜餚。中華料理精益求精的精神，可說是世界上最具代表性的飲食文化；今日我們能看見的這項特徵，也是唐宋變革的成果之一。

專家比較唐代以前與宋代的料理特徵，統整出以下五點：

一、許多現在常用的調理用語早在宋代就出現。

二、發明以豆子和穀物製成的「醬」，四川料理不可或缺的豆瓣醬即是相關調味料之一。

三、麵條類從「餅類」獨立出來。換句話說，烏龍麵和煎餅是不同種類的食物。

四、吃涼麵時，原本是以麵條沾醬汁食用，後來變成醬汁淋在麵上拌著吃。

五、最大的區別在於食用油加熱法的改良與進步。

特別是第五點，為中華料理增加了炒與炸兩種作法，擴展了菜餚的豐富度。食用油的用量增加，意味著煤炭普及、植物性油脂大量生產等現象。改變了過去小火慢燉的習慣，或從動物身上提煉少許油脂（豬油等）拌入食材，再慢慢加熱的烹煮方法，使得大火加上大量的油快速炒熟食材的調理方式變成可能，我們現在熟悉的熱炒料理在宋代便已成形。

與遣唐使一起造訪中國的人無緣吃到宋代料理，另一方面，南宋中期造訪中國的道元，登陸前在船上遇見負責煮飯的典座（禪宗寺院中負責煮大眾齋粥的僧人），道元與典座有過一番對談，深深影響他對禪道的體會。道元在其撰寫的《赴粥飯法》中，嚴格規定如何吃粥，卻未提及當時世間流行的炒與炸等烹調方法。由此可見，對於無法吃肉、「不許葷酒入山門」的禪宗而言，宣揚有益健康的素食料理才是最重要的。

南宋滅亡後，上述的「金元四大家」之一朱震亨的親戚，因為每天吃鯉魚而吃出病來。這說明經濟繁榮的結果，導致生活習慣病開始蔓延。宋代也有改善飲食生活，追求健康的意識。我在「前言」提及的榮西大師，其撰寫的《喫茶養生記》就是將健康觀念引進日本的功臣。關於喝茶的事情，容我留待下一章詳述。《喫茶養生記》分上下兩卷，下卷幾乎都在介紹桑樹的功效。桑粥、桑湯對於改善飲水病[2]、中風、食慾不振、瘡病、腳氣病等症狀效果卓著。桑樹枝削成的牙籤可預防蛀牙，桑木枕可治療頭痛。榮西認為桑樹有益健康的理由是「桑樹是諸佛菩提樹」，不過，他也說這些療效是聽人從宋代醫師那裡傳來的，可以相信。我相信榮西自己一定親身嘗試過桑樹的療效，就連我自己每天早晚也會服用桑葉萃取精華。

為了尋求佛教真理遠渡中國的日本僧侶們，不僅為日本帶回提升精神層次的修行方法，也帶回維持身體健康的保健知識。

農法與交通

農業技術的發展，幫助宋代的人們改善飲食生活。

開發江南新田

靖康之變發生二十年後，宋金締結第二次和議盟約，江南地區恢復和平。紹興十九年（一一四九），陳旉寫的農業技術書《農書》正式發行。陳旉自稱「西山隱居全真士」，無詳細傳記，推估應為蘇州或湖州，也就是現在的江蘇與浙江兩省交界地區的在野士人。在此之前，最知名的農業書籍當屬六世紀的《齊民要術》。《齊民要術》完整記載了華北乾旱地區的農耕方法，陳旉的《農書》則是記錄江南稻作農耕盛況的史料，因此備受重視。

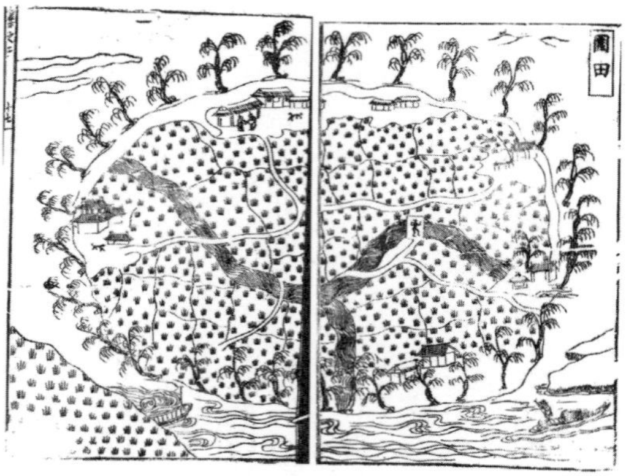

圍田　王禎《農書》的內容，引自「子海珍本編，臺灣卷　國家圖書館藏 第二輯 第十三冊」。

陳旉的《農書》共有三卷，一百五十年後，王禎也寫了一本總共二十二卷的《農書》，王禎的《農書》被視為陳旉《農書》的續集。不過，陳旉的《農書》分量比王禎的《農書》少，記事內容也較簡略。個人認為江南作為杭州，也就是臨安府的腹地，南宋末期的農法比較接近王禎的《農書》所描繪的世界。但因為本書介紹的是宋代歷史，所以此處只看陳旉的《農書》。

上卷的字數占三卷總計的一半以上，上卷討論的是水稻耕作法；中卷詳述耕牛的飼育方法；下卷則介紹養蠶工法。江南種植大量桑樹，是很重要的經濟作物。榮西的《喫茶養生記》已經清楚告訴我們，桑樹的作用不只是桑葉可以養蠶，還有許多健康功效。儘管三卷內容分量不均，但中卷介紹耕牛、下卷介紹養蠶的理由，是對於當時流行的牛隻疾病產生的危機感，與傳統的「男耕女織」分工觀念影響所致。男女有別的分工觀念可說是有經書以來，儒教知識分子固有的價值觀，從皇帝與皇后主祭的祭祀內容也可看出這一點。正如第三章所說，徽宗就是這個觀念的實踐者。此外，地方官發布的勸農文中，一定會寫上一句「夫耕作、妻機織」。江戶時代理想的農民形象與明治以後的天皇夫妻形象，當然也是基於這個理念建立的。順帶一提，南宋明州士大夫之雄樓鑰的伯父樓璹，有一套作品稱為《耕織圖詩》，其中包括二十一幅耕圖、二十四幅織圖。

唐宋變革時期，江南農耕法面臨極大轉機。華北地區的小麥生產，建構了大唐帝國初期的繁華盛世。隨著帝國的財政中心移往江南，利用隋煬帝興建的大運河，將大量物資從江南運往黃河流域。南唐之所以具有小康國力、吳越之所以能獨立自主，多虧富饒之地江南豐沛的生產力。當初因為用水方便，農民選在山間盆地與河谷平原耕作，後來把三角地帶的溼地與湖泊的部分地區圍起來改成水田，稱為圩田或圍田。政府不斷開發新田，也確立了輪流種植水稻與小麥的農耕型態。

治水派與治田派

到了宋朝，這個趨勢更加鮮明。市場出現稻米的新品種，包括知名的占城米，使得低地三角洲也被開發成稻田。在這樣的情況下，政府開始注意到位於江南中心地帶的太湖引發的治水問題。最先提出這個問題的是范仲淹，他主張疏浚河川，保護既有的中小型圩田，此流派被稱為治水派。另一方面，主張建構貫穿東西南北的水道兼運河，傾國家之力圍水造田的流派稱為治田派。王安石的農田水利條約（此處的「條約」是條例之意），就是治田派的政策。為了對抗新黨，舊黨支持重視民間活力的治水派，杭州知州蘇軾採取的是治田派政策。隨後，蔡京將大規模開發新田視為國營事業推動。徽宗時臭名遠播的花石綱也成為諸多政策的一環，出現改革契機。北宋後期受到政爭加劇影響，黃河治水的爭議也跟著愈演愈烈。

雖然不像太湖那麼大，但越州（紹興府）有一座鑑湖，面積與日本的琵琶湖差不多大。鑑湖原名鏡湖，為了避諱太祖祖父趙敬之名（同音），宋代初期改名鑑湖。個人猜想那座湖的湖面應該澄

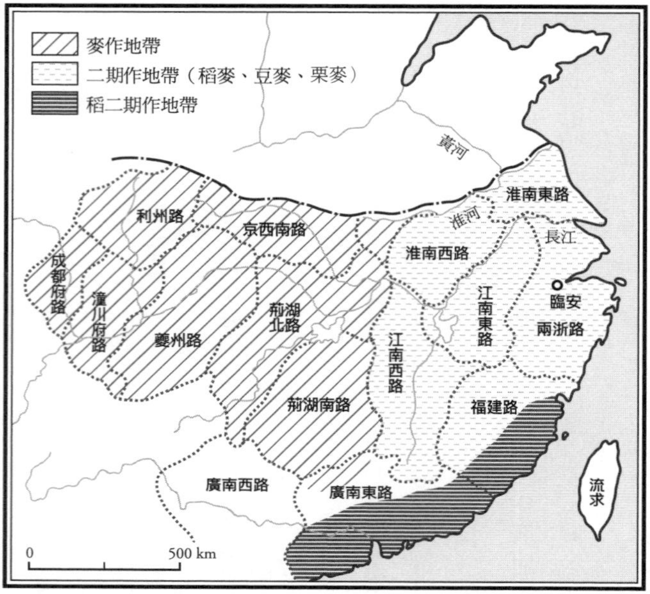

南宋的農業分布圖

瀲如鏡，才會取名鏡湖。不料這麼美的湖卻因為實施干拓政策，大規模開發新田的關係，到了北宋中期幾近消失。這個做法導致利用這個湖水灌溉、位於東邊的下游耕地無水可用，地方官採取各種措施補救，但只治標、不治本。唐宋八大家之一曾鞏赴任越州通判（州府副長官）時，於熙寧二年（一〇六九）寫了一篇知名文章《越州鑑湖圖序》，詳細敘述來龍去脈。那一年正是王安石政權成立之時。儘管曾鞏等人努力挽救鑑湖，但鑑湖最後還是消失，只剩下一條運河。

同樣是越州，位於鑑湖西邊、面向杭州灣深處的蕭山縣以鑑湖為鑑，摸索利用新水源開發新田的方法。熙寧政策施行後，接受當地居民提案，計畫從錢塘江支流浦陽江引水，建造人工湖。可惜受到各方面的利害關係掣肘，計畫無法實現。直到徽宗初期再次提出，政和二年（一一一二）在蕭山縣知縣強力主導下，終於建成人工湖，取名為湘湖。這位優秀的知縣究竟是誰？原來是道學的創立者之一楊時。他在徽宗朝新黨政權下，以地方官之姿成功地推動了農地開發政策。

到了南宋，江南成為臨時政府的腹地，重要性不言可喻。三角地帶的湖沼群陸續變成耕地，從新田開發獲取利益的「豪民」，與維護水利公益權利的「公益之士」之間經常發生衝突。有人認為，這個現象形成了中國社會政治上的公共空間。

陳旉的《農書》就是在這樣的時代背景下編纂的。因此，與其說這本書介紹了最新的農業技術，倒不如說作者身為江南地主，透過此書總結自己的親身經驗。

唐代時，城市居民的排泄物已被當成肥料販賣；到了宋代，出現多種施肥方法。陳旉的《農書》也描寫了這個現象，他最推薦先將草木與泥土燜燒後，再拌入人類排泄物製成的肥料。

往來於水路的河船

有句成語叫做「南船北馬」，包括江南的百萬都市臨安府在內，蘇州（南宋期間改稱平江府）、秀州（南宋期間改稱嘉興府，今嘉興市）等城市每天產生大量排泄物，透過大運河等水路運往農村。農村生產的糧食、衣匹、食用油等日常用品與經濟作物，也利用同樣的水路銷往消費地。北宋時雖然物品運到首都開封的距離很遠，但河道還是在內陸。比起第九章論及的海外交易用帆船，往來於內陸河道的河船才是宋代中國最具代表性的船隻。河船在河道中有時划行、有時曳行。

雖說是內陸河道專用的河船，其實大小規格不一。參考繪畫絕對比文字史料更容易重現當時情景。日本研究家曾將《清明上河圖》中精密描繪的船隻，全部畫成設計圖，從工學角度進行驗證。結果發現這些船的結構，與我們一直以來的想像有所不同。

《清明上河圖》中描繪的虹橋與曳舟

在宋代，南方人民與物品的流動特別倚賴船隻與水路。走水路對於乘客也較輕鬆。以多產詩人聞名的陸游著有《入蜀記》，這是他乾道六年（一一七〇）擔任地方官，從故鄉紹興府前往四川旅遊所寫的遊記，所有旅程幾乎全部搭船。由於晚上必須停靠沿岸碼頭，如果碼頭離州城、縣城等城市較近，當地士大夫便聞名而來，盡興地談論詩詞書畫。第六章提及的士大夫人際網絡，可以說是透過這種河道旅行建立的。蘇軾被貶海南島時，往來都盡量選擇坐船；朱熹從建州建陽縣到泉州同安縣就任時，也沿著閩江先到面海的福州，再換船離去。他們完全沒有「木板底下是地獄」的無謂恐懼，這也顯示出宋代的造船技術有多高。尋遍史書都找不到名人發生船難，溺水身亡的意外事故。

《清明上河圖》描繪的是大量船舶在運河通行的情景，從橫跨水路的橋梁形狀，即可看出當時以水路交通為發展重點。畫裡的橋梁全都是「虹橋」，也就是日本俗稱的太鼓橋。這與現代社會為了汽車通行方便，讓行人氣喘吁吁走天橋是一樣的意思。在往來行人上氣不接下氣地爬上爬下的虹橋底下，滿載貨物的河船悠閒在自地穿梭著。

話雖如此，往來南方都市的近郊、市區內或穿越河流交界的高原時，還是必須倚賴動物的機動性。例如騎乘牛、馬、驢、騾、駱駝等動物，甚至倚靠人力，有時還得靠自己的腿力。當然也會用到馬車、轎子等交通工具。朱熹的家鄉位於面向福建通往長江流域的山道，從浙江到福建、江西一帶，都是這類山間盆地相連的地形。相較之下，在水路縱橫交錯的江南平原，牛與馬主要用來耕地。陳旉的《農書》描寫的就是這一帶。

陳旉的《農書》還有另一個有意思的地方，上卷分十二項說明水稻農法，接著再花很長的篇幅寫「祈報篇」。他認為發生飢荒的原因，是沒有遵守先王以來的正確禮儀。過去的研究都將這個部分看成非科學信仰傳統的遺毒，但本書基調是說明農業技術水準如何之高，因此飢荒便成為不得不提的話題。從另一方面來看，這種說法或許沒錯，但在列舉人工技術後，又解說祈禱的效用，這樣的設定不也是投射了宋代人的精神世界？從中我們可以發現，宋代人並未全面否定天人感應說。宋代確實拉開了新時代的序幕，但與歐洲一樣，沒有做到人神分離的境界。

天文地理

天體的異常現象與天意

就在大宋朝野上下為了如何祭拜當今皇帝的親生父親而爭論不休，政局飄搖之際，遙遠的西方有一個軍團從歐洲大陸的諾曼地登陸，進攻英格蘭。侵略者的前方天空出現一顆耀眼的彗星，他們認為這是上帝讚許我方征服計畫的吉兆，這支軍團的首領就是被譽為「征服者威廉」的威廉一世（William I）。幾百年後，英國稱霸世界七大洋，給中國帶來「西洋衝擊」的堅強國力，就是在此時奠定基礎。

宋代也在宋曆治平三年（一〇六六）觀測到同樣的天象，記錄在史書裡。濮議爭論中批判政府的那一派，當然要運用天意，將此天象當成自己論述的後盾。英宗接受彗星出現的事實，按照以往慣例不從正殿進出，飲食從簡，表達謹慎之意。不揮舞刀劍而以筆桿爭鬥的混亂政局，隨著隔年英宗駕崩，參知政事歐陽修等人退出政治舞臺落幕。在這個時間點，無論東西方都將異常天象視為神的旨意。

數百年後，高舉啟蒙後理性大旗的歐洲人，對於歐陽修的後人們一看到天象變化就慌了手腳的迷信行為嗤之以鼻。學了一點西洋學問的東亞知識分子，也皺著眉頭看著自己同類的窘相。天體的異常現象不過是身為靈長類的人類平時觀察的對象，絕對不是值得認真煩惱的事情。無論是日蝕、月蝕、行星大接近現象導致異常光亮或流星雨，這些都是可以預測的自然現象。將自然現象看成厄運降臨的預兆，這是尚未啟蒙的「愚民」才會有的想法。那位高喊「天變不足畏」的宰相，反而被譽為少數的先驅者，受到高度評價。

然而，真的是如此嗎？中國從遠古時期就已經開始預測天文，實際上也一直在預測。即使如此，中國還是將異常天象視為上天的警告。即使是王安石，都在氣候不良看不見日蝕的時候，上奏恭喜皇帝。天體運行難道真的與人類世界沒有關係嗎？西方人將火星奉為戰神，火星時隔六萬年與地球大接近（火星大衝）的那一年，發生了外界稱為「文明衝突」的戰爭，這些都是近期才發生的

年號	西元	核心人物	名稱
（後周・顯德 3）	(956)	（王朴）	（欽天曆）
建隆 4	963	王處訥	應天曆
太平興國 7	982	吳昭素	乾元曆
咸平 4	1001	史序	儀天曆
天聖元	1023	張奎	崇天曆
治平 2	1065	周琮	明天曆（1070 ～ 75 恢復使用崇天曆）
熙寧 8	1075	沈括	奉元曆
元祐 7	1092		觀天曆
崇寧 5	1106		紀元曆
紹興 5	1135	陳得一	統元曆
乾道 4	1168	劉孝榮	乾道曆
淳熙 4	1177	劉孝榮	淳熙曆
紹熙 2	1191	劉孝榮	會元曆
慶元 5	1199	楊忠輔	統元曆
開禧 3	1207	鮑澣之	開禧曆（開禧曆依附統元曆施行）
淳祐 12	1252	譚玉	會天曆
咸淳 6	1270	臧元震	成天曆

宋代改曆一覽表

事件。[3]

中國人為什麼特別注意天體運行？科學史家強調中國天文學具有公眾性質。自古以來，天文學與皇權存立息息相關，屬於宮廷祕傳學問，民間不能任意學習。若透過天體觀測確認或主張天命移動，王朝就免不了易姓革命的悲劇。尤其是靠這個手段逼前朝禪讓、使自己坐上皇位的現任皇室，在皇位到手後仍須時時警戒，避免重蹈覆轍，宋王朝也不例外。

天文學與曆法學

天體觀測運用各種方法預測異常現象，預測方法盡可能綿密細緻，以減輕異常天象引發的嚴重後果。不僅如此，針對異常天象中固定出現的日蝕與月蝕製作曆法，達到精準預估的效果。請參照上表，雖然一般人根本看不出其中的微妙差異，但宋代仍頻繁改曆，為的就是這個目的。日蝕若沒有在該月初一預報的時刻發生就會很麻煩。相反的，那些誤差也是驗證與確認曆法精準度的決定性要素。南宋初期，優秀的天文官被劫持到北方，朝廷便命令一名無位無官，卻能精準預測日蝕的陳得一製作新曆（統元曆）。後來進行過多次改曆，主要都是因為觀測到的天體實際運行，與現任曆法的理論數據不合。

以觀測為主的天文學與數理上的曆法學，在中國屬於兩個不同學問，但兩者之間緊密相連，無法切割。中國自古就將恆星的位置標記在天空的座標上，然後用線連接起來製作成星座圖，稱為星宿圖。或許是因為現代天文學使用希臘星座名稱的關係，日本小學也教導未經世事的小學生以希臘神祇命名的星座名稱，真是崇洋媚外的行徑啊！只有北斗七星是用中國天文學的星座名稱。不過，日本的理科教科書還會附註「大熊星座的尾巴」。北斗七星位於北方天空，其作用相當於時鐘的針，是很重要的星座。北斗七星的斗柄方向可分成十二個方位，分別代表十二支，也就是年月日時。說的具體一點，北斗七星是空間與時間的媒介。現代人學習天文學時不會學到這一點，現在的北斗七星只是用來尋找北極星的工具罷了。

話說回來，星宿圖是平面的，以立體模型重現恆星配置的環形球儀——各位不妨想像一座小型天象儀——也是中國製造的，稱為渾儀。宋代最具代表性的星宿圖，是淳祐七年（一二四七）製成的石刻天文圖，如今珍藏在蘇州孔廟；最具代表性的渾儀則是元祐七年（一〇九二）由蘇頌等人奉

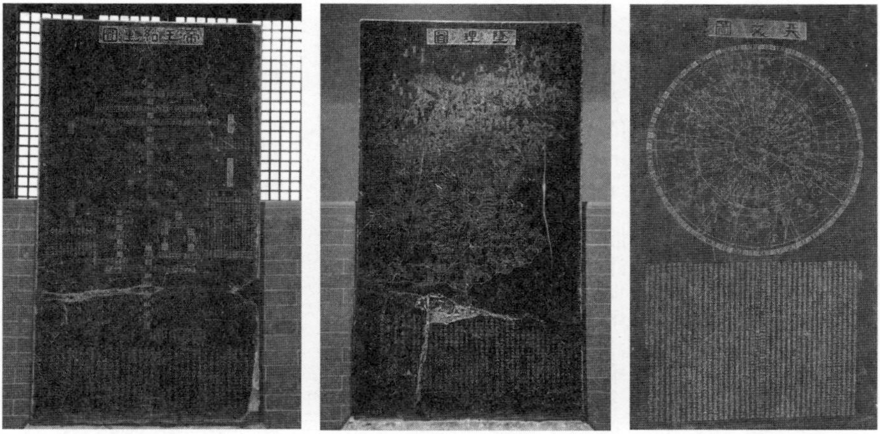

天文圖（右）、地理圖（中）、帝王紹運圖（左）（內藤氏舊藏　京都大學人文科學研究所收藏品）　置於平江府（今蘇州）的石碑拓本。

聖命製作的渾儀，他們將製作渾儀等觀測儀器的經過與成果，編寫成一部共三卷的《新儀象法要》，書中收錄一張將渾儀的星座繪製在平面上的星宿圖，元祐的渾儀使用水為動力，這一點頗受各界矚目。

無論是蘇州天文圖或元祐時期的渾儀，都無法展現宋代的獨特性，事實上，它們也不是宋代獨一無二的。據說蘇州天文圖是參照紹熙年間（一一九〇左右）初期，由黃裳繪製的圖，而且是在四川看到摹繪而成。黃裳的圖也不是獨力繪製的，而是根據過去國立天文台的觀測結果繪製。渾儀遠在先秦時代即已存在，宋代一共製作過六次，都是在北宋時期。太宗太平興國五年（九八〇）是第一次，第五次則是由沈括設計，於熙寧七年（一〇七四）打造而成。《夢溪筆談》第七卷與第八卷皆有詳細記載。

為天文學打下基礎的純粹數學

話說回來，《夢溪筆談》中與天文學有關的內容全都收錄在〈象數篇〉。中國人自古認為「象」（現象的類型）與數是宇宙的構成要素，最早解說象數原理的書籍是《易經》。正因如此，曆法的數值總是擺脫不了易經的影響。被視為唐代曆法最高傑作、由一行禪師主持修編的新曆法「大衍曆」，也以《易經》術語命名，突顯易學的理論背景。沈括《夢溪筆談》的〈象數篇〉開頭便介紹大衍曆以後的改曆沿革，接著說明曆法、天文、占術、氣象、病理、音響物理等話題。這些都屬於「象數」的範疇。為上述科學技術奠定基礎的純粹數學，也是宋代不可忽視的重要成果。

宋代最有名的數學家是南宋末期的秦九韶。他不是一位只會閉門造車的理論數學家，在天文、音樂理論與建築方面也有很深的造詣。共十八卷的《數書九章》（又稱《數學九章》）雖然都是按中國數學書慣例，列舉應用問題與解答方法，但問題類型共有九種，每種出九題，總計有八十一個數學題目。這個架構充分顯示出他的數學思想帶有神祕主義的傾向（相信眼尖的讀者已從本書章節的排列看出端倪。易的筮竹共有五十根，司馬光解讀為「五乘十」）。

秦九韶名垂青史的原因在於發現了高次方程的數值求法，西方人比他晚六百年才發現，並以發現者的名字，將這個解法取名為「霍納算法」（Horner scheme）。中國出版的科學史書籍為了宣揚民族主義，還給第一發現者正當權利，主張應該稱為「秦九韶算法」。這個說法十分合理，不過，日本研究家是第一個指出秦九韶算法運用的是《易經》理論。在宋代人的認知裡，易學是所有自然科學的基礎，可說是地位最崇高的學術。

橫跨天地人的智慧

話題再回到蘇州天文圖。這張圖其實是四張圖其中的一張，另外三張有一張已失傳，尚存的兩張分別稱為地理圖與帝王紹運圖。帝王紹運圖主要是歷代皇帝一覽表；顧名思義，地理圖描繪的是大宋國的山川與城市風貌。現代日語也有天文地理這樣的說法，事實上，天文與地理是歷史悠久的成對詞彙。

既然有描繪天體的圖，自然也有描繪陸地樣貌的圖，但詳細地形圖算是軍事機密，恐有洩漏給敵國之虞。先前提及蘇軾的擔憂，就是顧慮這一點。詳細且正確的地圖是舉兵進攻時一定要有的參考資料，大日本帝國的陸軍曾經繪製過中國大陸的詳細地圖，如今已成為珍貴史料收藏，實在令人感慨不已。

本節焦點放在蘇州地理圖上。這張圖描繪的宋國，不是真實的南宋，而是理想中的南宋。換句話說，就是那個統治華北地區，也將燕雲十六州納為麾下的中華帝國。這類「理想地圖」不是只有蘇州地理圖，後世更出現首都位於南京，連外蒙古也是領土範圍的「中華民國」地圖，還有將「臺灣省」納入自己領地的「中華人民共和國」地圖。

日本的平清盛與南宋之間的貿易往來是其掌握權力的基礎，但在他的觀念裡，華北地區屬於金朝領地。當事人有當事人的主張，這是天經地義的事情，不過，其他人沒有追隨的必要。

軍事與建築

宋朝與遼國簽訂澶淵之盟，維持四十年的和平狀態，後來因為党項族獨立、建立西夏國，西部國境告急而打破現況。事件發生後，為了整頓防衛體制，朝廷主導編纂軍事大全。由曾公亮與丁度兩位大臣擔任編者的《武經總要》，共四十卷，於慶曆四年（一〇四四）完成。根據序文內容，此書原本的章節構成是制度十五卷、邊防五卷、故事十五卷，如今流傳的版本只有二十卷。

火藥的發明——輸給金朝的軍備火器化

第十五卷介紹的「指南魚」就是磁石。磁石的原理早在先秦時代已被發現，是中國三大發明之一。但根據軍事技術書中的介紹，當初設計的用途是行軍途中，在陸地找出前進或撤退方向，或者作為占卜工具使用。直到後來西方「蠻族」為了完成遠洋航海的夢想，才擅自將磁石做成航海用羅盤。中國只有內陸水路和沿海航道，根本不擔心迷航。

《武經總要》中關於近代技術史與戰史研究的內容，記載著三大發明之一「火藥」的製法。由於這是全世界最早的紀錄，因此格外受到矚目。火藥的發明帶給全人類無盡的恩惠與災難。諷刺的是，清末以後的一百年間，讓中國人民受苦受難的，正是使用羅盤與火藥的西方列強組成的「堅船利炮」。明治時代的日本以鴉片戰爭為鑑，加強建立民族國家，最後不是把矛頭，而是「槍口」對準中國。若以春秋筆法指出中國這個受難世紀的遠因，關鍵絕對就是宋代的慶曆政府。說得更遠一點，《武經總要》也是導致美國在日本廣島與長崎投下原子彈的遠因。

儘管已知火藥製法，但宋代軍隊並未好好使用火藥。宋軍雖曾經在砲彈填入火藥攻擊敵人，但真正將火藥運用在爆破用途上的卻是對手金軍。當時宋代史書有一段記載，描述韓侂胄在戰爭中遭受「石火炮」攻擊。《水滸傳》也有一段情節，描述宋軍有一名出色的火藥師，造成梁山泊好漢嚴重損傷，後來那名火藥師倒戈才扭轉情勢。但這樣的情節似乎不符合宋代的情形。根據《東京夢華錄》的記載，徽宗皇帝在閱兵典禮燃放「爆杖」做做樣子，古希臘神普羅米修斯送給人類的火藥，在徽宗時期只是個在儀式上表達和平的象徵。到了南宋，爆杖與「爆竹」並用。徽宗軍隊用大炮攻打梁山泊的英雄好漢，似乎是不可能的事情。《水滸傳》是明代完成的，很可能是在撰寫過程中經過潤飾改編，增添故事性。火藥在宋代的角色只是驅「鬼」（作惡的鬼怪）用品，也許在韓侂胄那個時候，依然是個只知和平、沒有危機意識的世界。

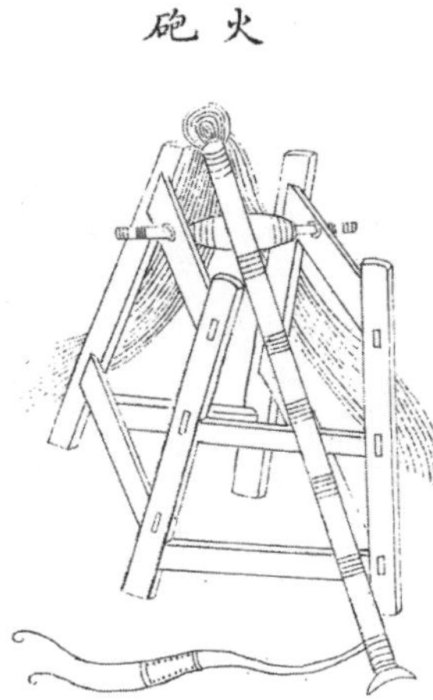

《武經總要》裡的火炮　出自《景印文淵閣四庫全書》第七二六冊，子部）

十幾年後，金國與新興的蒙古軍對戰，在汴京（宋朝的開封）保衛戰初次使用「震天雷」。顧名思義，震天雷爆炸時會發出極大聲響，同時將附近所有東西燃燒殆盡，是一種最新的高科技武器。此外，金軍還有如手持煙火的「飛火槍」，宋與蒙古也緊追金朝，致力完成軍備火藥化。由此可見，無論哪個時代，武器都是傳遞與發展各種技術最好的媒介。外型類似飛火槍的「鐵炮」，也嚇到了集結在博多的

「蒙古襲來繪詞」（部分，日本宮內廳收藏品）　描繪火藥爆炸的新武器「鐵炮」。

鎌倉武士。日本種子島的火繩槍是受到蒙古與土耳其的刺激，將在歐洲發展三百年的飛火槍改製而成的成品。說穿了，就是飛火槍後代的繁衍與歸巢。[4]

中國有史以來最弱的宋代禁衛軍

金國滅亡四十年後，宋軍與蒙古軍在襄陽對戰，蒙古軍使用了「回回炮」。這是穆斯林技術人員製作的投石機，以破壞城牆為主要用途，最適合運用在西亞城市攻防戰。當然，中國自古也有同樣的技術。於是宋軍立刻根據傳統技術仿製回回炮，推上前線使用。在金庸的武俠小說裡，襄陽城是透過個人武功堅守住的，事實上，這是一場團體戰。

在此之前，無論是靖康之變或建炎、紹興年間的宋金大戰，都沒有使用火藥，只使用各種製作精良的兵器。李綱使用一種叫做「車騎」的戰車，靜止時可直接當軍營使用；岳飛使用的「灰炮」裡塞著毒藥，一爆炸即可使人中毒，根本就是化學武器。

火器直到南宋都沒實際運用，由此可見，宋軍的裝備升級完全仰賴改良既有武器。與其說《武經總要》展示的是新時代下的

鎌倉・圓覺寺松岭院

奈良・東大寺南大門

新技術，不如說是系統性地介紹了舊時代的知識，呈現北宋前半的樣貌。神宗、哲宗與徽宗時期在其他領域皆出現各種新風貌與新嘗試，但在軍事技術上毫無突破，一味墨守成規。此現象是否受到文官統治的科舉官僚制度影響，還須審慎討論才能斷定，但至少連超越《武經總要》的出版計畫都沒有，這一點是我們在思考宋朝特性時不可忽略的關鍵。

不只是兵器，就連作戰方式，亦即戰術戰略也沒有新發展。正因如此，岳家軍的榮耀看起來才會像是岳飛一人的獨角戲。這到底是僅僅沒有被（鄙視武人的士大夫）記錄下來？或者是整個社會風氣就是不重視軍武？無論如何，在歷代王朝中，宋代禁衛軍是中國有史以來最弱的。無論是開封或臨安，在少數民族組成的軍團前，禁衛軍就像泡沫般一碰就破。不過，真正的勝利者到底是誰，這又是另外一回事了。宋人推崇的孟子曾經這麼說：「民為貴，社稷次之。」政府擁有強大的軍隊，未必是百姓之福。

宋代的建築技術

兵器可說是一種結構複雜的機器，開發兵器時必須將各種依規格加工的零件組裝在一起，這一點與建築相同。事實上，宋代建築集舊有技法之大成，發展至最巔峰。真宗藉舉

保國寺大殿內的藻井　位於浙江省寧波市。因天花板裝飾華麗若藻，方木相交的結構有如井欄，故稱藻井。

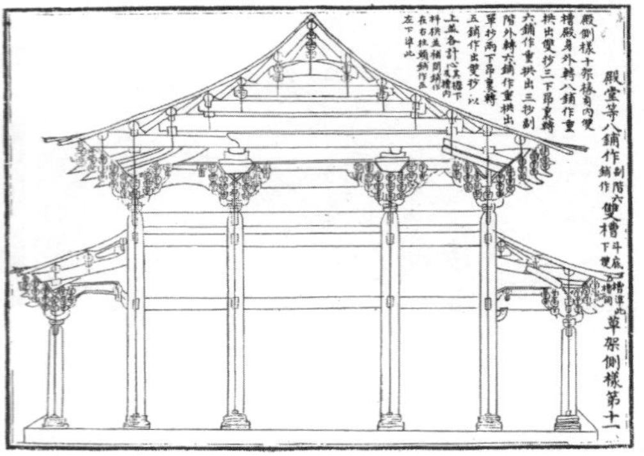

《營造法式》中的大木作剖面圖　出自《景印本文淵閣四庫全書》第六七三冊，史部。

行封禪儀式的機會，興建泰山的岱岳廟，完成世界上最大的木造建築。由於後來沒有任何皇帝再去岱岳廟封禪，因此未再改建，也避免了文化遺產遭到破壞的可能。

除此之外，宋代還興建了許多壯麗的寺院，榮西也吸收了不少興建寺院的新技術。重源（一一二一至一二〇六）死後，榮西負責執行東大寺大佛殿的重建計畫，以嶄新的宋朝樣式氣勢磅礴地坐落在古都奈良。新發展的鎌倉也積極採用宋朝樣式，陸續創建新寺院。沒想到對現代人來說，這些興建於數百年前，代表日本優良傳統文化的寺院，不過是西元十三世紀模仿外國潮流的結果。

李明仲於元符三年（一一〇〇）撰寫的《營造法式》，是闡述宋代建築技術的珍貴史料。書中將元祐年間的建築規格（法式）「圍三經一、方五斜七」，改成「經七圍二十二、方一百斜一四一」。經是直徑，圍是圓周，方是正方形的一邊，斜是正方形的對角線。若按「圍三經一、方五斜七」來算，圓周率應該是三；二的平方根（$\sqrt{2}$）為一・四。如果這是日本過去推行的寬鬆教育下的算數教育那就算了，但要實際運用在建築工地，這樣的算術根本無法蓋好房子。我不是要為批評日本文部省的補習班說話，但這樣的教育不正就是教學生「正六角形的周圍與其外接圓的圓周一樣長」了嗎？如果真的有人實際運用這種極不正確的數值，想達成「技術立國」的目標根本是痴人說夢。

從《營造法式》的內容可以推測李明仲是一位專業的技術人員，他修改了數字神祕主義者偏好的比率，使用更接近實際測量結果的數值。中國式的分數不能表示無理數，但如果用小數點表示上述數值，圓周率為三・一四三、二的平方根為一・四一。依照這個長度裁切木材並加以組合，就能在誤差範圍內依照設計圖蓋房子。

但有一點頗令現在研究家不解，那就是「所有建築物都要靠梁柱支撐，但書中完全沒有說明，計畫之初如何決定梁柱之間的尺寸或標準尺寸。」[5]根據其他研究家推測，一營造尺應為三百零九釐米。

個人臆測李明仲應該是認為明示單位長度標準，不是建築技術書該做的事。

度量衡的標準

中國自古都是按照音響物理學決定度量衡的標準。舉例來說，中國有一種能發出黃鐘這個絕對音的笛（俗稱律管），此笛的九分之一長即為「寸」。此外，絕對音高（有各種決定方式，此處介紹最常見的方法）是由管裡能裝多少黍粒來決定。黍粒的總體積決定標準管的容積，該容積管中振動的空氣波長形成音波，傳至外界。中國人認為這個音反映出自然界的秩序，是最正確的音準，因此才以律管長度為尺度單位的標準。

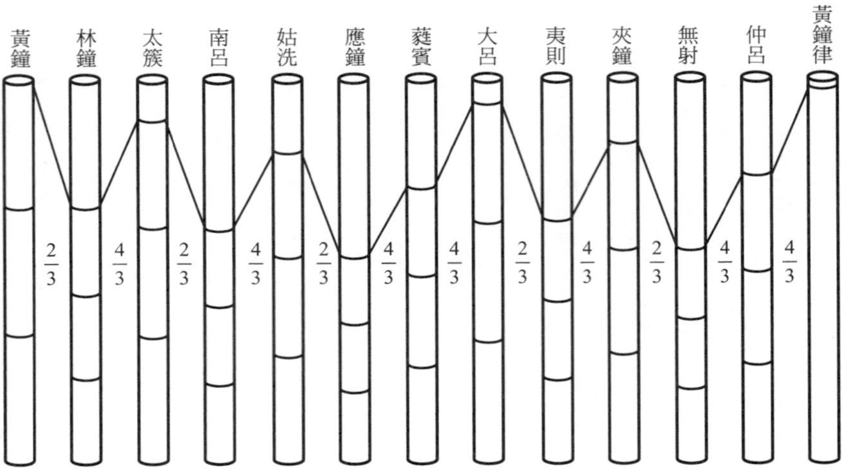

依三分損益法生成十二律管　根據音響物理學，以黃鐘為基準決定音高。

如果覺得難懂，各位不妨想一想我們現在使用的公尺制。現行的公尺長度是用銫原子波長嚴格訂定的，但兩百年前法國主張公尺制時，是以地球大小為基準。依地球圓周製作公尺原器，再依此規定重量與容積單位。中國制訂長度時不是按照地球大小，而是依循音的高低。

但北宋時期卻因為該選什麼樣的黍粒（大小基準）、是以裝進管裡的數量還是排成一列的數量為基準、（假設是後者）按黍粒的長徑還是短徑排列等問題爭論不休，隨著答案不同，基準音的高低也產生變化。由於這個緣故，尺的長度也頻頻更改（實際上因為不太方便，民間採用其他方法制定標準）。即使李明仲沒有言明，參照《營造法式》的人還是會依照更高的政治判斷做出決定。或者說，這不是像李明仲這樣的技術官僚可以控制的事，宋朝就是一個這樣的時代。

順帶一提，《營造法式》完成數年後，一位名為魏漢津的方士[6]向徽宗提出建言。徽宗採納其建議，公告以自己的三根手指長度為黃鐘律管的長度。我在第二章闡述澶淵之盟的歲幣額度時，也曾提及三根手指。可見宋朝不像現代日本以手指來指稱宰相（首相）的桃色醜聞[7]，而是用來決定國家大事。手指依關節分成三節，三根手指共九節，這就是九寸的意思。加上當時徽宗正值二十四歲（聖數十二的兩倍），所以更希望他身體與宇宙同步。這個理論對於以鈽原子波長為標準訂定度量衡的現代人而言，是很難理解的（我們可以如此斷言嗎？）。宋代存在著兩種相悖的知性，一是理論家們的數字神祕主義，另一種則是李明仲這種技術官的精密主義。不僅如此，這兩種知性也能在同一個人身上（例如沈括）並存。舊黨阻止了王安石的吏士合一政策後，官人分成兩個極端，分別是代表吏的士大夫與代表士的幕僚、胥吏。宋代朱子學的理氣世界觀與明代陽明學的（字面意義上的）「唯心」主義，正反映了這兩個時代的差異。

本章很快地瀏覽了一遍宋代傲人的技術成果。這些成果由具有文字記錄能力的人，寫成書流傳後世。不僅影響中國，也影響了朝鮮、越南與日本等國。宋朝或許沒有可媲美達文西的奇才，但各個領域都產生了新契機。接下來，我們就從狹義的文化面，了解宋代文化的發展過程。

註釋

1 日本江戶時代出現的漢方醫學流派，始於名古屋玄醫，主張回到張仲景《傷寒論》的古醫學，與清朝出現的經方派立場相近。

2 【譯註】即現代醫學的糖尿病。

3 【編註】根據時間點推估，此處應該是指二〇〇三年的火星大衝，文明衝突的戰爭應為伊拉克戰爭。

4 不過，根據最近的研究，種子島的火繩槍不是葡萄牙式，而是源自於東亞倭寇的技術。

5 《營造法式的研究》一，竹島草一著，中央公論美術出版，一九七〇年。

6 操弄方術的人，以養氣、蓄精、煉丹等方式，達到長生不老與飛天成仙等目標。

7 前日本首相宇野宗佑發生的桃色醜聞。據稱宇野首相向某位女性舉起三根手指，暗示包養價格，後因價格談不攏產生糾紛，這件醜聞才爆發出來。

第八章　文化新潮流

吃茶與陶瓷

飲料的唐宋變革

常言道：「唐詩為酒，宋詩為茶。」這個通俗的說法雖不能輕易區分唐詩與宋詩，但後人如此定義兩代的詩詞文化，是不可忽略的事實。提到唐代詩人，像李白那樣的文豪皆嗜杯中物，藉由酒精的力量宣洩懷才不遇的苦惱，或者想從羅馬神話的酒神巴克科斯（中國的酒神又是誰？）那兒得到作詩的靈感。相對於此，宋代詩人無論蘇軾或陸游，儘管政爭失敗、官場不如意，卻輕鬆面對，照舊與志同道合的好友喝茶聊天，批評時政。宋詩內容充滿倫理道德，也突顯了這樣的特質。姑且不論各時代的詩人喝什麼，能這樣被人津津樂道這件事本身，代表飲料也有唐宋變革。

茶始於宋代，是最具代表性的近世文化飲品，當然，中國人喝茶的習慣從唐代以前就有。根據研究，中國自古就用熱水萃取產於西南山區的茶葉精華，當成日常飲品飲用。日本小說家吉川英治寫的《三國志》，就是從商人劉備將辛苦存下的所有積蓄拿來買茶，孝敬老母親的場景揭開序幕。

儘管以時代而言似乎早了一點，但三國鼎立的六朝時代，朝廷官人不只喝酒，還會飲茶。不過，茶在那個時候並不是象徵士大夫精神的飲料。直到唐代後期，陸羽流傳後世的《茶經》問世後，茶才被賦予了文化意義。

到了十一世紀，不只宋代人愛喝茶，北方異族王朝也有喝茶習慣，茶葉成為重要的出口商品，宋代與北方的遼國、西夏在邊境從事的交易稱為茶馬貿易。

現代人常說「唐團茶、宋末（抹）茶、明煎茶」，但根據最近的研究，這個說法完全不符史實。正確來說，唐代人將茶葉蒸過固定成塊，製成「磚茶」，再從磚茶削下適當分量，放入熱水中煮開飲用；宋代人則是將磚茶磨成粉拌入熱水中喝；明代人保留茶葉形狀，直接將茶葉放入熱水，喝泡出來的茶湯。現代日本人喝茶的方式接近明代，而茶道的作法卻是宋代抹茶的飲用法。榮西在宋朝境內喝到對人體有益的茶，再將其引進祖國，也就是抹茶的喝法，是現在所謂的「點茶」。「點茶」的「點」是動詞「沏」的意思。榮西常用「吃茶」（喝茶）一詞，這個詞當時就已存在，禪宗語錄也經常出現「吃茶去」的說法。順帶一提，過去人們常將吃茶去解釋為「來喝一杯茶」，這是完全錯誤的解讀。吃茶去的意思是「去茶堂喝了茶再來」，也就是「去洗把臉重新來過」之意，是斥責時常說的用語。當師傅說出這句話，就是要弟子喝一杯茶，冷靜想想師父生氣的原因。由此可見，茶是宋代禪寺的日常飲品。若套用在現代社會的場景，就像電視廣告經常出現的情節，部屬被主管罵了之後，到自動販賣機買一罐咖啡喝，給自己時間「平復情緒，重振旗鼓」。

話說回來，福建北部的建州是朱子學發祥地，自宋代就是有名的茶葉產地。與其說「宋詩為茶」，倒不如說「宋學為茶」更為貼切。與禪寺一樣，朱熹的私塾也經常提供茶飲。可惜的是，在言詞辛辣的朱熹語錄《朱子語類》裡，看不見「吃茶去」這樣的說法。

現代日本人一到「福建」，第一個聯想到的就是烏龍茶。不過，烏龍茶在宋代尚未出現，直到幾百年後才發明出烏龍茶的製法。一九八〇年代誕生的罐裝烏龍茶、九〇年代問世的瓶裝烏龍茶，都是日本飲料廠商推出的商品，中國人原本就沒有喝冷茶的習慣。不過，在課堂上告訴學生「中國人不喝冰冷的茶」，讓學生豁然開朗的情景也已成昨日黃花，如今無論是中國或臺灣，都能看到民眾出入便利超商購買冰涼茶飲的景象。

今日的福建茶田

且讓我將話題拉回來。

慶曆士大夫蔡襄的《茶錄》與徽宗的《大觀茶論》，是記錄宋代吃茶法的重要文獻。福建出身的蔡襄撰寫的《茶錄》分為上下兩篇，上篇從色香味的佳品話題開始說起，介紹喝茶的整個流程，下篇則是討論茶器。《大觀茶論》是以建陽御用茶園所產的茶葉為主，詳細介紹吃茶方法。不過，榮西品嘗的是浙江寺院的茶，將茶粉放入茶盞攪拌飲用，並非使用高級磚茶。相較於宋代茶書記載宮廷飲用的頂級茶品，榮西喝的比較接近浙江百姓每天飲用的茶。無論如何，後來在留學僧與從中國到日本的僧侶影響下，禪宗寺院成為日本吃茶風俗普及的發源地。補充一句，相對於抹茶的茶道，宇治煎茶的作法來自於明末從福建傳入日本的佛教宗派黃檗宗。

宋代工藝的極致——陶瓷器

宋代工藝極致「陶瓷器」，是用來喝茶的器具。照理說清代工房的技術水準應該比宋代還高，但其仿造的陶瓷器卻連外行人就能看出差異。由此可見，宋代陶瓷器的絕妙釉色無人能敵。就像十七世紀以小提琴製作聞名於世的義大利克雷莫納，該地製造的小提琴堪稱一絕。在家聆聽安東尼奧・史特拉第瓦里（Antonio Stradivari）[1]演奏的巴哈，再用日本的禾目天目茶碗品嘗抹茶，全世界再也沒有比這個最幸福的時光了（像這樣建立東西融合的文化標準，可說是明治以後的日本特質）！

中國的黑瓷在日本稱為「天目茶碗」。黑瓷產地與茶葉一樣，來自福建建州。或許是我們多想，但黑色釉藥呈現出不可言喻的氛圍，總讓人感覺與朱子學的精神不謀而合。用該地特產的土燒出來的黑瓷，常帶有像兔毛的黃土色筋紋（中文稱「兔毫」、日本名為「禾目」）與銀色斑點「油滴」。

前章提及烹飪方法的改良，亦即火候的提升，是宋代能從唐三彩那樣的陶器發展出高溫燒製瓷器的主因。瓷器的首要代表產地為磁州（今河北省磁縣），因此日本習慣將高溫燒製的陶器稱為「磁器」（中文一般使用瓷器兩字），就像即使不是瀨戶產的陶瓷器，日本也會稱為「瀨戶物」一樣。磁州窯的瓷器，多為白瓷加上黑色圖案。

耀州窯：青釉印花纏枝菊紋碗

定窯：白釉盤口執壺

磁州窯：白釉黑彩唐草紋梅瓶

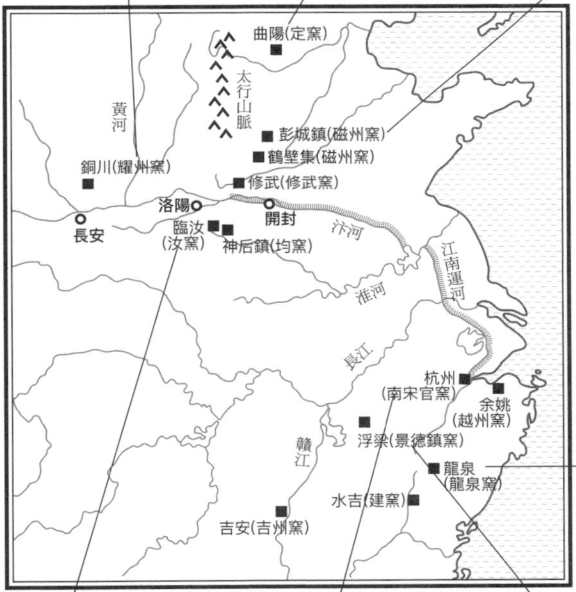

龍泉窯：青釉出筋荷葉蓋罐

汝窯：天青釉玉壺春瓶

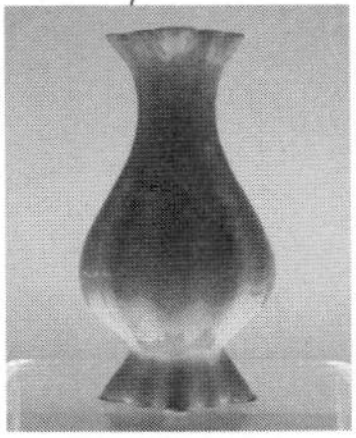

南宋官窯：青釉瓜棱紋菱形花口瓶

景德鎮窯：青白釉印花菊瓣紋碗

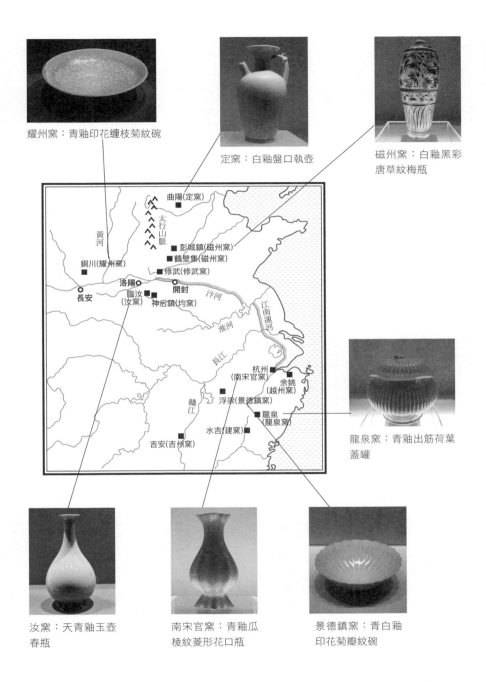

進一步提升白瓷顏色精準度的是定州（今河北省定縣）。定州雖與遼國接壤，但定窯在北宋末期確立了高水準製釉法，只要塗上一層薄釉，就能散發美麗光澤，著名的白瓷產地還有位在江西的景德鎮。

比起黑瓷與白瓷，宮中愛用青瓷。南方以處州龍泉縣（浙江省）的青瓷最有名。龍泉窯繼承了自古聞名的越窯傳統，北宋將古老的越州之地，劃分成越州、明州、台州等行政區，在這些屬於浙江東南沿海地區燒製的瓷器，以過去灰陶的傳統顏色為基調。受惠於沿海的地利之便，龍泉窯瓷器的出口量相當大。此外，鈞州（今河南省禹縣）和耀州（今陝西省銅川縣）的彩色青瓷不是青瓷原色，而是以微妙的淺色變化為特色。此外，北方的定州窯、磁州窯、鈞州窯、耀州窯，以及南方的景德鎮、越州窯、龍泉窯、建州窯，通稱宋代八大窯。不過，汝洲（今河南省臨汝縣）與吉州（今江西省吉安市）也是名聲遠播的窯場。除了私窯之外，還有宮廷御用的官窯，隨著首都遷移，南宋官窯皆設置在臨安近郊。

無論如何嘗試，以個人的文筆不可能表現出這些作品的真正價值，建議各位一定要到美術館親自鑑賞。

唐三彩大多作為陵墓中的陪葬品，也就是所謂的明器（冥中所用之器），這個認定是因為現存的唐三彩全都是在挖掘墳墓時或盜墓者找到的；宋代的白瓷、青瓷與黑瓷則是日常生活用品，即使以鑑賞為目的燒製，也會注重其實用性。瓷器市場不僅限於東亞地區，或許是為了出口並普及於全世界，才會以實用品的概念燒製瓷器，而非祭祀用品。

宋代文化的特色之一是「深植生活的藝術」，瓷器很貼切地表現出這個面向。

金石與名物

《水滸傳》是從仁宗派到道教聖地的官僚胡鬧，強行打開太古封印的伏魔殿大門、導致一百零八個妖魔逃出生天的場景揭開序幕，那張封條上寫著科斗文。「科斗」就是蝌蚪，由於古代字體看起來像蝌蚪，因此命名。宋代人對於研究古代文字十分感興趣，這一節我要再次邀請仁宗朝的名臣歐陽修登場。

古代文字的研究

歐陽修自稱六一居士，意指藏書一萬卷，集錄三代以來金石遺文一千卷，有琴一張，有棋一局，常置酒一壺與吾一翁。身為大學者，自然要藏書一萬卷；琴與棋是古來君子的必備教養；還有酒（不是茶），也是功成名就的高官身邊必備品。那麼，剩下的金石遺文又是什麼？金石遺文指的是古今的碑文拓本，和刻有銘文的器物。換句話說，就是文字收藏。他把自己的收藏編成目錄並加以解說，統合成一本書，是為《集古錄》。

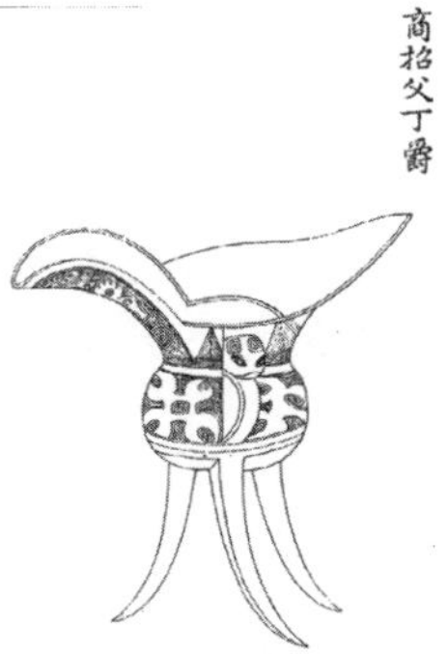

名為「爵」的酒器 出自《景印文淵閣四庫全書》，第八四〇冊，引自《重修宣和博古圖》。

《集古錄》收錄的大多是唐代作品，但也有不少秦始皇時期度量衡器物上的銘文等，屬於秦漢六朝時代的文物。時間再往前推，《集古錄》開頭還有西周時代，名為「敦」的青銅器上刻的銘文。銘文的字體是西周金文，但歐陽修將之

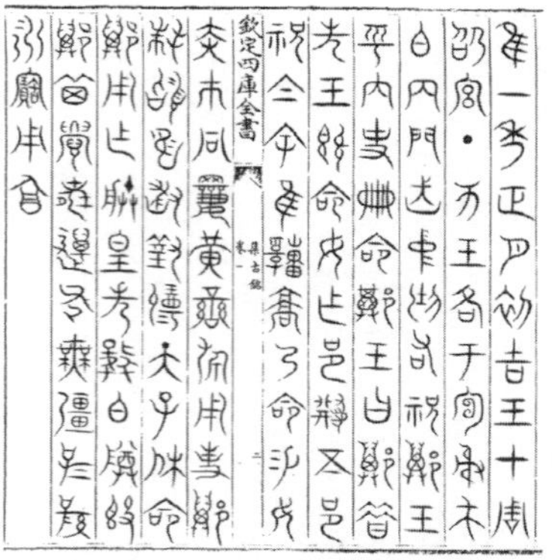

毛伯敦銘　出自《景印文淵閣四庫全書》第六八一冊，史部，集古錄（《歐陽修全集》）。

謄寫下來，改成宋的通用字體（亦即楷書）。簡單來說，歐陽修做的是翻譯與解讀金文的工作，這一點也讓他成為金石學的始祖。歐陽修想重拾夏商周榮耀的復古意志，也催生了他收集當時文字史料，進行解讀的鴻圖大志。

比歐陽修晚數十年，徽宗命人將宮廷收集的古代器物繪製成《宣和博古圖錄》。當時有一位名叫趙明誠的收藏家，相信宋朝除了他之外，還有許多收藏家。但讓趙明誠名垂青史的事情，是他將自己編纂的收藏目錄獻給朝廷，後來透過謄寫印刷的方式流傳千古。事實上，他的美名背後有一段令人辛酸的故事。

趙明誠是擔任過地方官的士大夫，靖康之變時，他正在青州（今山東省益都）赴任，被金軍趕往南方避難。顛沛流離之際，他那數量可觀的收藏品陸續流失，他自己最後死於流浪途中。所有收藏品也在他死後幾乎遺失殆盡。《金石錄》收錄了趙明誠生前細心收集的珍貴寶物，是一本解說目錄。後來由其遺孀將這本《金石錄》獻給朝廷，流傳後世。因此，這本《金石錄》與歐陽修的《集古錄》不同，並非現有收藏品的解說。遭逢靖康之變，失去家、財產與丈夫的女子，為了追憶過去擁有的一切，完成了這本《金石錄》。這位女子就是知名的李清照。我們將在本章第四節談論「文學」一時，再次與她相遇。

順帶說明，個人藏書的解說目錄是到南宋才開始出現的書籍型態。晁公武的《郡齋讀書志》與陳振孫的《直書齋錄解題》是現存最有名的解說目錄。其實「解題」一詞，是這個時期由陳振孫的目錄開始而逐漸普及的。

自從西漢末期劉向開始整理圖書以來，宮中圖書一直都有編寫目錄的傳統，但個人藏書目錄的編纂，應該與第七章所述的印刷出版文化息息相關。話說回來，現存目錄的大藏書家收集的不只是印刷刊行本等一般民間流行的通俗讀物，還有大量努力收集而來的抄本。與前面提及的歐陽修一樣，這個時期有很多人將自己的書齋取名為「萬卷樓」。

名物學是與金石學相關的學問。名物指的不是某地特產，名物學是考證事物名稱與特性的學問。在經學中，中國學者自古便十分注重考證與比對《詩經》出現的動植物與實物之間的差別。宋代也有人對此下了不少工夫，蔡卞與陸佃都有留下相關著作。

王安石的《字說》

他們兩位都是王安石門下的新黨官僚，在第七章數次出場的沈括，也跟他們一樣注重名物學。王安石要把世界秩序建構在皇帝之下，由皇帝統治管理，這個思想也影響對物品名稱的探究。

事實上，王安石本身也有一本《字說》，可惜現在已經失傳。這本大作足以媲美漢代許慎的《說文解字》。我們唸小學時都學過，許慎將漢字分成四種，分別是象形、指事、會意、形聲（其他還有轉注、假借等兩種）。王安石學說的特色是不承認形聲字，實際上漢字超過九成都是形聲字，可見他的學說有多驚人。由於《字說》已失傳，無法確認其真偽，據傳王安石將幾萬個形聲字分成象形、指事、會意三種，並加以解說（基本上絕大多數歸類為會意字）。因此，他也犯了許多基本錯誤。批判他的舊黨人士甚至流傳以下故事，揶揄《字說》的錯誤。

故事之一，有人問王安石，「覇」為何是西字頭？王安石回答：「因為西方有殺戮的習慣。」接著滔滔不絕地說明。對方看他說得差不多便插話：「哎呀！我想起來了，正確的寫法應該是『霸』，是雨字頭才對，不是西字頭。」沒想到王安石不以為意，臉部紅氣不喘地說：「那是因為受到慈雨感化了。」

故事之二，蘇軾問王安石自己的號東坡的「坡」是何意？王安石說：「是土的皮。」蘇軾開玩笑地說：「照你這麼說，『被』就是衣的皮、『波』是水的皮囉！」眼見王安石一臉得意的樣子，蘇軾馬上又問：「那麼，『滑』是水的骨嗎？」

不可否認的，王安石的說法確實有些牽強，持平地看，還是許慎的形聲說比較有道理。《字說》到了南宋就被遺忘是可以理解的結果，不過，王安石為什麼要花這麼大力氣改變漢代以來的文字學？若無法徹底研究這本奇異的《字說》，或許也就不能正確把握王安石的新法精神，只找出其與近代相通的地方，再重新建構王安石的思想，這樣的做法不夠周延。話說回來，這本已經失傳的字書，目前還沒有值得報告的具體成果。

考古學風

宋代吹起了一陣考古風潮，這就是歐陽修收集並解讀古代文字的原因，也是王安石探究（外界認為）聖人創造的文字由來的動機。一般人都以為宋代人強調觀念，與清代考證學秉持的精神不同，其實這個一種誤解，事實並非如此。後世的考證學者們在介紹自己的師門時，會舉出好幾個宋代人作為源流，由此可見宋代也是有考證學的。只不過，宋代的考證學不是為了考證而考證，也不是打發時間的個人興趣，而是為了國家社稷，用當時的話說就是經世濟民的基礎。他們為了恢復並模仿遠古聖人們制定的完善制度，必須針對那些制度進行詳細考證。

王安石學派之外也有一些學者具有這樣的學風，在此介紹兩位活躍於南宋末期的明州士大夫，他們分別是王應麟與黃震。

王應麟的祖先住在開封近郊，但南宋後定居明州。父親是呂祖謙門派的科舉官僚，王應麟師承朱熹、真德秀一脈的學者，年紀輕輕便考取進士，在官場平步青雲。無奈生不逢時，當時不僅宋代王朝岌岌可危，北方的蒙古勢力日益強大，危機進逼。他雖經常直言進諫，卻不被宰相賈似道接受，最後南宋終於滅亡。南宋滅亡二十年間，他堅持不在蒙古建立的元朝當官，回歸鄉里專心寫作。王應麟著述甚豐，代表作是《困學紀聞》。這本書對經書與史書從內容到制度進行全方位的考證研究，條理清晰，深受清代考證學者高度推崇。

另一位人物黃震雖然也是明州出身，卻來自遠離州城的慈溪縣，他與第四章介紹的楊簡為同鄉，信奉朱子學而非陸九淵學派。黃震是一名功績卓著的地方官，寫了一本檢討古書內容的考證集成，名為《黃氏日抄》。後來受到自稱為其後裔的明末黃宗羲，與清代活躍於寧波（明州）的全祖望等人的尊崇。

清代出現批評朱子學的風潮後，這兩人成為證明「宋代也有考證學風」的代表人物，受到各界矚目。雖然不排除人為製造假象的可能性，但王應麟與黃震都自認是最忠實的朱子學家，他們的存在證實了朱子學的真實性。就連朱熹自己也寫過《詩經》注釋，重視名物學。

王應麟有一本適合初學者學習的《小學紺珠》，內容廣泛，總計一千九百多項，從天道類的「兩儀」，也就是天與地開始，網羅動植類的「三異」，亦即「蟲不犯（優秀地方官治理的）境，化及鳥獸，豎子有仁心。」基本上以「數詞加名詞」的形式取篇名。其在自序中說道：「夫小學者，大學之基也。」誠如這句話所說，唯有受過名物學初等教育的人，才能學習以三綱八目為理論的高等教育，在沒有任何基礎的情況下，不可能談論理氣論、心性論等具有哲學性的高深話題。

蘇軾畫像

書畫

宋朝四大家

元符三年（一一〇〇）九月，蘇軾因新皇登基大赦天下，踏上返回開封的旅程。當月二十四日，蘇軾在康州端溪縣（廣東省）溪流乘舟遊覽後，於岩壁刻字紀念。相信去過中國旅遊的人，一定都在風景名勝看過巨岩上刻著古代文人墨客的題字。為了突顯岩上題字，還刻意用紅漆描繪一遍。已經西化的近代人認為自然景觀就應該維持天然模樣，但

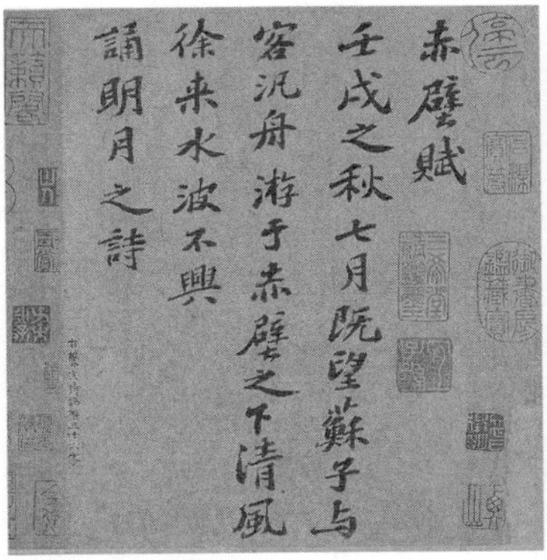

蘇軾《前赤壁賦卷》

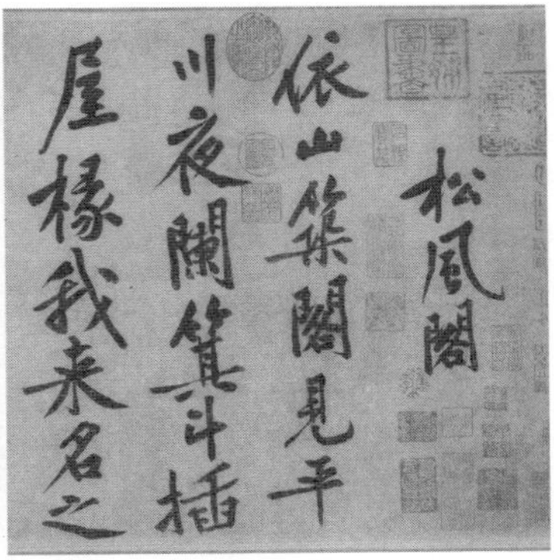

黃庭堅《松風閣》

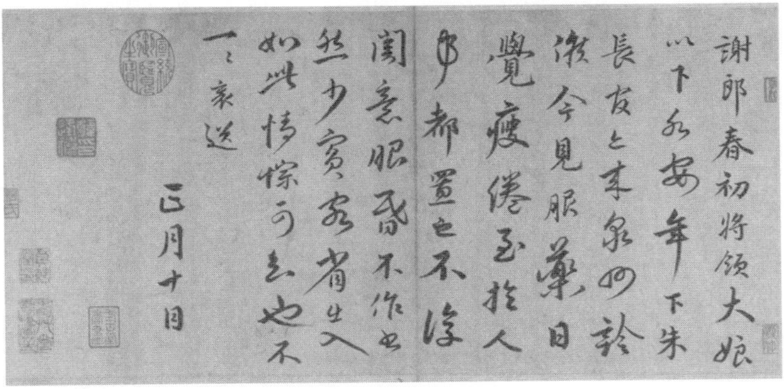

蔡襄《謝郎帖》

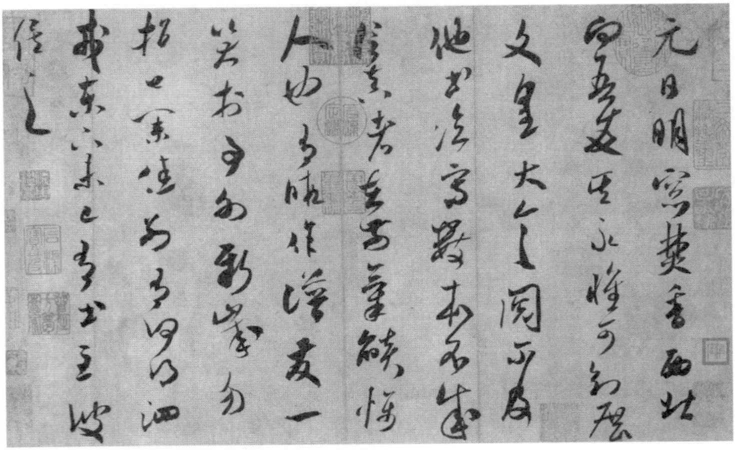

米芾草書帖中的《元日帖》

對於中國古代文人而言，造訪天下名勝，留下文章墨跡才是雅趣所在。蘇軾也是如此，而且他那次在岩壁刻字也不是第一次。

既然如此，為什麼要特地舉出這個例子？因為那次刻字與接下來要介紹的兩點息息相關。

第一、蘇軾題完字返回船上後，又在紙上寫下新的文章。他在岩壁上寫的是平時常見的粗壯字體，但不知是否刻意為之，在紙上寫的又是與平時不同的字體，他自己稱為「瘦妙」。遺憾的是那篇文章已經失傳，所以我們無法目睹瘦妙體是什麼模樣，而且第二年他在旅途中病逝，再也無法寫出這種開創新境地的作品。

第二、是因為這個地方。有書法造詣的讀者或許已經發現，此處是知名的端硯產地。雖不知蘇軾題字時是否使用當地產的端硯，但當時的硯台生產已經達到一定規模。喜歡蘇軾的南宋高宗在其自著《翰墨志》說道：「端璞出下岩，色紫如豬肝，密理堅致，潴水發墨，呵之即澤，研試則如磨玉而無聲，此上品也。」

多才多藝的蘇軾在書法成就上也列入宋朝四大家之一，其他三人為蔡襄、黃庭堅和米芾。前文已經介紹過，蔡襄是慶曆士大夫官僚，擅長楷書，字體端正，蘇軾也推崇其為值得尊敬的書法家前輩。黃庭堅是蘇軾門人，文章繼承歐陽修、蘇軾的古文精神，且為開創江西詩派的詩人，擅長草書。米芾效法王羲之，展現平淡天真的書風，初期是徽宗朝的寵兒。

話說回來，除了這四人之外，還有許多知名書法家，特別的是，徽宗的書法水準完全不輸給這些人。徽宗擅長精瘦纖細的字體，稱為「瘦金體」。上述提及蘇軾晚年的「瘦妙」字體，說不定很接近瘦金體。除此之外，蔡京也是知名書法家，其字體粗壯，與徽宗正好相反（請參照第三章圖）。有一說認為當初四大家包括蔡京，後來受到政治影響換成蔡襄，而這兩人其實是同族。

徽宗命人編纂的宮中藏書目錄《宣和書譜》於宣和五年（一一二三）完成，同樣基於政治原因，沒有提及蘇軾與黃庭堅，反而大加讚揚王安石與蔡京在宰相任期內的豐功偉業。王安石的書法連政敵蘇軾都評為「荊公書得無法之法」，讚賞王安石獨樹一格的優秀才華。

蘇軾還是一位書法評論家，他曾說：「人的書風除了巧拙之外，另有味道，可反映人格好壞。」與唐代以字型優劣為基準評價書法不同，他主張應該承認每個人的個性，從中看出當事者的性格，這個觀點顯示出書法世界也有唐宋變革。

站在相同基礎的「書」與「畫」

在繪畫領域也能窺見「從形到心」這個標語化的藝術理論。之所以這麼說，是因為「書」與「畫」是在相同基礎上論述，這是宋代的特徵之一。徽宗在宮廷設立書畫院，除了《宣和書譜》之外，還編纂了《宣和畫譜》。崇寧三年（一一〇四），繼前一年設立醫學（醫術專門學校）後，又設置了算學、書學與畫學，積極培養畫工。不過，書學與畫學很快就被廢止。

令人感興趣的是，《宣和書譜》和《宣和畫譜》，都收錄了日本的作品。《宣和書譜》的最後列舉了書法寫得較好的國家誥文，包括五代、南唐、大理國以及兩篇「日本國康保偽誥」。康保是日本村上天皇的年號，相當於西元九六四到九六八年，正值宋太祖時期。由於連日本的年號都寫上去，才會加上「偽」字。「誥」是公文的一種，這些文件應該是奝然帶去的。另一方面，《宣和畫譜》收錄三幅日本山水畫，一幅是「海山風景圖」，兩幅是「風俗圖」。根據說明文字，這些圖也是奝然帶去的。或許是因為語言不通的關係，按照畫作內容隨意取名。由於這幾幅畫作都是貢品，可以想見一定使用了大量金粉仔細裝飾，這是其他國家做不到的事情，因此編者如此評論：「非禮義之地，而能留意繪事，亦可尚也。」事實上，這三幅日本畫作是《宣和畫譜》唯一收錄的外國作品。

順帶一提，北宋時期將日本刀視為藝術品保存，歐陽修還寫了一首詩《日本刀歌》。歐陽修畢竟是一位學者，這首詩說的雖是日本刀，後半段卻感嘆兩國文化交流不夠緊密。

> 前朝貢獻屢往來，
> 士人往往工詞藻。
> 徐福行時書未焚，
> 逸書百篇今尚存。
> 令嚴不許傳中國，
> 舉世無人識古文。
> 先王大典藏夷貊，
> 蒼波浩蕩無通津。

令人感激坐流涕，
鏽澀短刀何足云。

（日本與前朝唐代為了進貢珍寶往來頻繁，就連日本士人也善於寫詩作詞。徐福前往日本時，《書經》尚在未被焚，孔子寫的百篇文章就這樣留在日本。無奈日本嚴令不可將這些好書傳入中國，使得中國無人看得懂古文。《書經》就在異族手中，卻因為大海茫茫無法互通而不可得。令人無限感慨，黯然落淚，一想到這兒，生鏽的短刀又如何能取代古文？）

歐陽修這首詩作於十一世紀中期以後。一百年後，日本在平氏政權[2]統治下開啟宋日貿易，南宋有許多文物傳入日本。宋朝開放的貿易港是將在第九章詳細介紹的明州（今寧波），正因如此，現在許多日本寺院收藏的宋代畫作都是在明州製作，而且主要是表現信仰傾向的如來、菩薩、羅漢、僧侶等佛像畫作。反觀中國本土，在宋代繁榮一時的佛教寺院不是漸漸沒落，就是在戰亂中被破壞燒毀，結果反而讓日本保留了大量宋代繪畫。

漸漸的，日本開始在茶室掛上中國傳入的畫，以宋瓷點茶並品嘗抹茶。這充滿侘寂之美的情景，在我們眼中完全就是傳統「日本風情」的體現。但

《五百羅漢圖》 周季常・林庭珪繪，共八十二幅。

追根究柢就會發現，其承襲了唐宋變革後逐漸演變的中國東南沿海地方文化。

宮廷畫師的活躍

言歸正傳，《宣和畫譜》說明了宮廷是當時繪畫作品的最大買主與收藏家。

五代十國各王朝都有自己的宮廷畫師，宋代統一後，這些宮廷畫師全都集中在開封。特別是文藝風氣最盛的南唐宮廷，也來了許多優秀畫師。他們在開封皇城裡的宮殿與官府內牆，繪製了許多障壁畫[3]。蓬勃的繪畫事業代表華北政權吸收江南文化，以大唐帝國的繼承者君臨天下的視覺象徵。

一百年後，第三章提及的元豐改制也修建了部分政府機構。在這種情形下新建翻修的官府牆壁，幾乎都裝飾著當時最紅的畫家郭熙繪製的障壁畫。這點也顯示出宋朝財政重建成功，對外宣揚國威的企圖。從這個面向來看，繪畫事業也帶有嚴肅的政治意涵。有趣的是，尚書省的牆面不裝飾繪畫，而是由翰林院的職業書法家寫滿《周禮》內容。這麼做是因為《周禮》為元豐改制的模範。

郭熙是華北派山水畫家，承襲宋初李成的畫風並發揚光大。相傳只用單色墨描繪山水的

郭熙的《早春圖》

桃鳩圖　大觀元年（一一〇七）、徽宗二十六歲的作品。畫作左下方還有日本幕府將軍足利義滿的鑑藏印。

畫法，來自唐代的潑墨技法。這是一種將墨潑在紙上，接著依照偶然形成的模樣繪製成山水的技法。李成是大唐帝國的皇室血脈，住在山東的平原地區，創造出「平遠山水」的畫風。郭熙融合李成的畫風，與范寬描繪陝西地方高聳岩山的「高遠」畫風。他的兒子郭思編輯了一本郭熙畫論集《林泉高致集》，詳細解說高遠、深遠、平遠等構圖，山、木、人的配置方式，以及雲與霞的運用方法，徽宗也對郭熙極度推崇。

徽宗本身也常作畫，不過，他擅長的不是山水畫，而是花鳥畫，運用色彩真實呈現動植物生態。徽宗接受宮廷畫家崔白門下畫家的指導，開拓自己特有的境界。此畫風因與翰林圖畫院有關，因而稱為院體畫。

與徽宗本人命運一樣，他的作品也被帶到北方的金朝，後來成為清朝宮廷的收藏品。其中也有一部分流入民間，輾轉到了海外，成為世界各

瑞鶴圖　政和二年（一一一二）舊曆正月十六日傍晚，宮城正門宣德樓有二十隻丹頂鶴飛舞，此畫便是描繪當時的祥瑞景象。

五色鸚鵡圖　瘦金體跋文也出自徽宗之手。

模張萱搗練圖卷　卷頭有金章宗的題記，相傳此畫卷是徽宗親手摹繪唐代畫家張萱的搗練圖。

臘梅山禽圖

地知名美術館的珍藏。日本也珍藏包括《桃鳩圖》在內的幾幅畫。個人熟悉的波士頓美術館收藏《五色鸚鵡圖》，我在波士頓期間，波士頓美術館曾經展出同樣來自開封宮廷的瓷器，這幅畫就掛在上層展室裡，《五色鸚鵡圖》還有徽宗親自題的瘦金體跋文。

靖康之變後，以徽宗宮廷畫家李唐為主，形成南宋院體畫派。李唐是山水畫家，與郭熙畫風不同，他開創了筆觸簡潔，表現物體質感的繪畫風格。臨安出身的夏珪也屬於這個畫派，其畫風後來被稱為浙派的流派承襲。浙派後來對十五世紀從日本來遊學的雪舟[4]產生很大的影響。

士大夫的繪畫——文人畫

士大夫創作的繪畫稱為文人畫，是與上述院體畫屬於相對概念的畫風。明代出現南宋畫概念後，兩者常被混用。但文人畫在定義上是「業餘畫家的畫」，並不是一個特定流派的概念，而且宋代也沒有「南宋畫」這個詞彙。換句話說，這個系譜（與朱子學一樣）是後世創造的。蘇軾不只是文人畫的名家，也是盟主。

北宋後期，士大夫之間形成了沙龍文化，其中一個原因就是黨爭。誠如前方所述，反王安石的重要人物全都在洛陽。蘇軾身邊有許多仰慕他的文人墨客，一起吟詩寫字，（可能也）暢談政治。這樣的宴會被形容為「西園雅集」，實際上並沒有這樣的宴會，只是藉由十六位同好聚在一起的設定，將蘇軾的沙龍理想化、理念化，並流傳後世。其中使用的媒介自然是繪畫，這一派畫家最有名的是李公麟，他因為繪製西園雅集成員的肖像而成名。

西園雅集圖

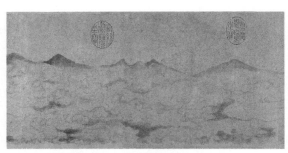

米芾「雲山並自書跋」中的繪畫部分

我們現在所說的肖像畫，其實是從他們那個時代開始的。就像皇室有原廟、景靈宮一樣，一般士大夫祭祀祖先時都使用肖像畫。由於這個緣故，肖像畫以展現主角人物的個性為主，不斷摸索繪畫技巧。程頤主張將肖像畫從祭壇拿下，改以牌位取代，他的理論之一就是「一根頭髮畫不好，這幅畫就不叫真容」，由此可見，當時十分注重精細的實際摹寫。

有人認為這個現象也與文學藝術作品的作者誕生有關，我們一定要了解作者在什麼時候、什麼情況下創作出這樣的作品。諸如此類的研究愈多，也有助於製作文學家年譜。舉例來說，當我們鑑賞杜甫的詩，會從「杜甫是何時，在何種情形下創作此詩」切入，從這裡也能看出心性層面的唐宋變革。

與他們同時期還有一位著名的書畫家米芾，他曾經兼任上述書學與畫學的博士（教授職務）。上圖就是他的作品。其畫風枯瘦淡泊，雖為徽宗的宮廷畫師，但也是文人畫的開拓者之一。

太湖石

從外地運來石頭裝飾庭園，以人工方式製造自然景觀，這個做法始於唐代的白居易。他從自己擔任刺史的蘇州與杭州挑選喜歡的石頭，運往洛陽家中妝點庭院。

庭園建設——宋朝人的自然觀

唐代首都西為長安、東為洛陽，到了宋代，長安稱為京兆府，為永興軍路的公署所在地，地位比四京還低，僅為一個地方城市。另一方面，洛陽不只是宋代京西北路的中心河南府城，也被視為西京，具有陪都的地位。太祖時還是很中意洛陽，認真考慮遷都事宜。到了神宗時期，開封已確立首都的權威地位，但是因為洛陽離首都有一段距離，於是成為批判新黨政權的核心人物聚集之處。他們因為被迫遠離政治實務，每天從事自己的興趣與志業，在洛陽悠閒度日，互相往來。庭園便成為這些人高談闊論最好的地方。

當時李格非寫了一本《洛陽名園記》，介紹了十七處洛陽庭園。首先要介紹的是司馬光的獨樂園。司馬光

《祥龍石圖》（徽宗　北京故宮博物院收藏品）　**拔文也是徽宗所寫。**

在編寫《資治通鑑》期間，想要放鬆時就會獨自或邀請好友一起欣賞庭園美景。這些大多是唐代就有的庭園，到了宋代再修築裝飾，《洛陽名園記》裡也介紹了白居易故宅的大寧寺。

這些庭園不像興建於長安郊外的輞川山莊，廣闊到早白居易五十年的詩人王維以「空山不見人」來形容。正因如此，才需要在園內興建人造山丘，挖池塘，飾以從遠方運來的巨石，醞釀迷你版深山氛圍。如此這般，在都市裡以人工方式建造自然景觀，享受大自然樂趣的錯置世界——雖然這對我們現代人、都市人來說是很正常的事情——就此展開。

徽宗興建萬歲山（艮岳）可說是修築庭園規模最大的例子。宣和年間，徽宗為了求子，聽從道士建議，在開封宮城東北方興建假山。儘管徽宗當時已經有多名皇子，包括後來的欽宗與高宗，但他最希望的還是自己寵愛的妃子能為他生下兒子，那個時候他才剛滿四十歲。

為了建設這座庭園，必須從江南太湖沿著大運河，運送大量當地形狀奇特的巨岩，因此組成「花石綱」船隊（綱是成批載運貨物之船隊）。由造園師朱勔負責興建，他也因此在政壇平步青雲，與蔡京、童貫並稱三大「君側之奸」。南宋士大夫們一心想找徽宗與蔡京政權的缺點加以批評，他們認為花石綱正是導致宋朝衰敗蕭條，招致金軍入侵的元凶。

不過，當時喜愛異石的不只徽宗一人。即使沒有能力籌組船隊從遠處運送過來，造園還是需要巨石幫襯。不僅庭園造景，他們甚至將石頭搬進屋內。雖說大多作為觀賞用，也有實用的文具，例如硯台、文鎮等。據傳南唐後主李煜就是把一塊有三十六「峰」、中心凹陷的石塊當成硯台使用（稱為三十六峰硯）。

米芾也很喜歡在書齋裝飾盆石。他在明石產地擔任地方官時，每天忙著收集奇石，疏忽政務，受到按察使楊傑（在王安石身邊推動禮制改革的核心人物）詰問。沒想到米芾顧左右而言他，從袖子裡拿出一顆又一顆石頭獻寶，到了最後，楊傑忽然說：「不光你喜歡，我也喜歡。」一把搶過石頭就走。這件事也可看出楊傑本身也是愛石人士。庭園成為迷你的盆石，士大夫們從盆石中看到大自然的風景。相信各位可以理解，盆栽也是同樣的概念。

這種心性也與禪的思想相通，日本人都知道禪宗寺院的庭院是大自然的象徵，日本式園林型態「枯山水」便源起於此。

朱熹的故鄉在福建山區，他生長於真正的大自然，每天過著思考、寫作的生活。朱子學的自然觀是「在個別物體中找出體現宇宙的理」，並非與所有宋人的藝術觀毫無聯繫。在他們看來，無論紙上寫的字、單色水墨畫的山水以及掌中奇石，都託宿著宇宙與神祇。

先前已經說過，蘇軾年輕時受到歐陽修賞識，他是在歐陽修擔任考官的那一年考取進士。當時年近五十的蘇洵帶著蘇軾、蘇轍兩個兒子赴京趕考，最照顧他們的就是歐陽修。事實上，不僅蘇氏父子，王安石也是受到同樣出自江西的這位前輩官僚舉薦，才能在朝廷嶄露頭角。

文體的改變

日本高中的文言文（漢文）課程介紹唐宋八大家，除了韓愈和柳宗元之外，其他六人都是同時期的人物，就是上述的五人再加上曾鞏。曾鞏的名氣不如其他七人響亮，但他會列入「八大家」，據傳是因為朱熹特別喜歡他的文章。第七章說到農業問題時，也曾提過曾鞏。不管怎麼說，唐宋八大家被譽為「古文」名家，受到後世推崇，更編輯出版收錄八人代表作的文集。其中最受歡迎的是清代沈德潛編輯的《唐宋八大家文讀本》，不僅傳入日本，更出版各種日文刊本。包含唐宋八大家在內的古今名作集《古文真寶》，也在日本大獲好評。

古文在北宋初期並非主流派，雖有推崇韓愈的文學家推動小規模古文運動，但那些不過是遠離中央政界的中下等級士大夫採取的行動。當時獨霸朝廷的是擅長駢文的文士們，主流派領袖人物為翰林學士楊億，其文體稱為西崑體。

慶曆改革也帶來了文體改革，太學講官石介一改歐陽修明白流暢的文風，提倡險怪奇澀的古文，稱為「太學體」。蘇軾接受歐陽修指導，對太學體也抱持批評態度。用現代日語很難說明清楚，百聞不如一見，且容我列舉這三大文體，各位不妨比較看看。

楊億〈景德傳燈錄序〉（為禪僧傳記寫的序）節選

不立文字直指心源。不踐楷梯徑登佛地。逮五葉而始盛。分千燈而益繁。達賓所者蓋多。轉法輪者非一。

石介〈答歐陽永叔書〉（反駁歐陽修批評文體的回信）節選

今天下為佛老，其徒囂囂乎聲，附合回應，僕挺然自持吾聖人之道；今天下為楊億，其眾嘵嘵乎口，一倡百和，僕獨確然自守聖人之經。

蘇軾〈正統論〉（歐陽修與章焞爭論王朝正統的評論）節選

始終得其正，天下合於一，是二者，必以其道得之耶？亦或不以其道得之耶？病乎或者之不以其道得之也，於是乎舉而歸之名。

相信各位一看就知道，蘇軾的文體最簡潔易懂。

將景色化為文字的敘景詩

蘇軾是公認宋代最知名的詩人之一，其作品以敘景詩居多。將情感寄託於風景是宋詩的整體特色，這種表現方法就像是旅遊時寄一張風景明信片（或用手機寄旅遊風景照）給朋友一樣，詩與畫都是在同樣的基礎上蓬勃發展。前一節曾說過肖像畫是將一個人的人品風采表現出來的視覺作品，這一節談論的則是將眼前景色化為文字的敘景詩，事實上這兩者互為表裡。在此介紹一首蘇軾具有代表性的敘景詩：

〈春夜〉
春宵一刻值千金，花有清香月有陰；
歌管樓臺聲細細，鞦韆院落夜沉沉。

（春天的夜晚十分寶貴，短暫的一刻也能抵黃金千兩，花朵散發清香，月亮透著朦朧。樓台上傳來清雅樂音伴隨輕柔歌聲，鞦韆在庭院裡低垂，夜色顯得更加深沉。）

最後一句描寫的是在夜深人靜、明月當空的庭院裡，只有鞦韆靜靜低垂的情景。這是一首在靜謐氣氛中，傳遞凜然意境的作品。此外，雖然現在沒人注意到這件事，但王安石在南宋期間是與蘇軾並列的大詩人，深受各界崇拜。以隨筆體裁論詩話詩之書稱為詩話，王安石的名字經常出現在詩話裡。

南宋也有許多著名詩人，其中以陸游的作品最多。現存詩作一萬首，一般認為，其一生創作的詩應該超過兩萬首。陸游的祖父陸佃屬於王安石派的人物，他也曾在本章第二節「金石與名物」出現過。

雖然不是詩，陸游在乾道六年（一一七〇）乘船從故鄉紹興前往四川當官時，寫了一篇遊記集

《入蜀記》。這本書也在第七章介紹過。我猜想他在彙整本書時應該經過潤飾，文風顯得平易近人（與其師承派系不同）。他個人很喜歡歐陽修和蘇軾寫的詩，《入蜀記》的文筆風格較接近他的詩作。這次旅程長達五個月，在每個停泊地都會與當地地方官和仕紳望族交流——他們見面想必會談論詩作，但這一點在《入蜀記》中完全沒有記載——沿途遊覽名勝古蹟，悠閒且優雅地盡賞各地風光。絲毫感受不到十年前海陵王率領金軍入侵的緊張感。作風優雅的陸游其實是知名的主戰派人士，由於這個緣故，到了近代才會被推崇為愛國詩人。蘇軾以後，宋人雖然喜歡杜甫，但至少在南宋詩人的詩中，看不出杜甫那種憂慮國事、充滿悲愴的情感。

作詞風氣盛行

提到宋代韻文，還有一種類型不得不提，那就是「詞」。現在我們說「作詞作曲」，而不說作「詩」，是因為「詞」是搭配「曲」來唱的作品。先有曲，再搭配相應的詞，此為填詞。所以，許多作品原有的曲名「詞牌」與填詞作品的內容毫無相關。

詞本來的意思是「詞彙」，現在日語的「辭典」在中文是「詞典」，與以漢字為主角的「字典」區隔。韻文的「詞」在日文的讀音與詩相同，有時為了區分，中國文學專業領域的業界人士習慣用中文發音來說。或者也會用「詩餘」來稱呼詞，不過這個名稱表現出「詞的價值低於詩」的立場。

蘇軾也是詞界的第一把交椅，北宋前期知名的古文家柳永也是作詞高手，但蘇軾把詞提升至藝術作品的境界。比他晚一輩的女詞人李清照，是本章第三節「書畫」曾介紹的《洛陽名園記》作者李格非之女，也是第二節「金石與名物」登場的金石蒐藏家趙明誠之妻。以下是她的代表作：

〈醉花陰　九日〉

東籬把酒黃昏後，有暗香盈袖。

莫道不消魂，簾卷西風，人比黃花瘦。

（黃昏時在種著菊花的園子裡喝酒，滿身都是菊花的芬芳。別說不憂愁傷心啊，當簾子被西風捲起的時候，你瞧！那屋裡的人比那籬邊的菊花還消瘦呢！）

題名的「醉花陰」是這首詞原來的曲名（詞牌名），此曲的型態是五字一闋，分為上下闋，共五十二個字。此處引用的是下闋的歌詞。「九日」是這首詞的題目，詠唱的是獨自過九月九日重陽節的孤寂心情。李清照思念的人，是她的丈夫趙明誠。

這首詞還有一個趣聞，相傳李清照把這首詞寄給她的丈夫，趙明誠感動之餘自嘆弗如，決定自己也要寫出比這個還好的詞。於是他花了好幾天才寫完，還將李清照的詞夾在自己的作品，拿給朋友鑑賞。沒想到他的朋友說：「只有這三句寫得好：莫道不消魂，簾卷西風，人比黃花瘦。」這說明他還是比不過自己的妻子，李清照果真是一位卓越的詞人。

丈夫早逝，獨自度過南宋初期艱困生活的李清照，一直被視為最具代表性的宋代女性。不過，能不能把她當成宋代的女性典型，那又是另外一回事。她像范仲淹、歐陽修的母親一樣出身士大夫之家，體現了男性文化。男人們（任何時代皆如此？）一方面追求可作為精神伴侶的女性，另一方面又為了滿足一時的需求與歡場女子作戲，有許多詞就是歌詠那些奢華淫靡的青樓世界。

藝能

滲透至庶民生活的娛樂

蘇軾隨筆《東坡志林》描寫了孩子們聽說書人講三國時代群雄爭霸的情景，他們聽到劉備戰勝時歡呼喝采；聽到形勢對曹操有利則噓聲四起，簡直就像現代小孩沉迷三國志電玩的模樣。

宋代由於說書人興起，讓正史《三國志》逐漸走向小說《三國演義》。[5]正史編者陳壽批評為「應變將略，非其所長」的諸葛亮（孔明），變成才華洋溢的一代軍師；「善待卒伍而驕於士大夫」的關羽被塑造成義薄雲天之人；對手曹操變成令人咬牙切齒、慘忍無情的梟雄；劉備變成對抗曹操，保護漢朝與人民的正義使者，許多仁人志士紛紛投入他的陣營。儘管如此，他卻無法一統天下，這是為什麼呢（都已經美化成這樣了，真的很難說清楚「為什麼」）？他們的理想在颳著秋風的五丈原，隨著落敗而告終。宋代的孩子們專心聆聽說書人的歷史故事，或許也將自己的未來投射在故事之中。

講述三國故事的說書人當時稱為「說三分」，記載徽宗時代開封景況的《東京夢華錄》，列舉

《清明上河圖》的熱鬧街景　描繪兩層樓高的大型酒肆。

了各種受歡迎的表演藝人，其中「說三分」的名人是霍四究。同為說唱故事的還有五代史、小說以及說諢話類別，除此之外，還有影戲、雜耍、相撲、模仿叫賣等；擅長「小唱」的妓女李師師，相傳是徽宗的情人。

這些演藝節目全年無休地在瓦肆（娛樂場所）演出，小說《水滸傳》雖然反映的是明代社會，但也描寫了開封等其他城市這些階層的男女生活百態。這個世界跟辛勤耕地的農民階層完全不同，背後更受到非法之徒的操控。

從這裡我們可以看出唐宋變革後的文化質變過程，在變革以前，所有演藝娛樂唯有王公貴族才能享受，如今歌舞伎界還在使用的雅稱「梨園」，原本指的是唐玄宗的宮廷歌舞團。雖然在郊祀等朝廷主辦的祭祀活動中，平民百姓也能看到這些表演，但平時只為了取悅極少部分人。唐朝城市實施坊市制度，每個坊都有木門，而且門禁森嚴，不可能在娛樂場所玩到深夜。不過，到了宋代，娛樂場所卻成了不夜城。餐館的美酒、歡場的美女，人們需要這些娛樂洗去每天的煩惱。看在道學先生們的眼中，在娛樂場所表演的藝人絕非良民之輩，宋代人卻因為欣賞他們的才藝，歌頌每天的生活。應該說正因為民間娛樂蓬勃發展，才使得戴著道德家面具的老夫子們大嘆「不像話」。無論何時何地，倫理觀都是從批判現狀產生的。

身為文化後進國家首屈一指的「祭司」，成尋也很喜歡這些演藝娛樂。他在杭州登陸後，被當地一種用水表演的雜技戲法吸引。現在只要到日本的日光江戶村主題樂園，就能欣賞利用太鼓和扇子噴水的雜技表演，史上第一位花錢看這類表演的日本人，說不定就是成尋。

藝能文學化

從《東京夢華錄》等其他史料可以看出，相較於唐代，宋代還有一個特色，那就是缺乏國際色彩。唐代還有西域來的胡旋舞抓住了長安人的心，宋代完全看不到這類充滿異國風情的事物。這一點也反映出作為世界中心的唐朝，與僅限於漢族世界的宋朝，在政治實力上的差異。但也因為如此，才帶來了個別藝能的深化與發達，更造就了現在中國與臺灣的民間藝術。日本也是一樣，正因為有南蠻風潮後的江戶鎖國，才能建立紮實的「傳統藝能」類別。

不知是否受此影響，現在演出的歷史劇中，許多都是以宋代為題材。以官場為背景的戲劇為例，最知名的主角包括文官包拯和武將狄青。兩人都是仁宗治世後期，慶曆改革與熙寧變法之間政治停滯期的真實人物。

包拯是一位判官，相當於日本的大岡越前守忠相。他考上科舉後，在官場步步高升，成為一名中堅官僚。根據傳記記載，他在揚州天長縣擔任知縣時，運用機智捕獲盜牛人；在康州東邊擔任端州知州時，一改前任積弊，堅持不用有名的端硯行賄。他因為帶著天章閣待制頭銜擔任開封府尹，而被後世稱為「包待制」。其與日本江戶南町奉行大岡忠相一樣，皆為首都的行政與司法長官。應

戲劇裡的包拯形象

該這麼說，大岡傳說是包公傳說的翻版，亦可說，忠相實際上是以包拯為榜樣。

清廉潔白、剛正不阿的包拯，在官場也曾染上是非。他擔任御史中丞時彈劾三司使（三司長官）張方平，後來他接任三司使被人批評：「拯所謂牽牛蹊田而奪之牛，罰已重矣，又貪其富，不亦甚乎！」罵包拯的不是別人，正是歐陽修。在虛擬的世界裡，歐陽修與包拯共同協助仁宗治理天下，但實際上並非那麼和睦。

另一名人物狄青是從一介小兵當上高官的軍人。基本上宋代是由文官指揮軍隊，他卻罕見地當上樞密使。當時只要當兵就必須在身上刺字，士大夫們無法接受紋身的狄青與他們一起站在朝堂之上，不僅當成異議分子看待，更經常排擠他，而排擠狄青的核心人物正是歐陽修。

歐陽修擅長把自己的門徒和部屬安排在重要位置上，利用這些人脈建立派系，進而在政界與學界占有一席之地。他為范仲淹寫的《朋黨論》，主張君子黨派屬於國家，但他是因為得到蘇軾、黃庭堅等最有影響力的招牌，才讓自己的黨派統領天下。他也因此舉世皆知，直到今日仍是宋代歷史最閃耀的人物。他的人品本質是否真能稱為「君子」，那又是另外一回事。

言歸正傳，以宋代為題材的說書與戲劇，後來被寫成文本讀物，供人閱讀。換句話說，民間演藝經歷了文學化的過程。說書衍生出章回小說、戲劇形成了戲曲，從元代到明代，這些類別的次文化建構了與士大夫推崇的「文學」完全不一樣的世界。

本書至此介紹的都是士大夫的政治與文化世界，讀者可能開始覺得膩了。希望我能趕快說說占人口絕大多數的平民百姓，平常又是如何生活的。各位別急，既然話說到這裡，我也絕不可能停下來。想知道宋代百姓的生活樣貌，且聽下回分解——章回小說就是這樣連接下一章的。

註釋

1 義大利克雷莫納的弦樂器（包括小提琴、中提琴、大提琴、吉他及豎琴等）製造師，被認為是歷史上最偉大的弦樂器製造師之一。

2 平氏是日本天皇在平安時代賜姓的皇族之一，一般多指桓武天皇的平氏。平安時代末期，平正盛之孫平清盛將平氏政權帶到了巔峰，但隨即衰落。後來在源平戰爭中被源家所滅。

3 畫在紙門或牆面上的繪畫。

4 【譯註】日本水墨畫畫家。原為相國寺僧人，後離開相國寺，一四六七年訪問大明，創作《四季山水畫》。以一五〇二年的《天橋立圖》站上藝術成就巔峰，擅長在水墨畫注入民族情感，影響後世甚深。

5 【編註】本系列的第四冊《三國志的世界》於二〇一八年四月出版，從比較正史《三國志》與小說《三國演義》的觀點來看東漢與三國時代的歷史。

第九章　庶民生活

稅制與階級分化

宋代的平民百姓究竟過著什麼樣的生活？想復原他們的生活樣貌，是一件很不容易的事情，主要關鍵在於史料。在王朝體制下，「史學」不太關心平民百姓的生活，他們主要關心的是朝廷的人事變動與儀式流程，記錄王朝興亡的來龍去脈，作為後世借鏡。這才是史學的職責所在。

生產關係的樣貌

引進西方的近代歷史學後，史學家們嘗試摸索出一個可窺見百姓生活的方法。但他們只能使用過去的史料。於是他們從現有紀錄中尋找當時社會與經濟狀況的蛛絲馬跡，將隨筆與小說等文學作品當成歷史資料參考，努力收集整理古文書，結合考古學與圖像研究的成果，從各方面驗證生活樣貌。集眾人之力，終於能揭開大部分的神祕面紗。換句話說，本章介紹的內容與前面幾章不同，並非複製貼上自古傳承的歷史文獻，而是多虧研究先進們的努力付出，才有如此豐碩成果。

言歸正傳，宋代的平民百姓究竟過著什麼樣的生活？一般人聯想到的是辛苦耕田的農民，全家出動在田裡忙農務，最後還要把絕大多數的農獲上繳給朝廷和地主，這樣的生活絕不寬裕。若再遇到乾旱或洪水肆虐，就要面臨餓死或全家流離失所的危機。前面八章介紹的士大夫們燦爛華麗的文化成果，全都建立在這些農民艱辛困苦的生活上。

這個想像並沒有錯，宋朝基本上以農立國。大多數人口從事農業，他們繳的稅與實物（糧食等），供應包含統治階級在內的非農業人口生活所需。馬克思主義的唯物史觀著眼於這樣的生產關係，確實有其道理。

特別是從一九四九年到一九七六年之間的時期——用筆者不喜歡的直譯說法就是「二十世紀第三個四半期」——無論中國或日本，歷史學研究的主要題目都是宋代生產關係的樣貌。毛澤東路線帶來的革命成功，使得許多宋史研究家開始關心這個問題（中國主要受到政治潮流影響）。過去的農民處於什麼樣的階級？是奴隸還是農奴？是佃戶還是自耕農？毛澤東過世後，文化大革命隨之落幕，之後實施改革開放政策，引進年鑑學派與結構主義並改變研究方法，使中國和日本都失去了對這個問題曾有過的關心。但這個時期累積的研究成果，對於釐清宋代農村社會的樣貌做出極大貢獻。

日本把將這個問題的爭論視為時代劃分議題，宋代屬於近世還是中世？若主要的生產關係是地主與佃農之間單純的契約關係，那就是近世；若存在人格上的隸屬關係，那就是中世紀的封建社會。研究家們緊抓著士大夫們留下的政治文書中的隻字片語爭論不休，即使參考同一史料，有人認為這是近世社會的證明，也有人說這顯示出中世紀的特性。

王朝政府留下來的文件紀錄，大多是從稅制掌握平民百姓的相關資料。對於想要釐清農業生產關係的現代史學家，也對有關主戶客戶[1]的議題與戶等制等問題提出看法。

宋代將繳納兩稅的農民以家為單位，劃分為主戶與客戶。具體數據按各縣、各府、各州軍、各路統計，最後回歸到中央政府。直到現在，我們還能在各種史料看到其中的部分數據。

元豐三年（一〇八〇）完成的《元豐九域志》，記載了以州為單位的主客戶統計數據。一翻開就看到東京開封府的主戶為一萬三千七百七十戶、客戶為五萬一千八百二十九戶；鄂州（武昌，今湖北省武漢市）的主戶為五萬三千一百五十戶、客戶為七萬兩千一百零七戶。

話說回來，到底什麼是主戶，什麼是客戶？這是研究史上見解各異的問題。大致來說，主戶就是擁有土地的農民，客戶就是沒有土地的農民。這跟「地主與佃農」的分法究竟一不一樣？「客」是否指的是從其他地區搬來的移入人口？從上述數值來看，各地主戶與客戶的比例相差甚大，鄂州總人口只有開封府的一半，但其客戶數量竟比開封府多。有人分析，這是新興開發地區的特性。身為門外漢的我，無法判斷這些問題。

此外，政府還頒布了戶等制，按主戶內部的資產多寡分成五個等級。戶等制是評斷稅役輕重的基準，原意是為了讓第一到第三等上戶負擔較重的稅賦，達到財富重分配的目的，建立公平正義的社會。但無論古今中外，有錢人都會想辦法節稅。戶等制規定官員與寺院享有免稅免役的特權，被指定為上戶的農民為了節稅，便將土地名義上轉讓給官員與寺院，自己裝成佃戶，或細分戶籍成為下戶（詭名析戶），逃避稅役。這些都是遊走法律邊緣的行為，不過他們財力豐厚，節稅的同時也沒忘記想盡辦法打點高層。

齊民思想的理念與現實

這個世界上老實人總是吃虧。誠實申報自己的財產，所有家當都被政府掌握的農民，還要負擔逃漏稅的人應繳的稅賦，最後只有破產。《文獻通考》第四卷引用了治平年間《會計錄》其中一句：「賦租所不如者十居其七。」由此可見，亂用免稅特權的現象十分嚴重，租稅體系實際上已經崩壞。王安石變法的目的之一，就是匡正這種賦稅不公的現象。

第三章介紹的募役法就是要改變實行職役的差役法（由於這個緣故，農民每年都要服傜役），將原本不用繳稅的人也納入課稅戶，依資產多寡課免役錢，政府再用這些稅金雇用實際參與勞役的人。

根據《長編》二一五卷引用的《呂惠卿家傳》指出「凡坊郭戶及未成丁、單丁、女戶、寺觀、品官之家有產業物力者，舊無役，今當使出錢以助募人應役。」自古都市城牆內的居民劃分成十等，稱為「坊郭戶」。其他還有戶主尚未成年、家裡只有一個男丁、女戶主（家中無男丁）、寺院道觀與官僚之家等，過去都因種種原因免除各種職役（色役），但今後所有人都要繳稅，以求公平。

舊黨提出反對意見表示：「女戶與單丁皆為窮民，向他們課免役錢反而不公。」（蘇軾）兩者看法都有道理，關鍵在於這整套稅制想達成什麼目標？前面已說過幾次新黨的目標，他們希望集權

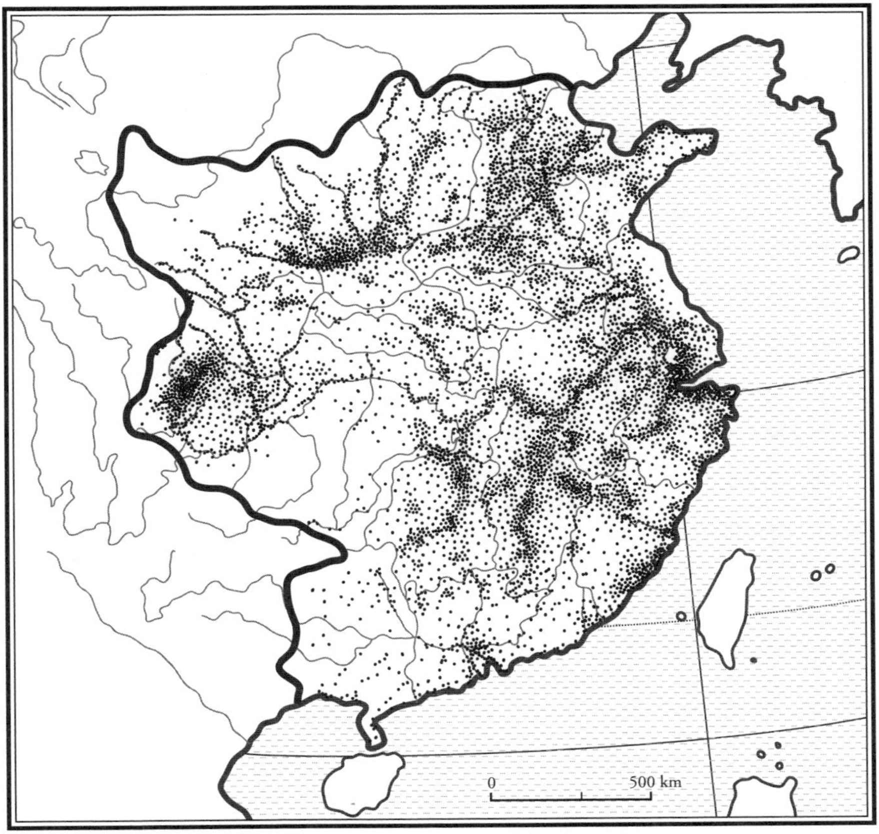

北宋崇寧年間戶數分布　一點代表三千戶（根據陳正祥編著《中國歷史・文化地理圖冊》繪製）

朝廷，由中央管理並掌控國民生活，所以不允許特例存在。於是他們設計了完整的配套措施，針對裝窮者課稅，並拿這些稅金救濟真正窮困的人。

中國歷代王朝的人口統計稱為「戶口」，戶是家計單位，口是人數。以宋代為例，丁數只記錄成年男子數量。由此可看出朝廷掌握人口數量是為了讓成年男子負擔稅役。唐代均田制是後來日本頒布律令制度的起源，均田制規定，朝廷把土地租借給良民耕作，收成後良民再上繳稅金（租庸調）。這個制度究竟有多少實際效應，目前仍無定論。但同等對待所有良民（賤民除外）的齊民思想，是實施這個政策的背景。兩稅法破壞了這個理念，但即使到了宋代，齊民思想還是基本國策，朝廷仍試圖掌握家庭與成年男子數量。然而，由於實際上存在各種弊端，這些數字是否真的可信，仍有待商榷。此外，稅制本來就是以課稅為目的，因此還出現官員們自行從規定的兩稅額推算耕地面積的情形。如此一來，齊民思想就變成一個空洞的理想。王安石變法就是希望能依據《周禮》模式，以強權實現齊民思想。重點在於，他承認這個社會存在著貧富差距，在此基礎上探索公平賦稅的真義。

農村階級分化與鄉村秩序建構

到了南宋時期，農村階級分化變得愈來愈嚴重。有錢人投資開發新田，不斷累積財富；另一方面，窮人因為貧窮失去工作鬥志，或借錢生活，變得愈來愈窮，最後不得不變賣土地。話說回來，從維持治安的角度來看，資產階級絕對不樂見社會上出現愈來愈多無家可歸的流浪漢。因此，必須進行某種程度的財富重分配，建立安全網。不過，實施主體不再是中央政府，而是地方勢力。他們招募沒有土地的農民作為勞動力，耕種新開發的圩田，建構全新的鄉村秩序。第六章介紹朱熹注意到鄉約的重要性，說明了他還是有一定的眼光。雖然鄉約直到明代才盛行，但當時的社會狀態已經達到質變的階段。

人口增加與移居是宋代農村的特色，雖然中國歷史上一直存在這兩個現象，但直到唐宋變革後才出現顯著的形勢變化。漢代與唐代的總人口只有六千萬人，徽宗時期終於突破一億人，且人口持續增加。當然，這些不過是統計數字，但這個統計數字的確具有某些意義。此外，直到唐代為止，窮民一直被視為賤民或奴婢，呈現私民化現象。但宋代之後，所有佃戶被當成良民，姑且不論這個統計數字有多少可信度，納入統計對象這件事值得我們關注。有人認為這代表大規模莊園經濟被核心家庭組成的小農經濟取代，表明政府根據傳統的齊民思想，透過政策保護想要自立的農民家庭。

國家並不總是想從無辜人民身上掠奪，為政者有時更主動支持他們自立自強。當一個家庭沒有後代子嗣可以繼承，依照規定這些家庭的財產將上繳國庫。但大部分地方官不會實施斷絕香火的政策，反而大力推動過繼措施，以達到維持家庭（戶）數量的目的。這個問題絕不能簡單視之，戶數銳減一定會影響政績評估，或許這就是前述的詭名析戶被默許的理由之一；無論如何，戶是經營主體，也是納稅單位，為政者的首要目標是維持戶數增加。這也是筆者從第五章以來挑明的重點，庶民明顯成為政治階層關心的對象，可說是宋代政治的特色。在唐代，若官員被任命為地方官，遠離京城，實際上等於被流放；同樣的事情發生在宋代卻沒有貶黜之意，由此可見時代風氣已截然不同。

農民述懷

佃戶的生活樣貌

二十世紀前半，日本軍國主義者展開侵華策略，日本研究學者在此背景之下，與軍國主義者保持微妙關係，於華北農村地區進行田野調查。這次的調查結果如實記錄著當地居民的心聲，可說是十分珍貴的史料。當然，宋代沒有類似的調查紀錄。以下是我們基於「假如有的話」這個假設進行模擬的結果。雖然內容是假的，卻是在我個人理解範圍內，整理宋代社會經濟史研究資料的成果。田野調查的對象是一位實際存在的人物，他的名字曾出現在記載明朝歷史的編年體史書《國榷》之中。

時間：端平元年（一二三四）夏天。即端平更化之年。

地點：江南東路建康府句容縣。

口述者：農民、男性。四十歲左右。

你想知道我們過的是什麼樣的生活？那聽了有什麼意思呢？對了，我以前住在饒州（今江西省鄱陽市），聽說很久以前，那裡有個很有名的人叫野處先生。他老是坐在家門前的馬路上，看到往來的行人就問：「你有沒有什麼新奇有趣的事可以跟我說呢？」他以前好像是個大官，所以死了好久還有人知道他。有人說他把所有聽到的事情都寫成書，你也是那樣的人嗎？可是，我沒看過鬼呢！也沒有什麼了不起的事可以說，這樣你還願意聽嗎？（調查者注：他說的應該是洪邁的《夷堅志》）

好吧，既然都來了，那我就說吧！什麼？我的名字？我叫重八。我是家裡排行老八的男孩，所以叫重八。我還有堂兄弟叫重六與重九，重七小時候就死了。

我姓「朱」，是這個字（以手指在掌心寫字）。嗯？這有什麼了不起的？自己的姓當然會寫啦！我很會算錢喔！跟您不一樣，我們都是靠零散的銅錢過日子。前陣子我拿到朝廷發的紙錢，我才不相信那種東西，馬上找給人家了。還是銅錢最好，雖然帶著很重。不過，我也不是什麼有錢人，平時根本不會帶什麼大錢在身上。

這個村子叫朱家巷，幾乎所有人都是叫「朱什麼」的。不過，我們都是親戚，不能成親，所以媳婦都是外邊嫁過來的。我老婆就是從隔壁陳家莊來的。她當然也姓陳（同樣以手指在掌心寫字）。

你問我怎麼會寫字啊？小時候到鎮上的先生那兒學了幾個月，不過，要不是生活困難，我絕對學不會寫字。因為不會寫自己的名字就無法簽約租地。如果要往上面告，狀子可以找人寫，但名字一定要自己簽。

什麼？喔，我告過人啊！我老婆的爸爸死的時候要分家產嘛。嗯？為什麼女人家也可以分家產？喔，原來你也是這麼想的人啊？當然，一般人都是這麼想的。可是在饒州，嫁出去的女兒也能拿兒子一半的財產。我可沒騙你。我剛剛說了，我年輕時在這裡犯了事，到饒州躲了一段時間，我就是那時候知道的。我以為這邊也一樣，所以就告了，結果吃了閉門羹。還被叫到縣衙關了幾天，他們完全不聽我說的話，最後教訓了我一頓，跟我說「兄弟要好好相處」這樣的大道理。結果我還要給訟師錢，真是虧大了。你知道為什麼會有這樣的結果嗎？什麼？你說因為那是饒州特有的風俗？哼，那為什麼饒州有那樣的風俗呢？你不知道？你好好查查吧，這可是很重要的事情。

男人一死，財產就是老婆的。我們這裡就有這樣的女地主。老公早死，老婆在家裡照顧婆婆，帶小孩，老老實實地過日子。有個老師十分稱讚那個寡婦，他好像是跟我同樣姓朱的那個大學者的徒孫，那個朱大學者的書裡明白寫著，女人絕對不可以再婚。老公死了就要照顧婆婆一輩子。我看那個寡婦真是個好女人，不嫁人太可惜了。不過，她那麼有錢，不嫁人也能過日子。要是我哪天走了，我老婆一個人絕對會餓死。

這塊地是租給人家的，那邊那塊地是我的，那是老爸留給我的。我這也可算是「主戶」呢！不過，朝廷有事沒事來課稅，折騰死了。

秋庭戲嬰圖

其實啊，農民平時好好種地，有空時做點小東西賣，也能賺點錢呢。你知道嗎？最近這兒老是有軍隊經過。那些兵去打仗時手頭都很鬆，我們就在路邊等，有時候還會到他們住的地方賣各種東西。當兵的都是色鬼，每到一處地方就想對當地女孩兒下手，所以送女孩子的東西最好賣。

對了，你知道這一仗打得怎麼樣吧？我聽說咱們才剛打贏金人，現在又要跟野蠻的蒙古人槓起來了。你不是唸過書嗎？你知不知道什麼內幕？希望事情不要鬧大啊。剛才我說的那個大學者，他說一百年前就發生過同樣的事，連皇帝老子都被抓了（調查者注：他說的應該是靖康之變）。

他們說這次打仗是為了報仇，可是這會兒一起合作的人比以前那個還壞呢！我們跟人家打架時還會看看自己陣營裡有誰，真是的，不是敵人的敵人就是朋友。能不能振作一點啊！唉，算了，反正跟我們也沒什麼關係。

哎呀！只顧著跟你說話，沒發現天色已經這麼晚了！我們跟您這位做學問的不一樣，我們一定要趁天還亮的時候到田裡幹活。天氣熱算什麼，我老婆秋天就要生第二胎了，要是這一胎生男的，我那塊小田以後怎麼分給兩個人啊！我得趕緊掙錢買地才行。給兒子們留地，他們才會感謝，死後也會好好祭拜我。

我走啦，回到京城後，替我跟皇上問好。今年托皇上的福，風調雨順。希望明年還有這樣的好天氣，請他務必好好向上天祈禱啊！

這一年秋天，朱重八生下次子，取名「朱四九」。但是，第二年他真能順利豐收嗎？他擔心的事終於發生，這一年蒙古軍展開了第一次入侵。這次入侵的始末留待下一章依照史實娓娓道來。朱重八的孩子輩那一代，見證了在蜿蜒曲折中持續三百年的王朝如何走向滅亡。

誰又能知道，在這次田野調查的一百三十四年後，朱重八的玄孫，也就是朱四九的曾孫，竟然在建康這裡登基為王，成為一位為全國百姓祈求豐收的祭司。朱重八的在天之靈成為皇室始祖，在京城設立莊嚴宮殿祭祀，追謚「德祖玄皇帝」。

•

空前的經濟榮景

貨幣經濟

虛擬的朱重八田野調查中曾經提及銅錢，事實上，貨幣也是宋代農民生活中不可或缺的必需品。因為在當時，除非住在深山野嶺，否則沒有人的生活可以做到自給自足。

本來兩稅法規定的就是夏季繳錢、秋季納糧。或許是因為貨幣尚未普及，即使規定如此，實際上夏季還是可以繳納農作物、小麥、絹、麻、棉等實物。

五代十國時代，各地王權皆發行自己的通用貨幣。錢分成銅幣與鐵幣兩種，換算比率不同。宋代初期鑄造「宋元通寶」，淳化元年（九九〇）發行刻著「淳化元寶」的貨幣。貨幣上刻的是太宗親自揮毫的真（楷）書、草書、行書三種字體，此貨幣開了以年號冠名貨幣的先例。

宋朝為了建立全國規模的經濟圈，推動以銅錢為主的政策，但依實際情形也使用鐵錢。尤其是四川和淮南地區，幾乎全用鐵錢。朝廷雖然逐漸增加了銅錢鑄造的數量，但沒有明顯變化。後來受到王安石變法之惠，才出現重大改變。

宋錢　左起為至和元寶、嘉祐元寶、宣和元寶、建炎通寶。

有人認為王安石的青苗法為貨幣下鄉帶來劃時代的巨變。青苗法的出納使用貨幣結算，農民借錢度過青黃不接的時期後，必須賣掉作物償還貸款。舊黨人士批評青苗法時，最常用說法就是「農民為了籌措原本就沒必要存在的貨幣而蒙受損失」。的確，在實施新法的過程中，各地出現各種亂象，地方官員也不時上下其手。姑且不論青苗法的是非，單從透過貨幣政策為帝國注入新血這件事來看，當初的改革理念可說是成功實現，中央政府的手終於可以伸入農民的荷包了。舊黨的懷舊派道德家最常批評新法「讓百姓借錢買不必要的奢侈品」，這正是希望刺激經濟的王安石想達到的目標。

人並非天生勤勉的動物，都是為了滿足慾望、獲得利益才去工作。當時的王安石早就懂得這種現代經濟人類學的觀點。新法讓宋代的全國經濟進入全所未有的成長期，國庫也隨之充實。當然也有學派認為，這不過是國家大舉搜刮民間財物，讓百姓生活得更艱苦。應積極促進通貨膨脹，或在固定規模下維持穩定的經濟體系？不管有沒有高深的統計理論，自古以來經濟政策都存在著這兩個完全相反的立場。而且不看結果，就無法知道哪個立場正確。從以上介紹的歷史事實也能看出這點，宋代成功實行了數十年。如果沒有靖康之變，結果真的很難說。

此外，誠如大家所知，宋錢也是當時廣泛流通的國際貨幣，大量傳入日本。

通用貨幣政策

宋代，甚至現代化之前的東亞全區都存在一種現代人難以理解的慣例，名為「短陌」。「陌」是一百。凡不到百文者，以百文支付。換句話說，即使只有幾十文也要付一陌。換算比率依商品而異，宋朝時期則因地點與時期而有所不同。《東京夢華錄》記錄都市錢陌如下：

官用　七十七陌
街市通用　七十五陌
魚肉菜　七十二陌
金銀　七十四陌

珠珍、雇婢妮、買蟲蟻　六十八陌
文字（書籍？）　五十六陌

從作者孟元老刻意列舉的這些數字來看，他記錄的南宋初期存在著比率各異的短陌。其中官用比率是太平興國二年（九七七）訂定的規定。南宋的數學教科書出了以下的應用題，由此可見他們在日常生活中，經常碰到計算這類題目的時候：「以七十七短陌換算，九十六貫二百五十文為多少貫？」（答案為一百二十五貫整）

最近有學者認為這個慣例證明商品流通的孤立性，換句話說，該商品只在某個區域流通，甚至有人認為這個比率是否能稱為「慣例」仍有待商榷。無論如何，這個慣例在研究史上成為眾所矚目的焦點。會計事務非我所長，我也提不出任何有建設性的說法，但我認為這個慣例就像現代量販店為了鼓勵消費者以現金付款，降低使用信用卡的比例，因而打出「現金購買可享百分之五到二十的紅利回饋」等促銷活動，這類地區（店家）限定的優惠促銷就是此慣例的基本概念。

宋代通用貨幣政策特別值得一提的是，同時使用稱為「會子」或「交子」的紙幣。這個「全世界最早出現」的紙幣是用來取代不方便攜帶的鐵錢，而且四川是最早使用的地區。當時並不是永久通用貨幣，以三年為期，期限到了便全面回收。新黨掌政時期擴大發行量，徽宗時期甚至出現宋後期，隨著財政日漸貧乏，紙幣的信用價值也愈來愈低。

話說回來，這類紙幣在一般平民的生活中普及到什麼程度？關於這一點，學者仍未有所定論。

a	80 陌	官告	天聖 4（1026）	
b	80 陌	輸官	北宋中期	
c	85 陌	麴	至熙寧 4（1071）	開封
d	99 陌	給高麗進奉使的禮物	至熙寧 5、6、9	明州
e	80 陌	封贈錢	北宋末期	
f	94 陌	市舶條例	紹興 1（1131）	
g	80 陌	銀	紹興年間	桂陽軍
h	99 陌	和糴	乾道 5（1169）	紹興府
i	98 陌	銀	淳熙 10（1183）	廣東
j	99 陌	家屋田地典賣	嘉泰 4（1204）至開禧 2（1206）	蘇州
k	98 陌	銀	淳祐 12（1252）	廣東
l	98 陌	園地收買	寶祐 6（1258）	明州

國家使用的短陌（省陌公定後）　引自宮澤知之《宋代中國的國家與經濟》。

a	48 陌	諸州私用	太平興國 2（977）	
b	72 陌	市井交易	咸平 5（1002）	開封
c	74—75 陌	衣服棉帛	大中祥符 3（1010）	〃
d	98 陌	米	熙寧 1（1068）	
	72 陌	魚肉菜	北宋末期	開封
	74 陌	金銀	〃	〃
	68 陌	珠珍、雇婢妮、買蟲蟻	〃	〃
	56 陌	文字	〃	〃
	75 陌	街市通用	〃	〃
e	60 陌	絹絲	乾道 6（1170）	磁州
f	70、96 陌	賄賂	淳熙 9（1182）	台州
	96 陌	糯穀	〃	〃
g	70 陌	土地賃錢	淳祐 11（1241）	建康
h	50 陌	糯穀	南宋	

民間使用的短陌　引自宮澤知之《宋代中國的國家與經濟》。

前一節介紹的「朱重八」的談話內容，純粹是我的個人創作，但我認為在跟他一樣的農民階層中，紙幣根本就是廢紙一張，很可能他們完全搞不清楚紙幣是什麼。從現代觀點來看，上述議論對宋代紙幣的使用狀況或許有過譽之嫌。紙幣不過是政府發行的信用支票，在這層意義上，有人認為紙幣與當時民間結帳時常用的「交引」憑證相同，可說是政府版代價證券。以剛剛舉過的例子來說，有些店家鼓勵現金交易，使用現金比刷卡更能獲得價格優惠；有些店家則鼓勵信用卡交易，刷卡可獲得額外的紅利積點。無論古今中外，通貨問題永遠都是一個複雜微妙的議題。

市鎮蓬勃發展

話說回來，至少可以說唐宋變革後，農民也被捲入交換經濟的洪流。他們生產了以銷售為目的，超過自己消費能力的物品；或從別人手中買入自己沒有生產的生活必需品。而且這個行為不只發生在左鄰右舍或自己住的村子裡，以此為業的商人們往來各地，將交易行為拓展至廣泛地區。由於這個緣故，農村地區開始出現交易場所，規模較小者稱為「店」、「步」、「市」等。「店」設於陸地的街道兩邊，「步」則是船隻停泊處出現的商業聚落。

大規模商業聚落

其中「市」是最常用的叫法，日本也有市場一詞，日文讀音有兩種，分別是「ICHIBA」與「SHIJOU」，而愈來愈多人唸作「SHIJOU」。經書已有「市」這個說法，指的是都城內的商業場所（也就是市場）。後來人們在都城外從事交易行為，進而形成聚落，也稱為「市」。成為常用語之後，史料中頻繁出現「虛市」、「村市」、「草市」等詞彙。這些市場逐漸擴大，出現城市樣貌後，官方就以「鎮」來稱呼。

在中國原本的統治理念中，人民集中居住的地方是政治據點（另一個理論則是讓人民集中住在政治據點），都市的基本單位是縣城，其他則是常見於礦業都市的「監」、商稅徵收據點的「場務」以及相當於酒稅稽徵所的「酒務」。如果出現許多新的商業城市，其實可以把那些城市全部升格為縣，但歷代王朝素來追求行政區域固定化的理想，儘管人口增加、商業繁榮，卻從未想過要增加縣的數量。清朝的全國總人口是唐朝的五倍，整個國家卻只有一千零幾百個縣，維持與唐朝同樣的數量。

由於這個緣故，政府必須給那些新興的縣級以下城市，一個新的名稱。這個名稱就是「鎮」。徽宗以前有過軍事據點「塞」、「堡」，礦業城市則有「場」，但數量遠不及各地新成立的「鎮」。徽宗時期，鎮的數量約為兩千個。雖然對於城市概念的理解會影響個人看法，但至少在數量上，宋代以後的城市核心是鎮。

縣城是行政據點，說穿了是由政治邏輯決定設置在哪裡；鎮是在人口與商品自然流動下形成的，這一點與縣城完全不同。話雖如此，這些流動也會受到行政面的諸多影響。舉例來說，當貨物在兩縣之間流通，就必須在縣境設置一個可以互換貨物的地方。雖不知是否恰當，各位不妨想像現代國家從事國境貿易時，兩國一定會在自己的國境設置城市，以利貿易進行。宋代的鎮也有許多這樣的地方。在這種情形下就會出現同一座城市，受到行政區劃分的影響，分屬於兩個縣。此時朝廷為了確實掌握現況，就將這兩個行政區定為不同縣裡的不同鎮。正因如此，剛剛提及的兩千個鎮，與實際的城市數量並不一致。從這裡也能看出，光靠政府的統計數字無法重現歷史實情的無奈。

都市化趨勢

話說回來，當時的城市與農村人口比例又是如何？誠如前方所說，官方統計數字不見得可信，只能說個大概。根據某項研究顯示，熙寧九年（一〇七六）保甲法記載的男丁人數，市與鎮加起來所占比例為全體的百分之三・四二，也就是三十分之一左右。此外，河北東路（今河北省）與秦鳳路（今四川省）的數據遠超過開封近郊，從這個事實即可得知這個數值不能代表當時的城市化比例，只能當作參考。即使如此，商業聚落擴大是不爭的事實。該研究發現，位於福州山區的汀州，在南宋數十年間，城市人口增加了六倍。到了南宋末期，汀州地區有三分之一的人口住在城市。另一項研究調查則顯示（請參照下頁表格），南宋坊郭戶（城市居民）的比例多了一成左右，鎮江與真州（今江蘇省儀徵縣）竟高達四成左右，實屬特例。這些地方離金朝的前線地區較近，受到大量軍人和軍隊長期駐紮影響，此處有許多提供軍人消費、娛樂的場所，所以相對後方地區的農村，容易出現大規模城市。

宋代社會所有階層都是以交換經濟為前提維持生活，與「封建社會特有的自給自足經濟」這種概念上的成見不同。基本上，糧食可以在近距離的交易圈獲得滿足，但鹽、茶這類物品須由相關產地運送過來，朝廷也看準這一點，實施專賣與特許政策，課徵遠高出商品價值的稅金。此外，由於大多數日用品都是特定地方的特定產物，因此建構出可讓日用品流通全國的自律性體制。流傳至後

地區	年代	總戶數	坊郭鄉村戶數		%	資料出處
真州揚子縣	嘉定（1208—24）	12,711	坊郭	5855	46.06	申嘉瑞《隆慶儀真縣志》卷6〈戶口考〉
			鄉村	6862	53.94	
鎮江府丹徒縣	嘉定	42,900	坊郭	15900	37.06	俞希魯《至順鎮江志》卷3〈戶口條〉
			鄉村	27000	62.94	
	咸淳（1265—74）	22,779	坊郭	8698	38.18	
			鄉村	14081	61.82	
汀州	南宋初期（1127—）	150,331	坊郭	5285	3.52	《永樂大典》卷7890〈汀州府條〉引〈臨汀志〉
			鄉村	145046	96.48	
	寶祐（1253—58）前	222,361	坊郭	72626	32.66	
			鄉村	149735	67.34	
	寶祐	223,433	坊郭	73140	32.74	
			鄉村	150293	67.26	
楊州	紹熙（1190—94）	35,951	坊郭	4226	11.75	盛儀《嘉靖惟揚志》卷8〈戶口志〉
			鄉村	31725	88.25	
	嘉泰（1201—04）	36,160	坊郭	3637	10.06	
			鄉村	32523	89.94	
	寶祐4年（1256）	43,892	坊郭	7975	18.17	
			鄉村	35917	81.83	
台州臨海縣	嘉定以前	73,997	坊郭	10000	13.51	陳耆卿《嘉定赤城志》卷15〈版籍門1・戶口條〉、樓鑰《玫瑰集》卷3〈寄題台州倅廳雲壑圖〉
			鄉村	63997	86.49	
漢陽軍	嘉定	23,000	坊郭	3000	13.04	黃榦《勉齋集》卷30〈申京湖制置司弁漢陽軍雜米狀〉
			鄉村	20000	86.96	
慶元府鄞縣	寶慶（1225—27）	41,617	坊郭	5321	12.79	羅濬《寶慶四明志》卷13〈鄞縣志二・敘賦篇・戶口條〉
			鄉村	32692	87.21	
撫州	嘉定	247,320	坊郭	30588	12.37	許應嶸《光緒撫州府志》卷14〈建置志〉戴李紱〈清風門考〉引《景定志》
			鄉村	216733	87.63	
楚州鹽城縣	嘉定元年（1208）	34,000	坊郭	4000	11.76	劉客莊《後村先生大全集》卷148〈方子默墓誌銘〉
			鄉村	30000	88.24	
漳州漳浦縣	嘉定8年（1215）	43,383	坊郭	5000	11.52	羅青霄《萬曆漳州府志》卷19〈漳浦縣志・戶口條〉、葉適《水心先生文集》卷10〈漳浦縣聖殿記〉
			鄉村	38383	88.48	
嚴州淳安縣	開禧3年（1207）	18,726	坊郭	1335	7.13	董弅《嚴州圖經》卷1〈戶口條〉、《宋會要輯稿》〈端異三・水災篇〉開禧3年6月15日條
			鄉村	17391	92.87	
徽州歙縣	乾道8年（1172）	27,874	坊郭	1931	6.92	羅願《淳熙新安志》卷1〈州郡志・戶口條〉、卷3〈歙縣戶口條〉
			鄉村	25943	93.08	
徽州	寶慶3年（1227）	134,942	坊郭	3887	2.88	彭澤《弘治徽州府志》卷2〈食貨志一・戶口條〉
			鄉村	131055	97.12	
紹興府嵊縣	嘉定	33,194	坊郭	1194	3.60	高似孫《剡錄》卷1〈版圖篇〉
			鄉村	32000	96.40	
荊門軍	紹興（1131—62）	（主戶）3,000	坊郭	（主戶）500	16.67	洪適《盤洲文集》卷49〈荊門軍奏便民五事狀〉
			鄉村	（主戶）2500	83.33	

南宋城市化比例（根據梁庚堯《南宋農村經濟》內容製成）

世的同業組織「行」就是其中之一，距離最遠的商品交易則是國際貿易。相較於透過絲路與西方國家從事陸路貿易的唐代，宋代貿易以船與海港為主。

大貿易港——廣州、泉州、明州

若鎮是最小規模的交易城市，那最大規模應該就是貿易港，宋代以廣州、泉州、明州為代表。

南海交易據點——廣州、泉州

廣州位於珠江河口，連接大海與珠江，自唐代以來就是南海貿易的據點，經濟繁榮，人民富裕。廣州港沒有直接面對外海，屬於天然良港。秦朝時已設置南海郡。雖經過黃巢的大規模屠殺，但南漢仍在此處設置都城，於西元九一七年稱帝，統治超過五十年。五代時期的後漢在選定國號時，完全沒有意識到南方的這個獨立國家，這正說明南漢的地理位置與中原隔絕。南漢從立國之初就沒有逐鹿中原的野心，只是享受著自己國內的和平與安定。

開寶四年（九七一）接收此地的宋，在廣州設置廣南東路作為主要的統治據點，更設置統轄貿易、徵收關稅的官府與市舶司。華中地區生產的商品運送至廣州，再從廣州出口至南亞各國。宋朝三百年間，廣州一直是個繁榮的大規模貿易城市，但宋代技術難以開發其背後的珠江三角洲，與唐朝一樣處於未開發的孤立城市。如同後來東南亞地區出現的幾個貿易港，不過是個貨物中繼站罷了。直到明朝以後，珠江三角洲正式開發，廣東才成為農業生產的重要地區。

	（北方）						（南方）					
	西京			河北東			淮南東			江南西		
貫	府州	縣	鎮等	府州	縣	鎮等	府州	縣	鎮等	府州	縣	鎮等
50 萬未滿—30 萬以上	1											
—10 萬以上												
—5 萬以上							2					
—3 萬以上	2			1	1		1	1		1		
—1 萬以上	1	3		8	2	2	5	3		4		
—5 千以上		10	1	3	2	2	1	4	2	5	4	
—1 貫以上		35	51	6	22	97	1	16	32		32	14
1 貫未滿		3			2			3				

	京東東			河北西			淮南西			荊湖南		
貫	府州	縣	鎮等	府州	縣	鎮等	府州	縣	鎮等	府州	縣	鎮等
50 萬未滿—30 萬以上												
—10 萬以上												
—5 萬以上							1					
—3 萬以上	1			1						1		
—1 萬以上	5	4	7	6			5	2	1	2	1	
—5 千以上	3	8	4	5	2		1	7	1	3	5	1
—1 貫以上		49	45	5	36	43	2	14	34	2	13	16
1 貫未滿						1					7	

	京東西			河東			兩浙			荊湖北		
貫	府州	縣	鎮等	府州	縣	鎮等	府州	縣	鎮等	府州	縣	鎮等
50 萬未滿—30 萬以上												
—10 萬以上												
—5 萬以上							2					
—3 萬以上	1			2			2					
—1 萬以上	2		1	1			8	7	3	2	1	
—5 千以上	4	7		5	1		2	19		5	1	2
—1 貫以上		22	25	12	53	50		32	48	3	22	29
1 貫未滿					7	1		2			12	

	京西南			秦鳳			江南東			福建		
貫	府州	縣	鎮等	府州	縣	鎮等	府州	縣	鎮等	府州	縣	鎮等
50 萬未滿—30 萬以上												
—10 萬以上												
—5 萬以上				1								
—3 萬以上	1			1			1			1		
—1 萬以上	2			3		1	7	3	1	3	2	
—5 千以上	4	2	1	2	2	3		7		3	5	1
—1 貫以上	2	17	10	7	21	71	2	26	19	2	27	51
1 貫未滿		3			5						1	

	京西北			陝西			（全國）		
貫	府州	縣	鎮等	府州	縣	鎮等	府州	縣	鎮等
50 萬未滿—30 萬以上							1		
—10 萬以上									
—5 萬以上							6		
—3 萬以上				2			19	2	
—1 萬以上	3			3			70	25	16
—5 千以上	1	3		7	5		54	94	18
—1 貫以上	4	26	30	10	53	91	58	486	756
1 貫未滿		1			8	1		54	3

北宋時期城市級別與相對應的商稅額　（引自斯波義信《中國都市史》）

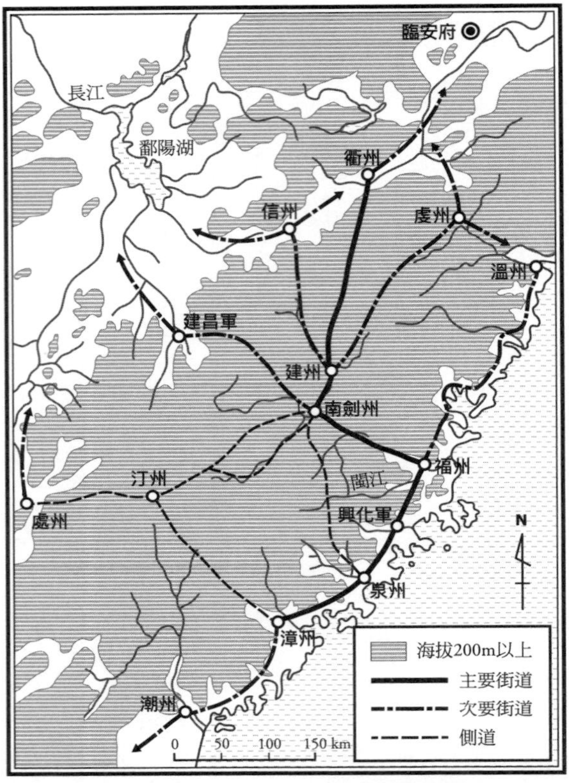

宋代泉州內陸交通圖　（引自蘇基朗《唐宋時代閩南泉州史論稿》）

蒙古人統治初期，從義大利遠渡重洋，長期待在中國的馬可・波羅曾以華麗詞藻讚嘆中國港口之雄偉。可惜他譽為世界最大港的不是廣州，而是「Zaiton」。後經許多研究學者的考證，認為這應該是二十世紀初的泉州。「Zaiton」可能是取自泉州名產刺桐木之名。

泉州是福建南部的海港，嚴格來說，位於從海口沿晉江上溯幾公里的地方。從福建這個名稱即可看出，此處是從建州與福州開始開發，建州位於從北部發祥的閩江中游，而福州位於河口處。泉州雖屬於福建，但在唐代不過是個平凡的沿海港都。十世紀閩國南北分裂後，此處出現了實質的獨立政權，該政權採取了獎勵貿易的政策。不過，納入宋朝後，福建路的政治文化中心主要還是在福州。

泉州的發展始於熙寧五年（一〇七二），均輸法的負責人、轉運使薛向，奏請皇帝在此設置市舶司。在此之前，當時的知州蔡襄在朝東的街道架設洛陽橋，用心整頓基礎建設。經歷許多波折，元祐二年（一〇八七）才真正設置市舶司。到了南宋，船運帶來巨額稅收滋養皇室，使得龐大的皇室有半數移居在此，同時設置了管轄該地的南外宗正司（西外宗正司為福州）。

廣州在唐代已經設置專給外國人居住的地區，名為「蕃坊」。泉州市內也自然形成了各自的居住區，從國外來的貿易商人群居在靠近港口的市區南部，興建清真寺等宗教設施，漢人船員們祈禱航海安全的媽祖廟也在此地。另一方面，市區北部為行政文教區，這裡有許多當地仕紳的豪宅。隨著城市規模不斷擴大，城市人口增加，城門外也開始有人居住。後來又沿著居住區的邊緣興建城牆，形成擁有內城、外城與羅城等三層結構的城市型態。

朱熹最初赴任的同安縣，位於泉州西南西方六十公里處。有人推測他的理學哲學就是在這裡接觸穆斯林才形成的，這種說法雖然很有意思，但是翻遍他的文集和語錄，完全看不出體驗過異國文化的蛛絲馬跡。不只是他，繼承其思想的真德秀雖然兩次擔任泉州知州，致力振興貿易產業，也看不出他與穆斯林商人有所往來。儒教原本就是興起於大陸的思想，未傳至海外，這一點與華夷思想一樣，使他們的思考邏輯不可能吸收伊斯蘭文明。

泉州作為貿易港的特權地位在南宋滅亡後依舊存在，當時的市舶司長官是一位名為蒲壽庚的阿拉伯人（也有一說是波斯人），他沒有接受從臨安逃到此地的宋代朝廷懇求，而是帶著水軍投降蒙古，歸順忽必烈。馬可・波羅看到的是在那之後經過幾年的泉州。蒙古帝國創造了和平的環境，泉州取代廣州，成為海洋貿易最重要的據點。

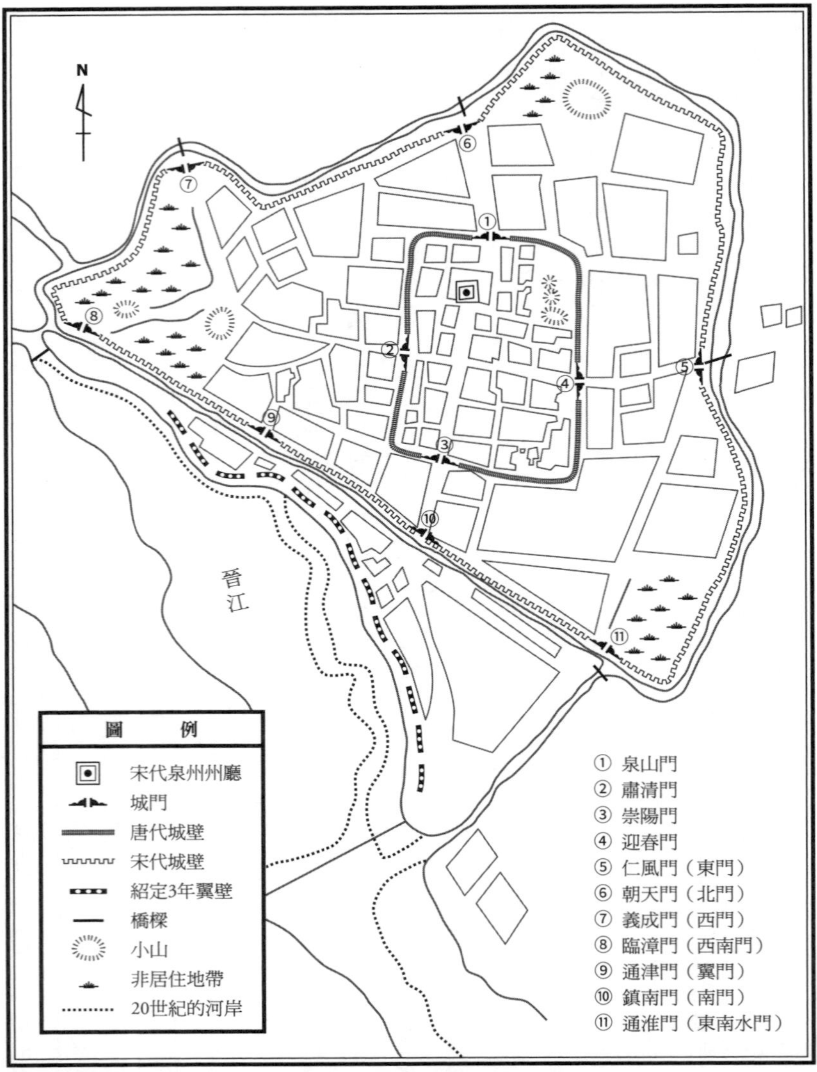

唐宋時代的泉州城牆　（引自蘇基朗《唐宋時代閩南泉州史論稿》）

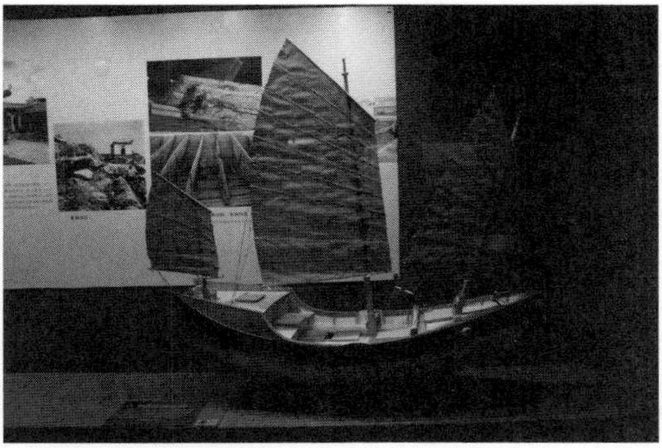

泉州灣宋代沉船復原模型

但是，這個繁華景象並沒有維持多久。由於泉州沒有面向外海，大型船隻無法入港，貨物只能靠小型帆船分裝運送。種種不便使其逐漸被鄰近港口取代。有人認為在街上架設橋梁，導致港口淤泥堆積嚴重也是原因之一。一九七〇年代，在舊港口的淤泥中挖出完整的宋代沉船，猜測可能是觸礁而棄船。這艘沉船被完整保存在博物館。

明朝的海禁政策也拖垮了受到政治保障的泉州地位。因為當時的走私情形相當嚴重，走私者為了躲避官方查緝，只能在泉州附近的港口進行交易。明代後期，同安縣的廈門與旁邊的漳州月港逐漸成為福建南部的交易港口。廣州直到近現代仍不斷發展轉型，城市樣貌出現顯著變化。相較之下，泉州港的沒落使得現在的泉州依舊保有往日風采。

擁有雙重面貌的明州

另一個港口城市明州在明代改名寧波，是日本人耳熟能詳的城市。宋代有榮西、道元，明代推行勘合[2]貿易，日本船為了做生意造訪此處。日本發生應仁之亂後，細川氏與大內氏發生爭鬥，波及明州，最後燒毀這座港都。

明州也不是一座外港，靠甬江連接大海，另一邊則是從支流姚江（餘姚江），往上游通往運河，即可直通越州與杭州，再往前當然與大運河相連。換句話說，只要搭船就能直達中原。唐代這裡還沒有城市，明州官府也在別的地方。直到唐末，才將州城遷至姚江與奉化江匯流處。咸平二年（九九九）明州與杭州同時設置市舶司。相較於從身為吳越國首都時，即發展成經濟政治主要城市的杭州，明州只能算是個普通州城，在明州設置市舶司的關鍵，可能是先前提及的地理條件，杭州與明州之間

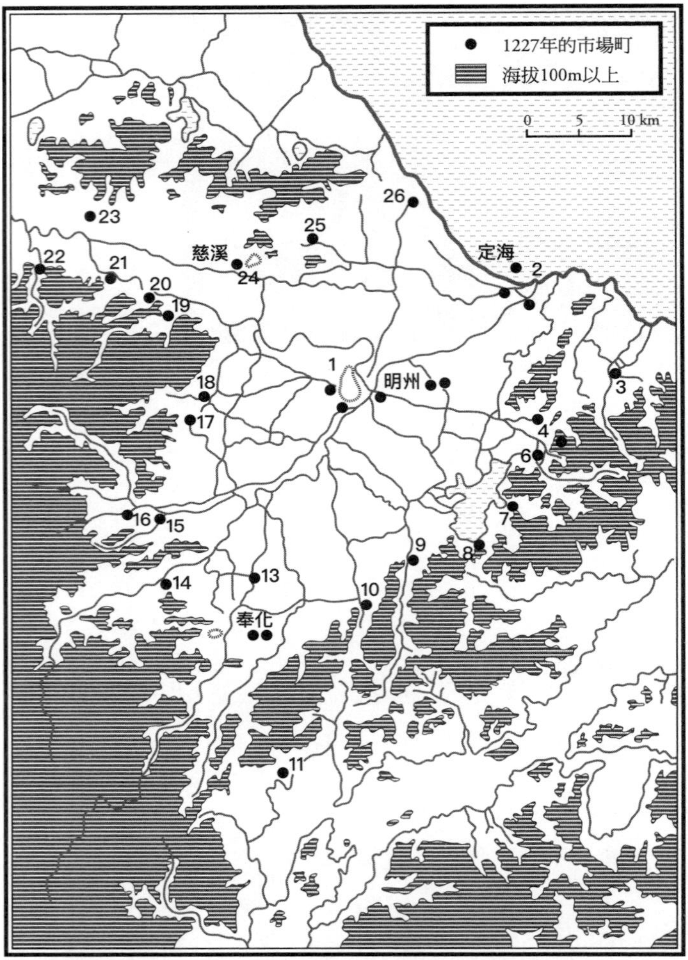

明州周邊的市場分布　（根據斯波義信《宋代江南經濟史研究》製成）

還有一個越州。

明州的州城呈蛋形，四周全被水路圍繞，西臨運河、東北有姚江、東南有奉化江。由於這個緣故，明州無法擴大城牆。宋代的規模一直持續到清末，這個城市臨近碼頭的城內東部是與海運相關的商業區，北部與西部是政治文教區，豪門貴族住在西南部。這裡離生活用水的水源很近，城外西郊又有大片水田。誠如第四章所說，明州特別是在南宋以後，貢獻不少人才給朝廷。這些人才利用自己的政治權勢累積的財富全部藏在這座州城，或在郊外購買耕地投資。因此，明州可說是擁有雙重面貌的城市，既是科舉官僚的故鄉，也是繁榮的國際貿易港。這雙重面貌一直是明州（寧波）的特色，直到十九世紀才將繁榮的地位讓給上海。明末在西門旁修建的天一閣，收藏著明代收集的大量地方志，為宋史研究助益不少。黃宗羲死後，到了清代完成《宋元學案》的全祖望，和編纂《宋元學案補遺》的王梓材、馮雲濠等人，全都是寧波人。可能是受此影響，誠如第八章所述，《宋元學

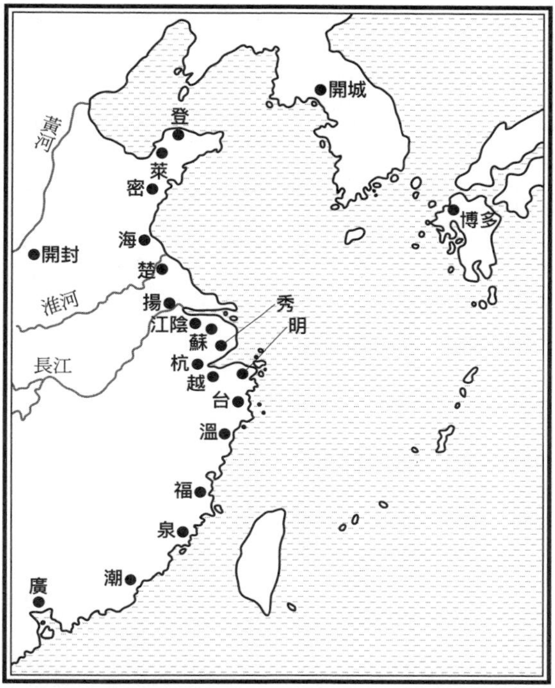

北宋時期的東海（根據榎本涉《明州市舶司與東海交易圈》製成）

年代	入港	出港	年代	入港	出港	年代	入港	出港
804	×福州	明州	1078？		明州	1244	×秀州	
	×福州？		1080		明州	1246	○明州	明州
819		揚州？	1081		明州	1246？	○杭州	
838	×揚州		1082	○明州		1249		明州
838	○海州	登州	1084		明州	1249	○昌國	
839		登州	1097		明州	1249		明州
841	○楚州		1097？	△明州		1251	○明州	
842		明州	1105		明州	1254		明州
842	○溫州		1105？	△明州		1256？	×泉州	
843		楚州？	1117		明州	1261	○明州	
845？	○常州		1145	×溫州	溫州	1262		明州
845？	○揚州？		1168	○明州		1262	△明州	
847		明州	1170？		杭州	1262？		明州
847		登州	1172	○杭州？		1265	○明州	
852？		明州	1172		明州	1279	○明州	
853	×福州		1173	○明州		1281		明州
858		台州	1176	×明州		1284		明州
858		明州	1176—		明州	1284？	○溫州	
860—871		台州？	1183	×秀州		1292	×明州	
862	○明州		1187	○杭州		1292	○明州	
864		明州	1190	×泰州		1298	○明州	明州
865		福州	1190—92		明州	1305？	○明州	
		明州	1190？	×秀州		1306	○明州	
877		台州	1191		明州	1308？	○明州	明州
877		溫州？	1196	○明州		1311？	○溫州	
927	△福州		1199	○江陰		1317	○明州	
983	○台州		1200	×蘇州		1318	△明州	
986		台州	1202	×明州			×溫州	
1003	○明州		1211		明州	1321	○明州	明州
1019		明州	—1217	×福州		1325	○明州	
1026	○明州		1217	×萊州		1327	○明州	
1026	×明州		1223	○明州		1328？	○明州	
1027		台州	1227		明州	1328	○福州	福州
		明州	1235	○明州		1329	△明州	
1069		杭州	1238		明州	1332—36	○明州	明州
1072	○杭州		1241		明州	1342？	○明州	
1073		明州	1243	×福州		1343	△明州	
1077	○明州	明州	1244	○明州		1344	○溫州	

入港欄的△為入港預定地（是否真從此處入港則不詳）、×為因漂流等緊急情形下開放入港、其他為○。原則上沒有記載中轉地。

開放對日交通的中國港灣一覽表　（800—1350年）（根據榎本涉《明州市舶司與東海交易圈》製成）

案》的寫法，讓人以為寧波學者主導宋代末期的儒教正統。

廣州、泉州與明州，這三座市舶港聚集了全亞洲的貿易商人，與宋朝進行各種貿易。

趙汝適為泉州市舶司長官，著有《諸蕃志》一書，卷頭有註明寶慶元年（一二二五）的序。上卷介紹各個貿易國家的現況，下卷介紹各個貿易國家的物產，是一部了解當時貿易情形的珍貴史料。例如上卷最後登場的「倭國」，介紹了現改國號為「日本國」，有八十八萬成年男子，人民長壽，多有八、九十歲的高齡長者，女性貞淑、不忌妒等。最後還記載了奝然訪宋，奝然與太宗之間的那次對話，當然還有太宗的感嘆之語。可見日本萬世一體與貴族世襲的國家體制，給宋代人留下多麼深的印象。

註釋

1 【譯註】宋代根據產業有無劃分居民戶等的制度。有常產的稅戶為主戶，無常產的僑居者為客戶。

2 【編註】「勘合」是明朝與日本（室町幕府）進行貿易時所需的許可證。故當時兩國間的明日貿易又稱為勘合貿易。更多明代海洋與貿易的相關內容，請見本系列第九冊《海與帝國：明清時代》。

第十章　中華民族的驕傲

與「外國」交流

宋代正史《宋史》共四百九十六卷，以長達十二卷的〈外國傳〉與〈蠻夷傳〉作結。這兩個部分以非中國地區與中華王朝的關係為主軸，記錄中國以外地區的動向。自古正史就有這樣的形式，知名的《三國志》也有〈魏志‧倭人傳〉，正確寫法應為「《三國志》〈魏書〉卷三〇東夷傳　倭人」。話說回來，《宋史》的特殊之處在於，特地分成〈外國傳〉與〈蠻夷傳〉，其中並未包含遼與金的任何記載。

波及宋遼兩國的夏國皇位爭奪戰

其原因在於，編纂《宋史》的是元朝朝廷。宋朝的朝貢國（與準朝貢國）稱為「外國」，位於宋朝境內卻不順服的少數民族稱為「蠻夷」。遼與金皆為與宋對等的王朝國家，個別編寫《遼史》與《金史》，故不在《宋史》裡。從此事亦可看出，「唐→宋→元→明」的單線思維並不正確。關於這個問題留待以後詳述，在此僅介紹《宋史》列為「外國」的幾個國家。

〈外國傳〉共有八卷，前兩卷介紹「夏國」，也就是西夏。西夏王朝主要由党項族建立，相關內容請參閱本系列第八冊《疾馳的草原征服者：遼、西夏、金、元》，本書只介紹與主題宋朝有關的部分。

《宋史・夏國傳》從一個名為李彝興的人物傳記開始。「李彝興，夏州（今內蒙古自治區）人。本名李彝殷，為避諱宋宣祖（即趙弘殷）的名字而改名。」從上述內容來看，他應該是一個臣服宋代皇帝的人物。與他同族的人皆自稱本姓拓跋，但沒有任何根據。無論如何，這一點也說明，創建北魏的拓跋部勢力權威在他們心中仍有一定的地位。

李彝興的祖先因在軍事上對大唐帝國貢獻良多，受賜李姓。與前面提過的後唐皇室出身相同，李彝興與第一章介紹過的李克用一樣，是頗受大唐重用的外國軍隊。宋與北漢交惡時，李彝興支持宋朝，被任命為定難軍節度使，死後追謚太師，這是官場最高的名譽職位；還被追贈夏王。其嗣子克睿本名為光睿，同樣是為了避諱宋太宗（趙光義）而改名。後有其子繼筠、繼捧嗣位。

然而，繼捧嗣位時，同族的李克文卻跳出來反對，因此繼捧於太平興國七年（九八二）親自到開封拜謁宋太宗。學界對這件事的評價眾說紛紜，根據宋朝記載，繼捧是來交還夏州與銀州等地的統治權。正好四年前吳越國王也親手交出統治權，因此太宗認為繼捧也是在做同樣的事情，並將這件事視為收回大唐帝國版圖的一環。不過，繼捧打的如意算盤可能是想得到宋朝支持，使自己在同族抗爭中獲勝，重新坐上夏王寶座。宋朝要求夏國放棄兵權，銀州防御使李繼遷起兵對抗。他在宋曆雍熙三年，亦即遼國的統和四年（九八六）與遼通婚，被遼冊封為夏王。由於這個關係，宋朝與遼國都被捲入夏國皇位的爭奪戰。宋朝為了對抗遼國，賜繼捧國姓。夏州刺史趙繼捧就此誕生。無奈戰況對李繼遷有利，趙繼捧後來成為宋朝官員，在華南地區終老。

在遼國支持下獨立建國的李繼遷，遊走於兩大國之間，有時臣服宋朝、有時靠攏遼國，藉此穩固自己的地盤。繼位者李德明也展開兩屬外交，趁著宋真宗沉溺於天書降臨的大喜時，接受宋朝封的「守正功臣」稱號，同時又在背地裡毫不猶豫地當上遼國封的「大夏國王」。李德明的繼位者是兒子李元昊。

李元昊一開始也以宋朝外藩自居。宋仁宗改元明道時，以「明」與自己父親名字相同為由，為避諱而使用意義一樣的「顯」字，改用「顯道」（據傳高麗不用「建隆」而用看似獨立年號的「俊豐」也是基於相同原因）。這項事實說明他奉的不是遼國年號，而是宋朝年號，而且也遵循漢族特有的避諱習俗。不過，這是李元昊最後一次使用宋朝年號。西元一〇三四年，他開始使用獨立年號「開運」。這個行為在東亞文明的脈絡裡，意味著獨立建國。接著他接連攻占西方的沙州（今甘肅省敦煌）等，絲路沿線的綠洲城市，擴大西夏版圖。夏國想要突顯党項族的獨立性，開始創造西夏文字。

與西夏對抗

李元昊終於在西元一〇三八年，登基成為大夏國皇帝，改元「天授禮法延祚」。向宋朝遞交國書，要求與宋朝皇帝對等的外交地位。雖說大夏的國號來自於夏州，但「夏」為聖王夏禹開創的王朝，對漢族有特殊意義。有時我們以「中夏」來代表中華，從這一點即可看出夏的獨特性。不過，上述內容都是漢文文獻的記載，其國號在党項族的語言

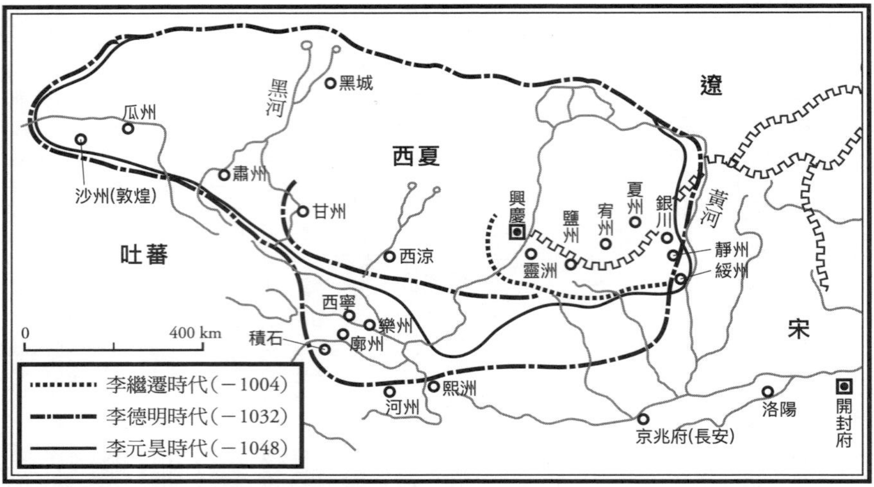

西夏領域圖（根據佐伯富《宋朝新文化》製成）

（西夏語）中，代表「大白高國」之意。

可以想見的是，宋朝不承認夏國的獨立。宋朝褫奪了李元昊的官職，禁止宋夏貿易，更對外懸賞其項上人頭。為了夾擊夏國，宋朝加強了與吐蕃（今西藏）的交流。吐蕃在唐朝曾經形成強大國家，短暫占領過長安。十世紀之後，政治上沒有統一王權，軍事上也一蹶不振。對宋朝沒有任何威脅，可有可無。但在這個特殊時期，宋朝採取懷柔政策，派任一名節度使統領該地。最重要的是，宋朝必須與吐蕃大興貿易，才能填補無法從西夏進口軍馬造成的缺口。

宋軍在韓琦與范仲淹的指揮下，終於在與西夏之戰勝出。慶曆四年（一〇四四），宋朝承認李元昊為「夏國主」，除了恢復貿易往來之外，每年還賜西夏絹十五萬餘匹、銀七萬餘兩、茶三萬斤。

後來，雙方雖經幾代交替，但交情一直不錯。直到王安石當政主動出擊，為兩國關係增添變數。熙寧四年（一〇七一），神宗與王安石採納王韶的獻策，決定從旁夾擊，擊敗西夏。神宗命王韶主導收復河湟地區（今甘肅省蘭州市與青海省西寧市之間的中間地帶）的計畫，設置包括熙州、河州在內的熙河路。但這些地方原本就是吐蕃的勢力範圍，王韶的做法導致宋朝與吐蕃糾紛不斷，最後在西寧七年（一〇七四）撤兵，計畫宣告失敗。

元豐四年（一〇八一），宋軍趁著西夏內亂再次出兵，隨即遭到反擊。隔年在永樂塞（今陝西省延安市北方一百五十公里）損失二十萬大軍，宋朝慘敗收場。

哲宗即位後，宣仁太后對外採取綏靖政策，與西夏再次恢復交好狀態。後來徽宗政府改弦易張，王韶之子王厚繼承父親遺志，負責推動熙河路擴張政策。遼國轉而支持西夏，三國關係陷入僵局。

在此情況下，金朝跳出來擔任第四位主角，宋金聯盟對抗遼夏結盟。不過，各位都知道這樣的結構在西元一一二〇年代，為宋朝帶來什麼樣的結局。西夏最終聯合金，成功地擴大了自己的領土。

被金占領華北地區的宋朝，開始想辦法聯合西夏夾擊金朝，企圖收復原有領土。獻策者為主戰派的張浚。但這項計畫尚未看到任何成果，紹興八年（一一三八）以後，就因秦檜採取議和政策告終。從那之後，中國與西夏的長期交流正式終結。蒙古興起後，西夏派使者到宋朝，商議夾擊金朝的計畫。後來西夏方面改變心意，這項計畫也沒實現。所以當宋朝寶慶三年（不知為何，西夏也晚了一年使用與宋朝同樣的年號），也就是西夏寶慶二年（一二二七），西夏被蒙古滅亡的消息傳入宋朝，對於史彌遠等朝廷上下來說，只是一樁發生在遙遠異鄉、與己無關的事情罷了。

高麗的對外政策

接下來我們將目光轉向東方，看看朝鮮半島。

新羅王國接受大唐帝國的冊封而成立，其宗主國唐朝在西元九世紀末衰退，自己也隨之走向衰亡。一時之間，半島各地陸續出現獨立政權。在此亂局之中，一位名為王建的人物嶄露頭角，他自稱「高麗王」，並自立「天壽」年號。此時正是西元九一八年。在此之後，他接受後唐王朝的冊封，稱高麗國王，以承認自己的統治權為條件，廢除自己的年號，奉五代諸王朝與宋朝年號。

高麗自宋建國以來就一直是朝貢國，與宋朝建立良好關係，淳化二年（九九一）派去的使節希望獲得剛剛刊行的大藏經，也如願以償，原本互動頻繁的兩國卻因為遼的介入生變。淳化四年（九九三），遼國進攻高麗，高麗請求宋朝救援，卻因宋害怕與遼交戰而不正面回應。在無計可施之下，高麗國王只得臣服遼國，接受遼國冊封，宋就這樣流失了一個朝貢國。

遼國與宋朝簽訂澶淵之盟，解除兩軍對峙的緊張狀態後，可以無後顧之憂地進攻高麗，把首都開城化為灰燼，此時宋朝沒有對高麗伸出任何援手。幾年後，遼國再次入侵高麗。期間高麗不斷派遣使節到宋朝求援，從山東半島的登州（今山東省蓬萊縣）進出，有一段時間還在登州設置市舶司。後來高麗決定臣服遼國後，與宋朝斷交長達四十年以上。

直到熙寧二年（一〇六九），高麗與宋朝才恢復來往。當時宋朝正值新黨政權積極推行新法之際，希望力壓遼國，所以對高麗派來的使節特別好，讓其享受與西夏使節同樣的禮遇。高麗使節認為「登州離遼國太近，航路易受遼國掣肘」，為了解決這個問題，宋朝指定明州作為高麗朝貢的港口。一直到北宋末期，高麗與宋朝都保持友好關係。另一方面，蘇軾也在此時提出高麗朝貢，對宋朝有害無利的主張。

這段期間徽宗曾派使節前往高麗，當時使節團寫了一本見聞錄，名為《宣和奉使高麗圖經》，共四十卷，傳承至今。這本見聞錄從「建國」、「世次」開始，詳細描述高麗的制度、文物以及風俗習慣，是一本深刻展現宋人對於高麗想法的珍貴史料。

靖康之變當然也為兩國關係帶來巨大轉變，從慶賀欽宗即位——雖然這對宋朝而言沒什麼好慶賀的——到建炎、紹興初期，連首都都不知該設在何處的時期，高麗謹守規矩，派遣使節到明州朝貢。這麼做當然也有刺探宋朝內情的意圖，後來這些朝貢使節漸漸疏遠宋朝，高麗改變政策，轉而與陸地相連的金朝建立友好關係。金朝在華北失利後，高麗失去堅強後盾，遭受蒙古侵略長達三十年。就在南宋理宗晚年的時候，亦即景定元年（一二六〇），高麗決定奉蒙古年號，臣服蒙古。

《宣和奉使高麗圖經》

獨立國家——安南與大理

接著簡單介紹交趾與大理兩個國家。

交趾即現在的越南，漢代以來不斷重演被中原王朝占領，與地方勢力建立獨立王國的命運。因遠在南漢國南邊，所以宋初時期沒有來往。後來任命交州節度使，開寶八年（九七五），宋太祖冊封交趾郡王。請各位注意，宋太祖封的是「郡王」而非「國王」。顯示宋朝認為交趾屬於自己國內的管轄區，不是外國。

交趾繼丁朝、黎朝（為了與十五世紀的黎朝區隔，史稱前黎朝），宋大中祥符二年（一〇〇九）李朝成立，首都設於升龍（今河內）城，稱大越國。不過，在宋朝眼中，李朝還是交趾地方的王。元祐二年（一〇八七），升格為「南平王」。雖然時有小規模交戰，互有輸贏，但與宋朝國境基本上和現在一致（不過，南平國南方還有一個占城國，與現在越南疆域不同）。到了南宋時期，終於在淳熙元年（一一七四）取得與高麗同等地位的「安南國王」稱號。寶慶元年（一二二五），

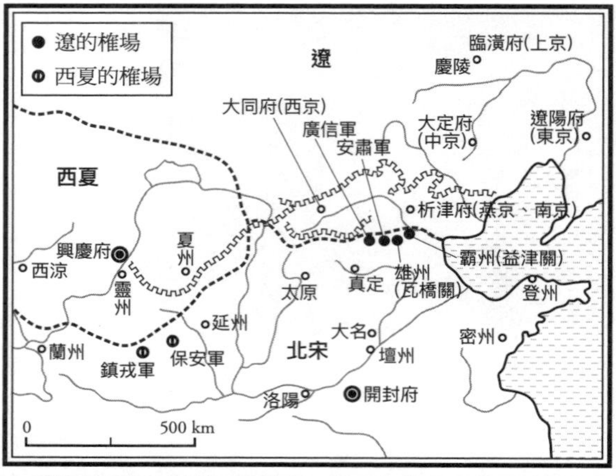

北宋對遼國與西夏設置的榷場　榷場指的是設於國境的貿易場所。

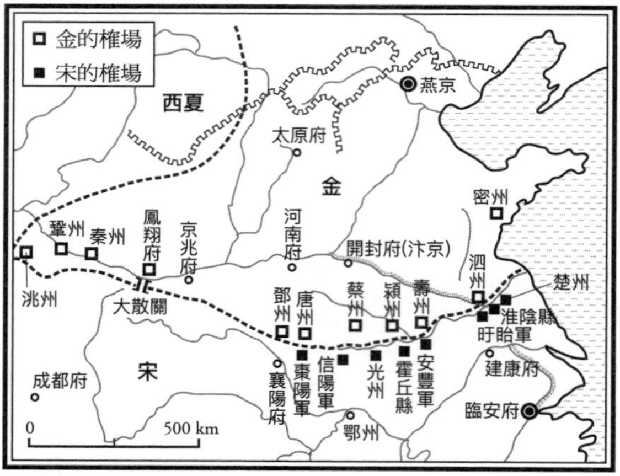

宋金榷場

交趾改朝換代，陳朝取代李朝。陳朝成功擊退蒙古入侵，維持獨立狀態。自此，除了十五世紀初期短暫被明朝占領，再也沒有臣服在中國皇帝的統治之下。

另一方面，「大理石」的原產地如今已成為中國的雲南省，此地在唐朝曾經出現過南詔國。後晉天福三年（九三八），段思平建立大理國，年號文德。從此之後，一直使用自己的年號。段連義當國王時，在宋熙寧九年（一〇七六）首次派遣使節入宋。即使如此，對內仍使用自己的年號，維持獨立現狀。雖然有一段時間被高升泰篡位，但很快就恢復段氏王朝。文治八年（一一一七），即宋政和七年，宋朝冊封「大理國王」，與高麗、安南地位相同。天定三年（一二五四），被蒙古消滅。

從《宋史》列入〈外國傳四〉即可看出，安南、大理兩國在宋朝與仕元的史官看來，是屬於相同範疇的獨立國家。但在後來的歷史發展中，一個成為民族國家，另一個被劃入中國行政區。我們無意再掀波瀾，但我們必須再次體認，現在民族國家的國境並非遠古時代就定下來的，純粹只是歷史偶然的產物。如今無論是遼國、金朝、西夏、大理與吐蕃（西藏），都跟宋朝一樣，成為「中華民族」的成員之一。

專欄六

雲南與四川

雲南一帶在西漢時期劃入漢朝領土，當時其中一縣取名雲南，成為元代設置「雲南行中書省」的緣由。這一點與一會兒成為中華王朝屬地，一會兒成為獨立國家的越南極為類似。參照下圖即可發現，大理國君主的服裝樣式融合中國風與泰國風。我們無須提出抗日戰爭的「援蔣路線[1]」佐證，即可證實此處作為通往泰國、緬甸的主要通道，自古便是交通要衝。

位於其北方的四川是一個擁有肥沃土壤的盆地，自古誕生許多獨立政權。家喻戶曉的諸葛亮（孔明）三分天下之計，便是向劉備建議占領蜀地（四川）。正如第一章所述，五代時期前後有兩個蜀王朝誕生，而且中原王朝對該地的年號不以為意。宋太宗時，王小波、李順等人以「均貧富」為口號率眾反抗，這是宋代規模最大的農民起義，南宋也將四川視為特別行政區。蒙古首先占領四川和雲南，除了形成包圍南宋之勢外，也因為這些地區容易分治。

《大理國梵像圖》　張勝溫繪，利貞皇帝夫妻的部分。

與日本的關係

對宋朝來說，日本也是一個「外國」。誠如前言所說，《宋史》中的〈日本國傳〉滿篇都是奝然的記述。雖然之後也有喜因與成尋（《宋史》寫成「誠尋」）等人來訪的記載，但與高麗相比，篇幅較少，這當然與宋朝和日本政府交流不順有關。

透過佛教交流引進中國文化

但就像之前說過的，官方交流不順不代表民間交流停滯不前。榮西、弁圓、道元等人，雖不是以政府使節的身分入宋，也為日本的思想文化帶來無可計數的貢獻。

自從「日本遣唐大使菅原道真建議廢除遣唐使」，日本官方沒再派過正規使節團到中國，而是由佛教僧侶銜日本政府之命訪問中國。平清盛大肆推動宋日貿易，加上日本人接受禪宗後，愈來愈多與朝廷無關的留學僧前往中國，為日本帶來臨濟宗的榮西大師，就是訪中的先驅者。

在延曆寺學習天台密教的榮西，在日本高倉天皇即位那年，也就是宋乾道四年（一一六八）踏上宋朝土地，巡禮天台山等佛教聖地，半年後回到日本。之後一心想到印度求法，又於淳熙十四年（一一八七）入宋。但他沒有獲得南宋政府的許可，無法前往印度，因此留在天台山、天童山等地，學習臨濟宗的禪法。於紹熙二年（一一九一），亦即日本建久二年回到日本。榮西回到日本後，在新建的京都建仁寺傳授加進禪法的密教教義，因而被後世視為日本臨濟宗祖師。

長命富貴堆黑箱（鎌倉・鶴岡八幡宮收藏品）

明庵榮西禪師的畫像

榮西從宋朝帶回來的物品中，有一個是目前保存在鎌倉鶴岡八幡宮的長命富貴堆黑箱。從箱底的朱漆銘文可知，這是榮西第二次入宋，返回日本的前一年，由一位叫做「侍郎周宏」的人所送的禮物，有一點值得注意的是，落款年代為「明昌元」，明昌是金朝的年號，與宋的紹熙、日本的建久始於同一年。換句話說，明昌元年等於西元一一九〇年。奇怪的是，史料上並沒有榮西進入金國領地的記載。因此，這個堆黑箱應該是在宋國領地，亦即浙江地區送給榮西的。為什麼那個地方的人要用金的年號，送禮物給外國人呢？再說，沒有任何資料顯示周宏究竟是何人。既然他使用金國年號，絕對不可能是宋朝官員，侍郎或許是金的官位名稱。很可能是金派遣到宋朝的使節，與榮西在浙江相識。無論如何，這是一個代表外國人在宋國境內交流的禮物，值得深入研究。

順帶一提，榮西回國時，朱熹的兩位門人送了他一幅畫作，名為《送海東上人歸國圖》，這幅畫作被日本政府指定為重要文化財。雖不清楚為何這幅畫會被看成是榮西的所有物，但寫贊文的人確實是朱熹門人，而且這兩位知名度都不高，沒有捏造的必要。畫卷上畫了一艘離岸遠去的船，想必是在港口城市道別時親手送出的吧！但，根據最近的研究，這兩人同時在朱熹門下的時間是紹熙五年（一一九四），年代上又與榮西在宋朝的時間不符，所以這幅畫很可能是送給其他僧侶（姓名不詳）的。若真是如此，那麼此人很可能是第一位接觸朱熹學說的日本人。當然，即使如此，也不會減損榮西的功績。

事實上，光靠榮西一人是無法讓臨濟宗在日本落地生根的。特別是渡來僧[2]蘭溪道隆，他是鎌倉幕府的政治顧問，受到幕府庇護。建長五年（一二五三），執權[3]北條時賴為他在鎌倉北方興建取名於年號的建長寺。自此之後，鎌倉相繼興建禪寺，與京都或奈良等既有的佛教文化不同，鎌倉發展出特殊的禪文化。據傳鎌倉五山當時通用的是中國話（那個年代的浙江口語），形成唐宋變革後直接傳入中國文化的獨特空間。

宋日兩國共同擁有的時光

日本幕府的權力中心透過從中國來的渡來僧，與從日本訪宋的渡海僧，持續掌握宋末時期的國家情勢。根據推測，在來自日本安房、勝浦一帶，毫無留學經驗的僧侶預言國難將至之前，幕閣（幕府將軍首席家臣）早就聽聞宋朝與蒙古之間戰況激烈的襄陽保衛戰。北條家的分支金澤家收藏的宋朝書籍，如今仍有一部分保存在日本各地圖書館，日本不可能自絕於東亞的國際情勢之外。

宋朝與日本的佛教交流始於奝然、終於道隆，接下來我將羅列宋朝與日本在同一時期發生的重要大事，讓我們一起重溫宋日兩國共同擁有的時光。

首先，宋朝在陳橋兵變中建立，那年正是日本村上天皇在位的天德四年（九六〇），也是攝關政治[4]的確立期。簽訂澶淵之盟，東亞兩大國宋與遼進入和平狀態；此時正是日本一條天皇的寬弘元年（一〇〇四），也是清少納言與紫式部的時代。歐陽修在各領域力推新政與改革，正是日本永承六年（一〇五一），奧州發生前九年之役[5]。元祐更化之年，即日本應德三年（一〇八六），白河天皇讓位給堀河天皇，開始院政[6]制度。靖康之變發生在崇德天皇大治二年（一一二七），崇德天皇的親生父親（族譜上為曾祖父）白河院依舊健在，是為「治天之君[7]」。朱熹與呂祖謙共同編纂《近思錄》，是在日本平清盛推動宋日貿易之時，源平合戰[8]則發生在朱熹晚年。端平更化的兩年前，日本貞永元年（一二三二）頒布御成敗式目[9]。蒙古軍在臨安無血開城，正值日本的後宇多天皇治世，當時日本皇室兩大派「持明院統」和「大覺寺統」，已為了皇位繼承問題出現鬥爭之兆。那一年是建治二年（一二七六），日本為了防範蒙古軍二度入侵登陸，在博多灣一帶堆砌元寇防壘。綜合以上內容，整個宋王朝正是日本的平安時代中期到鎌倉時代中期。

終於到了揭開宋朝最終結局的時刻，且聽我娓娓道來。

與蒙古的衝突

宋朝末期四十年的歷史，就從端平更化開始說起。端平元年（一二三四）外交上發生了一件大事，那就是金朝滅亡。

蒙古侵略與金王朝滅亡

史彌遠創下了宋朝宰相在位最久的紀錄，紹定六年（一二三三）十月在家中安祥辭世。從三年前擔任參知政事，輔佐史彌遠的鄭清之繼任宰相。新政權一上任要解決的課題，就是如何處理金朝與蒙古之戰。

從第一代鐵木真（成吉思汗）就與金交戰的蒙古，在遠征西方，消滅西遼（喀喇契丹）與西夏，平定中亞地區後，正式往南進軍，入侵金朝領地。在此之前，金朝為了避開蒙古軍的強盛氣勢，已將首都從中都（今北京）遷至汴京。金曆正大八年（一二三一）初，由窩闊台率領的蒙古軍攻至汴京城下。

隔年蒙古軍暫時撤軍，但受到異常氣候影響，汴京的夏天竟像冬天一樣冷，城內瘟疫蔓延。金朝將政府機關再往南遷至蔡州（今河南省汝南），準備在此迎擊蒙古。無奈任何人都看得出來，此時的金朝已是風中殘燭，現在不過是苟延殘喘罷了。

宋朝看有機可趁，再次做出趁火打劫的行為。為了報一百年前靖康之變的一箭之仇，宋朝與當時一樣結合新興勢力，共同對付金朝。宋朝這次與蒙古結盟，說好事成後將黃河以南劃歸宋朝，於是宋朝派孟珙與蒙古軍一起包圍蔡州。天興三年（一二三四）正月，即宋端平元年，金朝皇帝自縊身亡，持續一百二十年的金王朝就此結束。

宋朝趁勝追擊，企圖收回汴京、洛陽等河南之地，不料蒙古人違反盟約條件，不願意交出這些地方，兩國開戰，此時的形勢跟靖康之變完全一樣。蒙古軍兵分多路進攻宋朝，端平二年（一二三五）攻破舊有的宋金國境，直逼長江北岸，沿著長江往下游東進，掠奪建康對岸的淮南一帶。端平三年（一二三六），長江支流漢水一帶，守衛襄陽城的宋軍發生內鬨，一部分人帶著金銀財寶投降蒙古；另一部分人為了洩憤掠奪城內。根據史書記載，襄陽城自岳家軍成立以來，一直是這一帶重要的戰略要塞，持續繁榮一百三十年，沒想到卻因為這次內亂，一夕之間化為烏有，什麼也沒留下來。後來孟珙奪回襄陽，不過，四十年後，此處又成為腥風血雨的戰爭舞臺。

處於軍事劣勢的宋王朝

說穿了，端平更化不過是在這種情形下的一種宮廷改革罷了，而且，真德秀與魏了翁並未掌握實權。端平三年（一二三六）接替鄭清之繼任宰相的喬行簡，其實是史彌遠的心腹，為了在前線對抗蒙古軍，他任命史彌遠一族的史嵩之擔任京湖安撫制置使。史嵩之在嘉熙三年（一二三九）升任右丞相，淳祐元年（一二四一）二月喬行簡逝世，史嵩之獨任宰相，像當年史彌遠那樣長期獨攬大權。

史嵩之在位期間，還推動了第四章最後介紹的孔廟從祀制度修改政策。處於軍事劣勢的宋王朝，想藉由這項政策，突顯在文化上繼承儒教正統的地位。朱熹入孔廟從祀，就是想極力宣傳南宋才是孔子嫡傳，而不是金朝（或是蒙古）。這對內確實意味著朱子學的勝利，但對外不過是滅亡前的迴光返照。當時著名的正義派官僚陳韡在淳祐八年（一二四八）煞有介事地上奏：「本朝屬於火德，應盛大祭祀炎帝神農氏。」他的這個奏本代表了當時士大夫的態度。與其說他們是想祈求神靈保佑，倒不如說舉行儀典這個行為可以向世人顯示自己王朝的正統地位。

即使如此，蒙古軍還是持續不斷地侵擾淮南。其實這個時候的宋朝還有能力退敵，蒙古也還沒到下定決心併吞宋朝的階段，因此戰況有進有退，雙方僵持不下。淳祐十一年（一二五一），理宗問：「戰爭避難的老百姓都回家了嗎？」左丞相謝方叔答：「淮南百姓都回到原來的地方，貧困者也受到政府的照顧。」不過，蒙古軍就是在這一年入侵。隔年二月，理宗又問，謝方叔答：「蒙古軍在播種前撤退了，沒有造成嚴重損害。」推測他們正在談論淮南一帶播種冬小麥的事情。

宋軍在前線各地與蒙古軍對峙，戰況陷入膠著，從寶祐二年（一二五四）起，蒙古軍在四川設置屯田兵，務農耕作，長期定居的態勢已成，很難像過去那樣輕易擊退。無論如何，最危機與最關鍵的還是襄陽保衛戰。不過，在談論襄陽保衛戰之前，我們先來看看宋代朝廷的現況。

理宗時代的政界變遷

誠如第四章提及的，從宋代的歷史紀錄來看，理宗朝以後的記述內容相當少，這與王朝本身進行歷史編纂有關。

為了重新建構宋朝歷史，研究學者首先必須參照或根據按年代記事的《續資治通鑑長編》、《建炎以來繫年要錄》等史書，以及按事項羅列的《宋會要輯稿》。前兩本都是將當時流傳的各種一手史料經過編輯加工後，編纂而成的二手史料。從這個意義來看，只要有一手史料，就不需要參考這些二手史料。舉例來說，如能找到某個人物收錄其奏摺內容的文集，研究學者通常會直接引用文集裡的奏摺內容。這類編年史通常都是根據朝廷記錄的各種政治文書、記錄官撰寫的日誌或政府高官的日記等文獻。多虧《續資治通鑑長編》與《建炎以來繫年要錄》這兩本書，後世才能詳細了解北宋時代與南宋初期的朝廷動向。

此外，「要錄」或「會要」是將這些文獻編纂成暫定版的史料。由於現在還留存明清時期的要錄抄本，因此我們可以清楚掌握明清朝廷的內部動向，勝過宋元兩代。明代初期還保留著宋代會要，編纂《永樂大典》的各個項目時還曾明文引用。但許多書籍沒有流傳至清代，因此清代學者還特地從《永樂大典》復原當時已失傳的書籍。《續資治通鑑長編》就是這個復原大業的成果。宋代會要也利用這個方法復原了部分內容，命名為《宋會要輯稿》。

雖然《永樂大典》本身也已失傳，但二十世紀出版《宋會要輯稿》手抄本，讓研究學者更方便閱讀。即使如此，還是找不到與理宗時代有關的記載，或許是因為接下來的度宗時代，已無餘力編纂理宗時代的會要，才有這樣的結果。

由於這個緣故，《宋史》是現存史料中，關於理宗時代的記載最詳細的文獻。由於《宋史》編纂與江南士大夫有關，可以想像他們除了使用蒙古朝廷留下的文獻外，也參考他們自己收集的資料、祖先傳下的文集與當地的碑文史料。以下就從《宋史》的紀錄觀點，介紹理宗時代的政界變遷。

史嵩之是南宋時期明州的士大夫之首，從其家族祖輩史浩擔任宰相以來，史氏家族便一直大權在握。史嵩之上位後也毫不保留地要弄自己的權勢，沒想到卻突然被拉下馬來。淳祐六年（一二四六）在他為父親服喪的時候，皇帝突下詔書將他廢黜，可說是栽在宮廷政變之下。

隔年，曾任名譽職位、已經退居二線的鄭清之，接替史嵩之成為右丞相，淳祐九年（一二四九）升任左丞相，鄭清之的繼任是方才提過的謝方叔。其後，經過一次短暫政權後，受到謝方叔賞識，任命為參知政事的賈似道，於開慶元年（一二五九）就任右丞相。

賈似道與秦檜、韓侂冑、史彌遠並列為南宋的專權宰相。直到德祐元年（一二七五）失勢為止，身為南宋朝廷還能正常發揮政府機能的最後一任首相，他肩負起支撐王朝不墜的棟梁之責。無奈史書對他的評價十分嚴厲，《宋史》毫不猶豫地便將其列入〈奸臣傳〉。

誠如第三章所述，〈奸臣傳〉占《宋史》四卷的篇幅，從四百七十一到四百七十四卷。其中前兩卷記述的是北宋新黨政權的領袖們（王安石除外）；第三卷記述的是南宋初期的議和派宰相們，秦檜也名列其中；最後的第四卷列入四人，包括韓侂胄與賈似道。不過，卻沒有史彌遠。換句話說，史彌遠不是「奸臣」，或許是明州出身的身分使他被排除在外。對於努力編纂《宋史》的士大夫們而言，史彌遠還是個讓人備感親切的同鄉。

那些編纂《宋史》的士大夫們，其祖先都曾身為南宋政府的中堅分子，他們的意識也深深影響了《宋史》。總共十卷的〈忠義傳〉，有一半寫的是靖康之變的殉職者；剩下的一半則是與蒙古對戰的犧牲者。他們為了避免引發筆禍，用字遣詞十分謹慎，以「北兵」描述侵略者。當時宋朝已經滅亡，這些傳記不過是安慰宋朝忠魂的文字紀錄。若說「名留青史」是士大夫重要的人生目標，那麼他們拚死抵抗蒙古軍的行為已達成自己的理想。事實上，有些地方官明言自己就是因此殉職。

獨攬朝廷大權的賈似道

從這個角度重新審視賈似道的傳記，就會發現編纂《宋史》的士大夫們在描述這位人物時，抱持著非把他寫成亡國賊才能消氣的態度。事實上，當時的士大夫們是造成他專權的主因。他們之中若有人批評賈似道，編纂者便大加讚揚批評者的言論與風骨。話說回來，如果這些編纂者是那個年代的當事者，他們是否真的能阻止

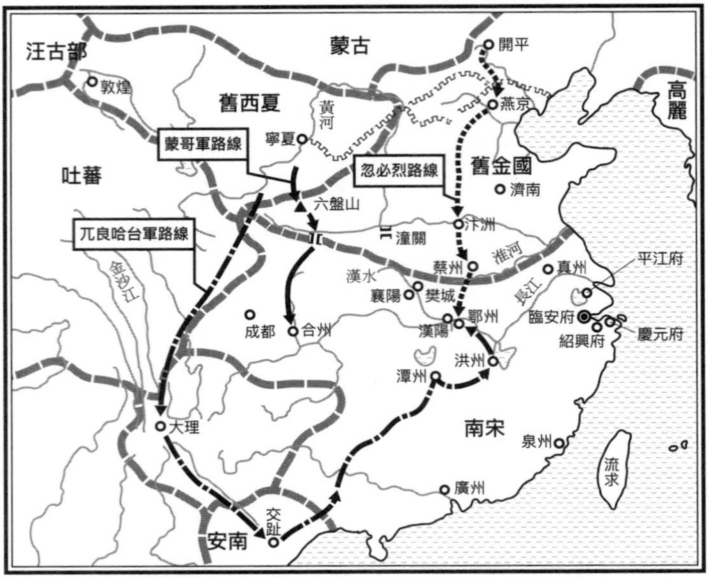

鄂州之戰　蒙古軍進攻路線圖。

蒙古入侵？《宋史》以非常遺憾的語氣記述了理宗政權沒有採用書生們理想中的防禦對策，但沒人能確定這些對策是否真的有效。假如真的有用，蒙古軍無法併吞江南，這些《宋史》的編纂者就沒機會在蒙古帝國帶來的和平環境中從事史書編纂事業，難道他們不會覺得自我矛盾嗎？

任何時代、任何地方都有理論派的人，他們的論點被譏為空談，但一旦現實派失敗，後世史家就會對這些理論派的見解大加讚揚。話說回來，這種有立場的歷史論述真的適當嗎？至少近代的實證史學以建立完全客觀的歷史敘事為目標，和這種勸善懲惡的故事截然不同。

賈似道是承父蔭才當官，不是科舉官僚。由於他的姊姊受理宗寵愛，理宗愛屋及烏，賈似道就此走上平步青雲之路。寶祐二年（一二五四），賈似道任同知樞密院事（相當於副國防部長），進入朝廷核心。開慶元年（一二五九），蒙古軍由蒙哥汗親征四川，其弟忽必烈率軍攻打鄂州（後來的武昌、即現在武漢市的部分地區）。賈似道親上前線，到鄂州對岸的漢陽（現在武漢市的部分地區）救援，陣中拜右丞相。恰巧此時蒙哥汗在四川（合州）陣中死亡，急於回到北方的忽必烈與賈似道密謀議和條約，先行撤軍。不過，賈似道卻向臨安回報我軍獲得勝利，蒙古撤軍。這是他造假的開始。賈似道被所有人視為救國英雄，在歡呼聲中凱旋歸來。

隔年，忽必烈主導忽里勒臺大會[10]，即位登基。同時以蒙古皇帝的身分，派遣郝經前往宋朝簽訂議和條約。賈似道擔心密謀議和之事曝光，叮囑地方官在長江北岸的真州（今儀徵）強行扣留郝經一行人。自己則裝作若無其事的模樣，在臨安享受榮華富貴。

《宋史》評價他：「似道既專恣日甚，畏人議己，務以權術駕馭，不愛官爵，牢籠一時名士……」清楚說明賈似道亂授官位、攏絡名士的行徑。但，這不是賈似道一個人的問題，被他攏絡的士大夫們也有責任。當時臨安的風氣就是逃避現實，忽略眼前危機。世界情勢不是他們努力就可以扭轉的，蒙古進逼的腳步聲已愈來愈近。順帶一提，郝經一行人竟被軟禁了十年以上。

理宗就在這樣的情形下駕崩。理宗沒有兒子，由他的侄子趙孟啟即位。這一切都是賈似道的安排。趙孟啟改名趙禥，是為度宗。新皇帝雖然登基，卻在賈似道面前抬不起頭來。原本皇帝叫臣下時皆直呼其名，度宗卻叫賈似道「師臣」。別的官員也跟著逢迎諂媚，稱呼賈似道「周公」，將其比作建構理想政治秩序的周公旦。從這個時候開始，賈似道的家成為實質的政府所在地，就連庭園也稱為「後樂園」。

賈似道的政策以公田法最有名。為了籌措軍費，政府強制以低價徵收江南農地，收為國有。這在《宋史》中也被批評為惡政，但從現代社會經濟史的觀點來看，這個政策可以杜絕大地主獨占土地，有助於重整財政，值得重新評價。由於這個政策承襲新黨路線，推行後受到強烈抨擊。賈似道陳述自己的觀點後表明辭意，但理宗認為「不能為了迎合一時的輿論而耽誤國家財政」，支持賈似道的做法。公田法就這樣實施到賈似道下台為止。由此可見，賈似道並不是一位無為無策的平庸之人，只是對士大夫階層而言，公田法就像是王安石復活的惡夢。光這件事就足以讓那些理論派士大夫將他列入「奸臣傳」。或許是為了對付不斷湧現的批評，賈似道新設士籍，推動從法制上區分士人與一般百姓的政策。

政治上對賈似道政權出現責難與默許互為攻防的情形，正當士大夫們忙於內鬨之時，蒙古軍展開了正式進攻南宋的計畫。

襄陽保衛戰與臨安開城

襄陽自古就是漢水流域重要的戰略據點，就連關羽從荊州攻擊魏的時候，也在這裡吃足苦頭。還沒等到一代武將攻下襄陽，就遇到吳軍突襲，最後命喪此處。蒙古軍接受漢人官僚的獻策，把這裡視為平定南宋的戰略關鍵，集結大軍，強壓襄陽城下。宋咸淳三年（一二六七），亦即蒙古的至元四年，宋朝派遣呂文煥擔任襄陽府知府，討伐蒙古。襄陽城就在他的指揮下，展開長達六年的守城之戰。

昏君與權臣的結構

蒙古軍深知水軍的重要性，建造五千艘戰艦，培養七萬士兵，因下雨無法從事實地訓練時，就在地上畫船訓練。儘管投入大量心力，卻看不見什麼成效。不過，蒙古軍並未因此撤退。他們依舊包圍襄陽城，斷絕對外聯繫，持續孤立襄陽城內的宋軍。嚴格來說，漢水北岸的樊城可說是襄陽城進出的重要樞紐。呂文煥用鐵鎖封住漢水，使蒙古水軍無法航行，再建造浮橋方便宋軍渡至對岸。掌握制河權（非制海權），從水陸雙管齊下，抵抗蒙古軍的攻擊。

咸淳六年（一二七〇）某天，度宗問賈似道：「襄陽城已經被圍三年了，現在到底怎麼樣了？」

賈似道回：「敵軍早就退了，是誰向陛下說這些事情的？」

「嗯，有個宮女這麼說。」

史書寫道後來賈似道找個藉口殺了那位宮女，人人懼怕他的威權，再也不敢跟皇帝說國境的情勢。這就是典型的昏君與權臣的結構。按宮中禮制，晚上受到聖寵的宮妃，第二天早上都要向皇帝請安謝恩。但度宗每天早上都有超過三十名宮妃向他謝恩，其在性事上無窮的精力真令人驚訝。

至元八年（一二七一）十一月，即宋咸淳七年，蒙古把以漢字標記的國號取《易經》中的文言，改稱「大元」。換句話說，蒙古使用了一個充滿中國風情的王朝名稱。

咸淳八年（一二七二），襄陽圍城滿五年。雖沒有援軍，但呂文煥依舊頑強固守。雖然城內還有糧食儲備，但欠缺鹽、薪柴與布疋。不過，從另一個角度想，他們一開始就囤積了難以想像的大量糧食。這說明端平三年（一二三六）那場潰敗後，宋軍做了許多準備，復興戰略據點，宋朝還有力氣存活下去。宋朝也曾從漢水下游的鄂州增派三千人敢死隊，從河道突破蒙古軍包圍，進入襄陽城內。

遲遲無法攻陷襄陽的蒙古軍決定改變策略，劍指樊城，他們使用的是第七章介紹的回回炮。接著還破壞鐵鎖與浮橋，咸淳九年（一二七三）正月，終於攻下樊城。呂文煥再次派遣使者前往臨安搬救兵，朝廷卻沒有任何回應。實際上賈似道曾三番兩次演出懇請皇帝同意自己率兵出征，卻被他事先安排好的大臣們慰留，最後只好作罷的鬧劇。在蒙古展現誠意的勸降下，呂文煥決定投降。至此，長達六年的襄陽保衛戰終於落幕。襄陽陷落的消息傳到臨安，賈似道立刻上奏度宗，埋怨道：「臣屢次請行，陛下都不准。若許老臣出征，當不至於此啊！」無論如何，《宋史》就是要把賈似道塑造成厚顏無恥的卑鄙小人。

蒙古軍經過一段時間的養精蓄銳後，以降將呂文煥為先鋒，展開相隔七年的進攻。咸淳十年（一二七四）年底，攻克襄陽下游三百公里處的鄂州。此時臨安岌岌可危，度宗早在半年前駕崩（或許是夜生活耗盡精力），逝世時相當年輕，才三十三歲，皇位則由剛出生的幼帝登基，幼帝無法親理朝政，由理宗的皇后、亦即太皇太后謝氏垂簾聽政。

此時太學生們紛紛奉請宰相出征，賈似道不敢違逆輿論，改元德祐的那一年（一二七五）正月，帶著十三萬精兵從臨安出發，討伐蒙古軍。包括後勤部隊在內的宋軍艦隊，隊伍綿延數十公里，好整以暇地經運河行進，花了一個月終於抵達太平州的魯港。太平州就是前面介紹過的采石磯所在地，魯港位於采石磯上游數十公里處。

但這次的對手不是從陸地進攻的金軍，而是打遍天下無敵手的蒙古軍，其先鋒還是兩年前投降蒙古的前任宋軍前線指揮官呂文煥。這支軍隊與幾個月前在遙遠東方的日本國博多灣遭受挫敗的遠征軍不同，是蒙古軍最精銳的水軍。還沒開戰，宋軍就已經嚇得發抖。宋朝安排七萬水軍主力在魯港上游六十公里處的丁家洲布陣，但完全不是對手，被打得落花流水。賈似道在驚慌失措之下，退到兩百公里外的揚州。宋朝與蒙古的正面對決，只打一回合便結束了。

這個經過讓人聯想到日本的《平家物語》。平家將軍優雅華麗的行軍隊伍，不過是中看不中用的裝飾品罷了，實力上根本無法與坂東武士相抗衡。他們的下場就是帶著照顧幼帝的後宮遠離宮城，逃跑避難。退至揚州的賈似道，向朝廷建議棄守臨安，避難保命。

但這次朝廷沒有聽他的。朝廷仿效靖康年間的情節，向全國號召勤王護駕的義勇軍。因反對賈似道而遭排擠、二十年前的科舉狀元文天祥，當時在江西南部的贛州擔任知州聽見朝廷號召，立刻想組織義勇軍，奔赴臨安。

宋王朝滅亡

他的朋友勸阻他：「當今的現況，元軍勢不可擋，所向無敵。而您以萬餘名未經訓練的烏合之眾，獨自面對虎狼一樣的元人大軍，這和驅趕群羊去搏擊猛虎有什麼區別！」

「我怎麼可能看不到這一點？然而我大宋朝廷照顧養育天下臣民，達三百多年之久，沒有國哪有家！而今正值國家危難之時，朝廷在全國上下徵集兵力，卻見不到一兵一卒入關回應。」

蒙古（猛虎）對上溫馴的綿羊——也可說是活蹦亂跳的兔子——姑且不論以諧音為譬喻的用

詞，這位聰明的狀元心裡明白，他出兵也無法扭轉情勢，但他還是執意出征。他摸著官舍的案頭感性地說：「樂人之樂者，憂人之憂。食人之食者，死人之事。」這句源於范仲淹先憂後樂精神的話，滿懷著宋朝士大夫最後的氣概。長年擔任宰相的臨安後樂園主人、賈似道大敗之後，南宋只剩下文天祥這位頂天立地的棟梁了。一年後蒙古軍包圍臨安，文天祥受太皇太后之詔，成為宋朝的最後一任宰相。

丁家洲戰敗後短短數十天之間，建康、平江、嘉定等江南各地有城牆的城市相繼投降蒙古。三月，天空出現兩顆星星爭輝，其中一顆殞落墜地的異象。這個聽起來就像捏造的情景，如今也無法確認真偽。不過，當時的人們寫下這樣的記載，象徵王朝交替。先前說過南宋時期留下的文獻不多，在有限的紀錄中，卻記載臨安火災頻仍、日蝕與彗星出現的次數多於以往，即使是沒有多少露骨表現的編年史，也能暗示這個王朝行將終焉的命運。

當時宋軍的主力部隊還在揚州，前年赴日本國博多灣擔任使節的趙良弼，建議忽必烈避開揚州，直取臨安。

在秋風乍起的七月，經過多次反悔決議後，朝廷才終於下定決心處置賈似道。賈似道被送往廣東，途中行經福建南部的漳州，被挾怨報復的護送士兵凌遲致死。

德祐二年（一二七六），南宋王朝最後一個元旦，從潭洲陷落的悲劇揭開序幕。因任地失守跑到潭洲避難的衡州知州，在潭洲被攻陷時為兩個兒子舉行冠禮，朋友訝異地問：「都什麼時候了，還做此迂闊之事？」他回答：「正是想使兒子輩以冠帶禮服見先人於地下啊！」接著放了一把火燒掉自己家裡，一家大小全部自殺殉國，聽聞此事的潭洲知州也全家自殺。受到此事影響，城內所有百姓自殺，據傳當時沒有一口井沒被填滿，沒有一棵樹上沒有吊死的人。

幾天後，蒙古軍攻至臨安城下，此時宋朝已毫無鬥志，部分皇室和主戰派也離開臨安，期待東山再起之日。此外，只想保住性命的高官也一個接著一個逃離都城，剩下宰相文天祥代表政府與蒙古軍總帥伯顏談判。就像日本的西鄉隆盛與勝海舟舉行的品川談判，實現江戶城無血開城，揭開德川幕府三百年歷史。

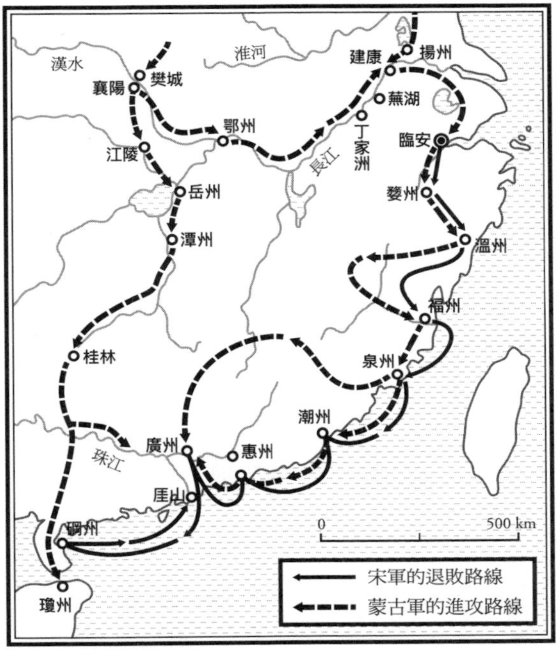

南宋敗退與滅亡的路線圖

文天祥對伯顏說：「本朝承帝王正統，衣冠禮樂之所在，北朝（指元朝）將以本國為屬國呢，還是想毀我社稷宗廟呢？」

伯顏對文天祥桀傲不馴的言論甚感不悅，文天祥又說：「我乃南朝狀元宰相，但欠一死報國。」最後雙方談判的結果，南宋同意在降書上使用宋朝國號，達成協議。

於是這般，二月一日，宋朝幼帝向臣下公開發表給蒙古皇帝的降書，並將象徵天子的傳國玉璽獻給對方。包括宋朝幼帝與太皇太后在內，主要的朝中大臣全被擄至北方。宋朝就此滅亡。此後雖有反對投降的主戰派分子擁立新皇，在各地流竄，最後還在廣州厓山上演一齣淒絕慘烈的全軍覆沒戲碼，但這一切不過是無謂的掙扎，無法扭轉宋朝滅亡的事實。《宋史》從宋的立場將這些後續發展全都列入宋朝歷史，但在清代學者畢沅編纂的《續資治通鑑》等通史中，均以臨安開城為界區分宋元兩朝。宋朝滅於臨安開城的西元一二六七年，也就是陳橋兵變的三百十六年後。

宋朝的意象

歷經一番周折，宋朝還是滅亡了。不過，宋朝在其滅亡後仍對東亞歷史影響深遠，本書最後簡單說明相關狀況。

明代塑造的宋朝形象

宋朝雖是元朝的敵國，但元朝也從宋朝繼承傳國玉璽，因此宋朝是元朝的前任王朝，給予元朝統治江南的權力。元朝體制安定後，社會上出現批判協助元朝侵略宋朝的投降者，表彰直到最後仍效忠南宋的人物之風氣。這個現象起源於士大夫們推崇的大義名分，將文天祥塑造成英雄就是最好的例子。

文天祥在被蒙古軍從臨安帶往北方的途中，於鎮江一帶脫逃。最初投身福州的亡命政府，卻因為意見相左而獨自組織義勇軍抵抗蒙古。失敗被俘後拒絕投降，也不願投效忽必烈，做「正氣歌」

後被處死。元朝編纂的《宋史》中，極度讚賞其高風亮節的骨氣，在日本江戶時代，也受到水戶學派系、推崇大義名分的學者讚揚，文天祥被塑造成一位鼓舞日本幕府末期尊王攘夷志士的英雄。

接著再說明明朝建國的過程。元朝統治末期，全國各地不斷發生武裝起義。其中，韓山童自稱徽宗後代，高舉復興宋朝的旗幟，成為當時武裝起義的主要勢力。明太祖朱元璋原本是韓山童麾下的部屬，後來他也彰顯宋朝，否認蒙古族統治，以強調自己的正統性。

這個基調在整個明朝歷史從未改變，但這與明朝制度和文化深受蒙古影響是兩回事。應該說，實際上受到蒙古影響愈深，便會愈想忘記元朝誕生的不祥祕密，因此，明朝人必須以宋朝後繼者自居。神化岳飛和文天祥只是其中一例。明朝末期，具有女真族血統的後金（後改稱大清）勢力日益壯大，威脅明朝正統，喚醒了百姓心中靖康之變的記憶。西元一六四四年清軍入關後，更是聯想到元軍入侵的情景，這些都是江南士大夫們推進反清運動的精神寄託。

清朝對於宋朝的態度呈現兩面性，雖說朱子學是清朝統治的核心理論，十分推崇宋朝士大夫的理念，但清朝對於華夷思想相當敏感，大興文字獄，迫害士大夫。另一方面，清朝卻承認南宋或南宋認可的蜀漢為正統王朝，排除金與魏的正統性。由於清朝具有女真血統，這個做法令人出乎意料。

清朝末年的反政府運動採用反滿運動的形式，使得情勢有些棘手。當時主流言論認為宋朝不是在臨安開城時滅亡，厓山一役才是終點。到了民國時期，面臨日軍侵略的現實問題，即使被逐出中原，身為漢族王朝的南宋依舊受到知識分子美化與神化。不過，對國內來說，宋朝是一個很尷尬的朝代。因為無論是中華民國或中華人民共和國的國境版圖，皆以清高宗乾隆皇帝開拓的國境線為基礎。宋朝不僅沒統治過台灣、釣魚台，就連敦煌、俗稱的東北（滿州國）以及敦煌以西（清高宗命名為「新疆」）區域，天子皇權也從未在這些地方出現。

不過，中國文化大革命後的改革開放政策，倒是盡其所能地利用了宋朝身為和平文化國家的形象，與海外各國頻繁交流。此外，雖然最後以失敗告終，但王安石變法也以打造早期近代社會為由，獲得高度評價。英國科學史研究家李約瑟（Joseph Needham）認為宋朝的科學技術達到當時全世界的最高水準，這一點也激發出中國人的民族自豪感。直到現在，宋朝在各方面仍是漢族民族主義的基石。

與漢唐不同，宋朝的特色之一是軍事實力軟弱。儘管如此，宋王朝依舊在政治、經濟、社會、文化等方面領先東亞世界。許多現在的生活習慣與文化藝能，都是在這個時期誕生的。這個超過三百年的長壽王朝——比唐朝與清朝長，比漢朝短一百年左右——正好處於時代的轉型期，或許正因如此，人們對於宋朝才會有如此特別的感受。

從日本傳統文化窺見宋王朝的影子

這種特別的感受到了日本，影響更加深刻。關於這一點本書已提過很多次，此處不再贅述。唯一要強調的是，宋朝與日本傳統文化的關係十分特殊。若與漢（「漢字」、「漢文」等說法）、唐（「唐物」、「唐人」）相較似乎不夠顯著，但「宋」存在於日本人的內心深處。宋朝雖不如三國時代那麼多采多姿，也不如大唐帝國華麗燦爛，但蘇軾的書畫、朱熹的學說，以及岳飛與文天祥的氣概，使宋朝成為一個令日本人緬懷的時代。

明朝滅亡後逃難到日本的朱舜水，給生活在鎖國時代的日本人，帶來一個前所未見的中國形象。有人問他：「杭州的西湖還有蘇堤嗎？」他回答：「西湖的柳樹是為蘇東坡這位風流學士所種的，他是一位帶給百姓恩澤的政治家，這一點遠比王荊公（王安石）高明。」朱舜水的說法可說是明代士大夫的標準答案。江戶時代的日本事事效法中國，因此對於王安石的評價很低。日本成功複製了明代塑造的宋朝意象。但明治以後風向改變，日本人開始藐視中國，他們批評：「文弱士大夫的精神文化阻礙了中國發展，相較之下，日本武士道精神更為出色。」

話說回來，實情真是如此嗎？日本自古流傳的宋朝意象，與後來急於切割與宋之間的關係，創造出「日本精神、日本傳統文化」的虛構語言，本書就是想顛覆過去的既定觀念。不過，雖說我們是以探索宋朝實像為目標，恐怕也只是塑造出另一個虛像罷了。

或許這是所有歷史書難逃的宿命，就像歐陽修的《五代史記》、司馬光的《資治通鑑》，其實都是為了突顯自己的時代而寫的書。

註釋

1 抗日戰爭時，由美國、英國、蘇聯對中華民國提供軍事援助的運輸路線，協助對抗大日本帝國。

2 【譯註】從中國前往日本的僧侶。主要為禪僧。

3 【譯註】日本鎌倉幕府官職名。原為政所的輔佐官職，後來轉為征夷大將軍的政務佐理，是幕府實際上的最高領導人。

4 【譯註】日本平安時代，藤原北家以攝政或關白之職，代理天皇執行政務，或輔佐者獨掌朝廷權力的一種政治制度。

5 【譯註】平安時代後期發生在奧州（東北地方）的戰役。戰後，安倍氏滅亡，清原氏成為東北霸者。

6 【譯註】日本政權由攝關政治轉移到幕府的過渡時期實施的政治體制。天皇讓位自稱上皇，在「院」中執政，這是皇權為了對抗攝關政治而發展出來的政治制度。

7 【譯註】日本古代至中世時期對不擔任天皇，但掌握實權的皇族家督之稱謂，通常是上皇或法皇。

8 【譯註】史稱「治承・壽永之亂」，指日本平安時代末期，一一八〇至八五的六年間，源氏和平氏兩大武士家族為了爭奪權力而展開的一系列戰爭。

9 【譯註】日本鎌倉時代於貞永元年（一二三二）八月十日制定的武士政權法律，因而又稱為貞永式目。

10 【譯註】古代蒙古及突厥民族的一種軍政議會，負責推舉部落的可汗或其他長官。

結語

二〇〇三年夏天，我大致完成本書初稿，我也在這個時候有幸看到了宋朝有名的瓷器。當時我去參加一位朋友的告別式，他生前很照顧我，選擇火葬方式與這個世界道別。回程途中趁著等飛機的空檔，我前往福岡城遺址參觀。當初改建平和台棒球場外野席時，發現了鴻臚館[1]的遺跡，從中挖出了不少瓷器。有關單位便將這些瓷器，與唐朝、五代的文物一起放在福岡城遺址的展示館展出。

無論在波士頓、北京、台北、倫敦或東京等地的大型博物館，通常都會展示經典的傳世文物。這些前不久還埋在土裡，被許多棒球迷踩踏過的瓷器，儘管釉藥色澤有些暗沉，但端正的造型仍深深吸引我的目光。鴻臚館原是一座迎賓館，過去應該經常舉辦迎賓宴或歡送會。十一世紀中期，鴻臚館走入歷史。巧合的是，當時正是宋朝的慶曆新政，處於思想文化的轉變期。

我當天送別的故人，是一位終生投入法華經梵文抄本校訂的學者。他從大學退休後，正想回鄉頤養天年就不幸逝世。奝然、成尋、榮西與道元都曾到中國求法，帶回譯成漢文的佛典。日本人直到明治以後，才直接研究以印度文撰寫的經典。這個現象為佛教的舊有印象增添學術性，討論重點不再是何者為正統佛教，宗教與文化也在歷史上與地理上持續創造新意。相較之下，日本人信仰的神才是唯一的正統教義這個想法，便顯得落伍刻板。容我再次強調，鎌倉時代的佛教並非是受到德里蘇丹國影響，而是在宋朝影響下形成的。

可能很多讀者要抗議本書登場的女性人物極少。這二十年來，史學家對於宋朝的女性研究不再僅限於過去存在的后妃傳或列女傳，而是從現代性別論觀點試圖釐清女性的一切。無法將這個部分融入本書是本人能力不足，基本上宋人文化也是在女性支持下建立的。姑且不論范仲淹與歐陽修都是由母親傳授基本知識這類記載於列女傳的逸聞，就連趙明誠、李清照夫妻也沒在正史上看到，我相信還有許多遺漏之處。我的說法可能會讓許多人感到不悅，但俗話說「成功男人的背後都有一個偉大女人」，那雙在士大夫身後默默推動的手，正是來自於女性。據傳王安石與司馬光的妻子為了他們自己的丈夫，還特意幫丈夫娶妾（當然，我沒有勇氣「羨慕」他們，也不認為女性就該退居男性身後）。

在書籍剛剛出版上市的時代，相信許多宋代女性都曾扮演過日本武將「山內一豐之妻[2]」的角色，為丈夫買書，希望他有朝一日功成名就。相信也有妻子為了讓丈夫前往遠地師承名家，私下籌措旅費讓丈夫遠行。對了，那位名叫陳淳的弟子還是與岳丈一起同行，在岳丈的資助下才得以見到朱熹。從這一點來看，無論是奠定本書構想的波士頓旅居生活，或為了寫書到處收集資料，我的太座可說是我的恩人。

榮西與道元沒有妻子，儒教人士每次攻擊佛教人士時，一定會說：「佛教違反人倫，不娶妻。」或許這句批評也帶有精神上的意義。成尋阿闍梨離開人在祖國的老母親，最後客死異鄉，若從儒教的孝道論理來看，又會如何評價？我相信一定會被大加撻伐吧？究竟要顧全學問（佛法）還是生活（結婚、孝養）？古人的生活方式超越習俗與文化差異，融入現代人的生活之中。我認為學習這樣的領悟正是歷史存在的意義。勇敢地向深植於現代社會的歐陽修與司馬光的徒子徒孫唱反調吧！歷史教育的目的不在於培養出如〈忠義傳〉翻版的人物。

我們有許多事必須向過去學習，為了避免重蹈覆轍，必須結合新觀點來闡述歷史。在本書的最後，衷心祈禱數萬年一遇的火星大衝——意外的是，火星竟是宋德之星——這個全球性異常天象出現時，西亞地區發生的戰爭不會成為更多悲劇的序幕。

癸末[3]歲陰曆八月朔

註釋

1 【譯註】興建於平安時代的外交迎賓館。

2 【譯註】山內一豐的妻子千代是日本有名的賢內助代表人物。傳說當一豐還是下級武士時，曾看上一匹駿馬但無錢購買，千代得知後竟私下典當嫁妝為一豐購得此馬。日後一豐也因為騎乘此馬創下戰功得到主公織田信長賞識（另一說稱一豐乘此馬在信長家臣間的賽馬中勝出），其功名即起始於此。

3 【編註】西元二〇〇三年。

後記

寫完結語至今，又過了一年多。這段時期全世界遍布「災禍」，先是過去船隻前往廣州港的必經海域，發生了大地震引起海嘯，造成人類歷史上最嚴重的災難。放眼西方，現在最強「帝國」又在蒙古帝國併吞南宋前後時期驅逐哈里發[1]之地陷入苦戰。[2]日本的政治動盪與人心失序，象徵了文明的衰退。愈是亂世，愈需要可為「借鏡」的歷史真相。

澶淵之盟一千周年歲末

註釋

1 伊斯蘭教的宗教及世俗最高統治者的稱號。

2 【編註】此處指的應該是伊拉克戰爭。

主要人物略傳

趙普（九二二～九九二）

河北出身的事務官。宋太祖擔任節度使時即在太祖手下工作，陳橋兵變之際與太宗一起主導過程，擁立太祖登基。

九六四到九七三年之間為太祖朝宰相，九八一到九八三年之間為太宗朝宰相。雖非科舉出身，但藉由「遠將軍、近文官」的國家體制，與鼓勵儒學教育等方式，建立宋朝風氣的基礎。諡忠獻。

寇準（九六一～一〇二三）

陝西出身。九九七年高中進士，深獲太宗信賴，委任輔佐真宗的大臣之一。一〇〇四到一〇〇六年與一〇一九到一〇二〇年之間，兩度擔任真宗朝宰相。澶淵之盟堅持與遼軍對峙，促成和談，樹立後來長期的議和體制。由於個性寧折不彎，不擅長官宦之術，受同儕排擠。晚年不遇，最後逝世於現在的海南省。諡忠愍。

范仲淹（九八九～一〇五二）

蘇州出身。父親早逝，母親再婚，由繼父養育成人。最初名為朱說，以朱說之名於一〇一五年考取進士。後改回范姓，對范氏家族的身分認同超乎常人，晚年於蘇州購入莊園，為范氏家族設置義庄（范氏義庄）。一〇四三年擔任參知政事（副宰相），提倡政治改革，其主張被稱為「慶曆新政」。雖受後世士大夫推崇，但改革失敗，晚年歷任地方官。知名的「先憂後樂」精神表現出宋朝士大夫的氣概。諡文正。

歐陽修（一〇〇七～七二）

江西出身。與范仲淹一樣早年喪父，由母親教養長大。一〇三〇年高中進士，如願走上仕途，參與慶曆新政，成為改革派少壯官僚領袖。同時也是知名學者與文學家，打破六朝以來的文風，提倡新的詩歌風格。支持英宗即位，從一〇六一到一〇六七年歷任仁宗與英宗兩朝參知政事，無奈受到濮議爭論影響，改革政治無法實現。神宗即位後立刻辭去朝廷官職，歷任地方大官。晚年反對自己的接班人王安石進行改革，成為反改革派。諡文忠。

司馬光（一〇一九～八六）

山西出身。一〇三八年考取進士。在同梯官僚中屬於保守派，濮議時與歐陽修對決，後來成為反對王安石變法的核心人物。綽號仿效《論語》中孔子弟子的名字稱為「司馬牛」，其氣質與個性和改革派秀才形成強烈對比。神宗駕崩後，於一〇八六年成為舊黨政權的宰相，但不久便病逝。身為知名學者，除了主要著作《資治通鑑》外，還有易學著作《潛虛》，與網羅家庭內部禮儀的總集《司馬氏書儀》等。諡文正。

王安石（一〇二一～八六）

本籍江西，實際上為江寧（今南京）出身。一〇四二年考上進士。一〇七〇到一〇七六年之間擔任神宗朝宰相，推動新法政策。不僅是一位政務繁忙的官僚，也是一位知名學者，寫了多本經典注疏，包括《周禮》在內。同時也是著名的詩人與書法家。晚年隱居並逝於江寧、諡號為「文」。死後曾被追封王爵，地位僅次於孔子。南宋時期降為公爵。

呂惠卿（一〇三二～一一一一）

福建泉州出身。一〇五七年考取進士。最初受歐陽修賞識，後與程顥、蘇轍等人大力推動新法政策，很快便嶄露頭角，成為王安石的左右手。一〇七四年起擔任一年多的參知政事。因聰明過人、點子豐富，樹敵不少。後來與王安石不和，遂辭朝廷官職，轉任地方官，在失意中過世。諡文敏。身為學者寫了許多注疏，目前僅存被其他著作引用的《莊子注》復原版。

程顥（一〇三二～八五）、程頤（一〇三三～一一〇七）

河南洛陽出身的兄弟檔。周敦頤曾在他們父親麾下工作一年，並擔任程氏兄弟的家庭老師。程顥是一〇五一年的進士，最初參與王安石變法，擔任相關官職，後因人際關係出現問題而辭官。另一方面，程頤沒有考上科舉。兩人回到洛陽，透過父親的關係與司馬光等舊黨派大老交好，受舊黨影響，開始反對王安石，建構出獨特的思想體系。哥哥死後，程頤在朝廷擔任學術顧問，負責教育幼帝，活躍一時。擁有許多門生，成為獨霸一方的勢力。後被新黨政權貼上「危險思想家」的標籤，死於洛陽。後來程顥追諡純、程頤追諡正。一般稱呼哥哥為明道、弟弟為伊川。《宋史》將兩人列入〈道學傳〉表揚。

蘇軾（一〇三六～一一〇一）、蘇轍（一〇三九～一一一二）

四川出身的兄弟檔。父親是受到歐陽修拔擢，編纂《太常因革禮》的蘇洵。兩人被父親帶到開封讀書，都在一〇五七年考取進士。成為歐陽修麾下年輕有為的新進官員，最初參與王安石變法，後來成為反對勢力。哲宗時期舊黨當政，與程頤不和，後因司馬光葬禮，雙方門人捲入黨爭。歷經哲宗親政後新黨掌權時期，徽宗即位後，將兩人召回宮中，蘇軾在返京途中病歿。蘇轍也被蔡京政權冷凍，在河南度過晚年。直到南宋才恢復名譽。蘇軾諡號為文忠、蘇轍為文定。蘇軾以號東坡聞名。

蔡京（一〇四七～一一二六）、蔡卞（一〇五八～一一一七）

福建出身的兄弟檔，皆為一〇七〇年的進士，屬於改革派官員，受到朝廷重用。王安石賞識蔡卞，將自己的女兒嫁給他。徽宗初期兩人皆為大臣，協助治理國政，但因雙方意見不合，弟弟蔡卞繼承王安石學說，著有文學作品，還是一位經學者。他在新黨政權時期逝世，諡文正。蔡京從一一〇二年擔任宰相到一一二五年，成為徽宗朝實際掌權者，主理國政。最後導致金軍入侵，究責獲罪，在發配邊疆的途中死去。由於被拔除高官地位，儘管生前有魯公稱號，死後未獲追諡。兩人皆被《宋史》列入〈奸臣傳〉。

楊時（一〇五三～一一三五）

福建出身，一〇七六年的進士。師承程顥、程頤兄弟，在新黨掌權下長年懷才不遇，將道學推廣至南方的浙江、福建等地。南宋時這些地方成為道學據點，全都歸功於他。金軍入侵時，奏請皇帝追究王安石的責任，剝奪其王爵名位。南宋初期，秦檜掌權前政局不甚安定，他在此時提倡主戰，發揮道學派顧問的作用。謚文靖。

大慧宗杲（一〇八九～一一六三）

安徽出身，自幼皈依佛門。一一三七年應高宗之詔，擔任杭州禪寺的住持，與張九成等人建立交情。身為主戰派受秦檜迫害，流放地方。後受皇帝恩赦，歷任杭州、明州的名剎住持。孝宗授予大慧稱號。對抗坐禪主義的默照禪，從看話禪的立場積極宣揚臨濟派，貢獻良多。謚普覺禪師。

秦檜（一〇九〇～一一五五）

江寧出身，一一一五年的進士。靖康之變時被金人帶走，後歸順南宋。很快便受到高宗信任，於一一三一年成為宰相。雖然隔年被罷黜，又於一一三八年復任宰相。主導與金朝的和議政策，持續擔任宰相到一一五五年為止。由於主戰派有許多道學家，為了在政治上分庭抗禮，推崇重視王安石學派的思想。死後追贈王爵，謚忠獻。但是一二〇六年宋對金宣戰後，被褫奪王爵，改謚「繆丑」。議和後又被恢復。後謚對於他的功過褒貶隨著政治情勢而變化。

岳飛（一一〇三～四一）

河南農民出身。靖康之變時回到故鄉擔任義勇軍，幾年後升任將軍，成為南宋軍隊的核心人物。主張堅守奮戰，收復華北領土，與秦檜的議和政策衝突，最終被捕處死。秦檜死後恢復名譽，謚武穆，贈王爵。後代子孫考取科舉，在南宋朝廷當官。辛亥革命後成為漢族的民族英雄，與關羽並列為武神，在政治上受到高度推崇。

朱熹（一一三〇～一二〇〇）

福建出身，父親為道學主戰派人士，從小便在這樣的環境與人脈中長大，一一四八年考取進士。雖仕途不順，但與呂祖謙、張栻等年齡相仿的名門相交而為人所知，著有許多書籍，成為道學派核心人物。加入趙汝愚陣營，擔任政治顧問，但很快便失勢。晚年道學被視為「偽學」，受到打壓嚴禁。恢復名譽後謚文。直到後來取代王安石的位置，成為繼承孔子、孟子衣缽的大學者，受到各界尊敬。

呂祖謙（一一三七～八一）

浙江出身。北宋宰相呂夷簡的第六代子孫。一一六三年考取進士。由於出身名門，年紀輕輕便成為學術界領袖。朱熹與陸九淵兄弟其實都是出入其沙龍的新人，推動朱陸會談（鵝湖之會），出版各種書籍。天賦文才，其作品受到科舉考生景仰，視為範本。死後被朱熹貶為「雜學」，《宋史》未將其列入〈道學傳〉，而是列入普通的〈儒林傳〉。諡成，後改諡忠亮。

陸九淵（一一三九～九二）

江西出身，一一七二年的進士，師事兄長陸九齡。一一七五年在呂祖謙推動下與朱熹會談，此後在道學派掀起一場圍繞著評價周敦頤與太極觀念的爭論。生前只當到中級官員，於地方逝世。後追諡文安。死後他的學派雖無多大影響力，但因是朱熹論敵，其學說得以流傳後世。對於十六世紀陽明學的成立有一定的貢獻。

史彌遠（一一六四～一二三三）

浙江明州（今寧波）出身，父親為宰相史浩，一一八七年的進士，一二〇八年發動宮廷政變，成為宰相。輔佐寧宗、理宗兩代皇帝長達二十五年，成為南北宋在位最久的宰相。諡號與趙普和秦檜相同，皆為忠獻。死後遭朱子學派評為獨裁者，但本身屬於道學派官僚體系，對於維持南宋中期的社會安定居功厥偉。

真德秀（一一七八～一二三五）

福建出身，一一九九年高中進士。參加科舉時正值慶元黨禁，於是作答時隱藏真實想法，順利考取。因批判史彌遠受到排擠，被派到地方任官。史彌遠死後成為端元更化的核心人物，擔任參知政事。不久生病辭官，繼而逝世。諡文忠。為知名的朱子學學者，親自向理宗講述帝王學主要著作《大學衍義》，這本書不僅在中國，也在朝鮮、日本廣為流傳。

賈似道（一二一三～七五）

浙江出身，受到父親庇蔭獲得官職，成為在官場平步青雲的外戚特例。一二六〇年擔任宰相，輔佐理宗、度宗兩代皇帝。推動積極的財政政策，努力重建國庫。也是一位知名收藏家，擅長收買人心，深受士大夫愛戴。後來抵擋不了蒙古軍侵宋，最後下台，被處以私刑格殺，因此死後無謚號。

文天祥（一二三六～八二）

江西出身，一二五五年的科舉狀元。一二七五年在情勢危急時，組織義勇軍保衛臨安，被任命為臨安知府。以宰相身分代表朝廷與蒙古（元）交涉投降事宜。因後不願投降，逃亡各地死命抵抗，最後終被俘虜。因拒絕事奉忽必烈而被處死。元朝編纂《宋史》時深感其守節之義，評為忠臣。謚忠烈。

歷史關鍵字解說

科舉

國家公務員（高級職等）任用考試。正確來說，應為「選舉」。起源於漢代為登錄人才而舉行的「鄉舉里選」，經過六朝時代的九品官人法，隋朝開始舉行書面考試。因有進士、明經等「科」，故俗稱科舉。唐朝後期進士科出身的官僚皆掌握政界大權，宋朝的朝廷核心幾乎全是進士，就連宰相之子也得考上進士才能升任宰相（呂夷簡、呂公著父子；史浩、史彌遠父子等）。科舉三年舉辦一次，合格者每期最多有五百人，全國同年男子中只有一百多名可高中進士。若依此簡單計算，相當於全國人口每一萬人才能考上一人，實際報考的考生中，合格率只有一千分之一左右。當時的政治社會秩序是由這個菁英集團為中心組成，科舉制度在社會上、文化上的意義十分重大。

佃戶

在屬於他人或登記在他人名下的農地耕作，賴以維生的農民，簡單說就是佃農。歷史學者對於佃戶與地主之間在身分上屬於隸屬關係，或根據契約屬於理性自由的關係有不同意見。若為前者，代表宋朝還是個封建的中世紀社會；若為後者，則宋朝是一個重視經濟關係的近世社會。不過，由於宋朝實際上具有這兩大因素，因此至今仍無定論。話說回來，我們現在看到的史料，幾乎全是官僚士大夫所寫。史料中與佃戶有關的內容，大多是強調他們的理想統治與現實之間的落差，因此即使是根據事實寫的，某種程度上皆存在著誇張的成分。所以即使看到「佃戶不懂規矩，胡作非為」或「佃戶生活貧困，嘗盡塗炭之苦」的說法，都不能囫圇吞棗，應客觀審視。

宋錢

宋朝鑄造的銅製錢幣。不僅是在宋朝國內從事買賣或與國外貿易時，用來結算的法定貨幣，甚至可說是當時的國際通用貨幣。面額原則上都是一文，但會因受損狀態等緣故影響銅錢價值，不一定與面額等值。而且國外還有偽造的宋錢流通，甚至還有在中國境外鑄造的宋錢。當時的人認為鑄造貨幣具有一種咒術的神祕力量，基於這個象徵意義，宋錢成為廣泛運用的貨幣。加上本書介紹的短陌慣例，若套用現代的經濟學理論，很難解釋這些現象。

鎮市

鎮與市有別於州、縣等政治城市，這兩者是因經濟因素，人民群聚而形成的城市。「鎮」最早帶有軍事據點的意義，宋代在規劃行政區域時，將鎮認定為縣底下的經濟城市。以年號取名的景德鎮就是最典型的例子。「市」在經學上本指位於城牆內的交易場所，但事實上指的是小規模城市，農村中生產與消費物資的集散場。除了「市」之外，也使用「場」這個字。一般常用「市場」一詞。日本京都語所說的「ICHIBA」當然也是由此而來。明治以後，日語的市場唸作「SHIJOU」，是經濟學的學術用語，表達非空間的意義。可說是經濟學概念用語的隔代遺傳現象。

五山

自古指的是包含東方泰山在內，位於東西南北中的五座名山（亦稱「五岳」）。到了南宋則特指五個具有代表性的禪寺，一說是仿效位於印度與釋迦牟尼有關的五個聖地（精舍）。這五座禪寺分別為杭州的徑山興聖萬壽禪寺、北山景德靈隱禪寺、南山淨慈報恩光孝禪寺，以及明州的太白山天童景德禪寺、阿育王山廣利禪寺。之所以集中在這兩個地區，一是因為此處自吳越國以來即為佛教盛行之地，二則是受到當時政治情勢的影響。說得明白一點，杭州是南宋的臨時首都，明州則是包括大權在握的史氏一族在內，有力政治家的故鄉。從日本來的留學僧大多在這些寺院學習，將臨濟宗、曹洞宗傳回祖國。日本的鎌倉五山、京都五山也是仿效這個制度。

小說

小說兩字的原意是「街頭巷尾的民間雜談」。漢代編纂圖書目錄時，根據諸子百家的主張將內容分成九個流派（儒家、道家、法家等），另外還設了「小說家」（俗稱九流十家）。由於這個說法，後世把匯集稀奇故事和人物趣談的書稱為小說。以現代分類來看，宋代「小說」大多屬於隨筆。宋代出現了在故事劇情加油添醋的短篇小說，與取材歷史並加入個人評論的長篇小說，稱為「評話」。這個體裁到了元代稱為「平話」，成為明清白話小說的源流之一。從小說的演變過程，可以看到宋代形成的體裁流傳後世的發展情形。

宗族

由父系血脈組成的親族團體。「宗」是由代表屋頂的「宀」加上代表祭壇的「示」所構成的會意字，象徵在建築物舉行祭祀儀式之意；「族」則是「旗」加「矢」的會意字，代表眾人聚集在軍旗下的意思。姑且不論這些解釋是否正確，「宗族」既是祭祀組織，也是軍事部隊。但是古代的親族團體早已解體，流於空洞。宋朝士大夫為了恢復經書理念裡的親族結合，提倡宗族復活論並親自實踐。雖然宗族在南宋的普及率不高，但其規範對後世產生影響，成為清代建構禮教社會的基礎。

宋學

如果僅看字面意義，宋學指的是「宋代的學術」；若看成思想史用語，則代表具有某種內容特性的學術流派。根據現代日語辭典的解釋，宋學可說是朱子學的同義詞。不過，本書特地將兩者區分開來。將宋學視為北宋中期蓬勃發展的儒教新興流派的統稱，包含各種流派，由朱熹創始的朱子學，屬於其中之一的道學。若以集合符號表示，應該是宋學$\supset$道學$\supset$朱子學的關係。到了清代，那些自稱「漢學」家的文人們，開始批評以朱子學、陽明學為中心的「宋學」家。所以直到今日，中國學術界還有人以「宋學」來代表自己的學風。

參考文獻

以下所列相當於英文概論書常見的Further Reading（進階參閱），並非我撰寫本書時所有的參考文獻。首先，我要先向同業、同行說明這一點，在此優先介紹以日文撰寫且容易在圖書館借到的書籍。從這些文獻引用和提及的國內外論文，讀者諸君可以順著脈絡，看出宋代史的全貌。

此外，一九八二年後，以日文寫成的研究文獻（包括著書、論文），可在日本廣島大學岡元司先生管理的宋代史研究會網站上，找到依年代、領域分類的目錄（編註：岡元司先生已於二〇〇九年過世，網站連結已失效）。另，若想了解一九四九到一九八五年的研究情形，敬請參閱史學會編《日本歷史學界的回顧與展望》第十四卷〈五代～清〉（山川出版社，一九八七年）。

概論書籍

（1）周藤吉之、中嶋敏《五代・宋》〈中国の歴史〉五，講談社，一九七四年。後改名《五代と宋の興亡》，講談社學術文庫，二〇〇四年。

◆（1）為本叢書舊版，筆者撰寫本書時非常重視此書。此書反映三十年前的研究狀況，站在「宋代為中世」的觀點，花了許多篇幅介紹土地制度與王安石新法（主要與經濟議題相關）。

（2）宮崎市定責編《宋與元》〈世界の歴史〉六，中央公論社，一九六一年。後由中公文庫復刊。

（3）佐伯富編《宋の新文化》〈東洋の歴史〉六，人物往來社，一九六七年。後由中公文庫復刊。

（4）竺沙雅章《征服王朝の時代　宋・元》，講談社現代新書，一九七七年。

（5）梅原郁《宋王朝と新文化》〈図説中国の歴史〉五，講談社，一九七七年。

◆（2）到（5）皆為京都大學教授以「宋代為

近世」的立場撰寫。

（6）斯波義信、溝口雄三、梅原郁、愛宕元、森田憲司、杉山正明《五代～元》〈世紀歷史大系　中国史〉三，山川出版社，一九九七年。

◆（6）由於為六人共著，頁數比前面五本都多，對於時代的描述相對精細。附錄的文獻資料也很豐富。

（7）伊原弘、梅村坦《宋と中央ユーラシア》〈世界の歴史〉七，中央公論社，一九九七年。

◆（7）是（2）叢書的修訂版。原本(1)與(2)有互補關係，撰寫本書時也特別著重(7)，建議各位一定要參閱。從後述的《社會史・經濟史關係》中所舉書名來看，伊原先生認為「宋代為中世」。誠如本書內文所述，個人也將宋代視為中世。此外，(8)是伊原先生與我共同編輯的論文集。

（8）伊原弘、小島毅編《知識人の諸相 中国宋代を基点として》，勉誠出版，二〇〇一年。

研究史回顧

（9）內藤虎次郎《內藤湖南全集》共十四卷，筑摩書房，一九六九～七六年。

◆內藤湖南是提出「唐宋變革論」、主張「宋代為近世」的學說，開創日本宋代史研究先河之人。（9）能看出其理論全貌。

（10）《森克己著作選集》（共六卷），國書刊行會，一九七五～七六年。

◆（10）為宋日關係史研究的經典。別家出版社計畫重新出版此書中的部分內容。

（11）周藤吉之《宋代官僚制と大土地所有》〈社会構成史体 三卷第二部　東洋社会構成の発展〉，日本評論社，一九五〇年。

◆（11）主張「宋代為中世」，為第二次世界大戰後的研究建立了一定的方向。除了這本之外，周藤先生還有(12)到(16)的論文集（目前還沒有正式著作）。

（12）周藤吉之《中国土地制度史研究》，東京大學出版會，一九五四年。東京大學出版會，一九八〇年復刊。

（13）周藤吉之《宋代経済史研究》，東京大學出版會，一九六二年。

（14）周藤吉之《唐宋社会経済史研究》，東京大學出版會，一九六五年。

（15）周藤吉之《宋代史研究》，東洋文庫論叢五十，一九六九年。

（16）周藤吉之《宋・高麗制度史研究》，汲古書院，一九九二年。

（17）仁井田陞《唐宋法律文書の研究》，東方文化學院東京研究所，一九三七年。東京大學出版會，一九八三年復刊。

◆（17）的作者是周藤先生的同事，也是一名法制史家。兩人一起合作研究，本書與周藤先生的著作同為「宋代為中世」的實證研究。

（18）青山定雄《唐宋時代の交通と地誌地図の研究》，吉川弘文館，一九六三年。

（19）曾我部靜雄《宋代財政史》，生活社，一九四一年。

（20）宮崎市定著／佐伯富等編纂委員《宮崎市定全集》，岩波書店，一九九一～九四年。

◆（20）包括前言概論與後記的科舉研究在內，第一卷〈中國史〉、第二卷〈東洋史〉、第九卷〈五代宋初〉、第十卷〈宋〉、第十一卷〈宋元〉、第十二卷〈水滸傳〉各卷，皆收錄宋代相關研究內容，繼承並發展了內藤湖南的「宋代為中世」論述。

（21）竺沙雅章《中国仏教社会史研究中國佛教社會史究》東洋史研究叢刊三十四，同朋舍出版，一九八二年。

（22）竺沙雅章《宋元仏教文化史研究》，汲古叢書二十五，汲古書院，二〇〇〇年。

◆（21）與（22）書名雖冠上「佛教」二字，但宮崎門下的作者視野寬廣，讀者可從這兩本論文集中窺見宋代整體樣貌。

（23）柳田節子《宋元鄉村制の研究》，創文社，一九八六年。

（24）柳田節子《宋元社会経済史研究》，創文社，一九九五年。

◆（23）與（24）都是以「宋代為中世」為基本論述，結合獨特觀點與分析提出獨步當年的嶄新理論。

（25）斯波義信《宋代商業史研究》，風間書房，一九六八年。

（26）斯波義信《宋代江南経済史の研究》〈東洋文化研究所紀要〉別冊，東京大學東洋文化研究所，一九八八年。

◆（25）與（26）在繼承⒅研究手法的基礎上，結合過去日本研究中前所未見的嶄新方式，描繪宋代的經濟社會。

此外，由（當時）年輕研究家組成的宋代研究會，發表了以下七本論文集，第八集於二〇〇五年出刊。

（27）宋代史研究會編《宋代の社会と文化》〈宋代史研究会研究報告〉一，汲古書院，一九八三年。

（28）宋代史研究會編《宋代の社会と宗教》〈宋代史研究会研究報告〉二，汲古書院，一九八五年。

（29）宋代史研究會編《宋代政治と社会》〈宋代史研究会研究報告〉三，汲古書院，一九八八年。

（30）宋代史研究會編《宋代の知識人　思想、制度、地域社会》〈宋代史研究会研究報告〉四，汲古書院，一九九三年。

（31）宋代史研究會編《宋代の規範と習俗》〈宋代史研究会研究報告〉五，汲古書院，一九九五年。

（32）宋代史研究會編《宋代社会とネットワーク》〈宋代史研究会研究報告〉六，汲古書院，一九九八年。

（33）宋代史研究會編《宋代人の認識　相互性と日常空間》〈宋代史研究会研究報告〉七，汲古書院，二〇〇一年。

◆另，宋代史研究會也編纂了以下論文集，內容不限於宋代。

（34）宋代史研究會編《中国史像の再構成　国家と農民》，文理閣，一九八三年。

（35）宋代史研究會編《中国専制国家と社会統合　中国史像の再構成　2》文理閣，一九九〇年。

（36）宋元時代基本問題編輯委員會編《宋元時代史の基本問題》〈中国史学の基本問題〉三，汲古書院，一九九六年。

◆（36）依研究領域整合近年來的研究動向。

◆介紹傳遞宋代文化與社會樣貌的翻譯史料，如下所示，梅原郁先生貢獻良多。

（37）朱熹編纂／梅原郁編譯《宋名臣言行錄》〈中國古典〉，講談社，一九八六年。

（38）沈括著／梅原郁譯注《夢溪筆談》（共三卷），東洋文庫，平凡社，一九七八～八一年。

（39）孟元老著／入矢義高・梅原郁譯注《東京夢華錄 宋代都市與生活》，岩波書店，一九八三年。東洋文庫，平凡社，一九九六年。

（40）吳自牧著／梅原郁譯注《夢粱錄 南宋臨安繁昌記》，東洋文庫，平凡社，二〇〇〇年。

（41）梅原郁譯注《名公書判清明集》〈京都大學人文科學研究所研究報告〉，同朋舍出版，一九八六年。

◆（41）是宋版《名公書判清明集》殘留文本的全譯集。後來日本各地皆有明版翻譯，部分內容也已出刊。後方介紹的高橋芳郎與大澤正昭的作品，就是這些活動的成果。

◆（42）梅原郁編《譯注中國近世刑法志》上・下，創文社，二〇〇二～〇三年。

◆（42）含《宋史》〈刑法志〉。此外，雖不是翻譯成現代日語，但財團法人東洋文庫將《宋史》〈選舉志〉與〈食貨志〉加上漢文訓讀體和說明文，以「譯注」之名出版。

（43）湯淺幸孫《近思錄》〈中國文明選〉四－五，朝日新聞社，一九七二－七四年。

（44）市川安司《近思錄（宋・朱熹、呂祖謙原編）》〈新釋漢文大系〉三十七，明治書院，一九七五年。

◆《近思錄》是江戶時代以來，閱讀率最高的朱子學入門書，翻譯版本也最多。在此只介紹(43)與(44)，各位不妨參閱對照，即可看出不同譯者的不同解釋，十分有意思。

（45）宇野精一《小學》〈新釋漢文大系〉三，明治書院，一九六五年。

◆《小學》是與《近思錄》齊名的朱子學入門書，也是倫理道德教科書。（45）為《小學》的全譯本。

（46）島田虔次《大學・中庸》〈新訂中國古典選〉

四，朝日新聞社，一九六七年。後收錄於朝日文庫。

◆無論《大學》或《中庸》都有許多翻譯版，（46）的特色是翻譯時貼近朱熹的解釋，可看出宋代人的解讀脈絡。現階段尚未發行朱熹《四書集注》全文現代日語翻譯本，(47)勉強算是最接近的一本。日本大正時代的學子應該可藉由這本書充分了解內容。(49)到(50)收錄部分朱熹文集和語錄。此外，近年許多地方都組成了宋代思想文獻翻譯研究會，期待這些研究會早日出版研究成果。

（47）簡野道明補注《論語集注　補注》，明治書院，一九二一年。

（48）荒木見悟責編《朱子・王陽明》〈世界名著〉續四，中央公論社，一九七四年。

（49）吉川幸次郎・三浦國雄《朱子集》〈中國文明選〉三，朝日新聞社，一九七六年。

（50）三浦國雄《朱子》〈人類智慧遺產〉十九，講談社，一九七九年。

（51）陳淳著／佐藤仁譯・解題《朱子學基本用語　北溪字義譯解》研文選書六十四，研文出版，一九九六年。

◆（51）是由朱熹門下的陳淳統合整理，其死後才出版的朱子學術語集全譯本。內容說明「性」與「誠」等字的意義。

（52）圜悟克勤著／末木文美士編／《碧巖錄》研究會譯《現代語譯碧巖錄》（共三卷），岩波書店，二〇〇一－〇三年。

◆禪書的翻譯數量頗多，但看得懂的不多。本書特色就是淺顯易懂，文字平易近人。

（53）星川清孝等《唐宋八大家文讀本（沈德潛評）》〈新釋漢文大系〉七十～七十四，一百十四，明治書院，一九七六～二〇〇四年。

（54）星川清孝《古文真寶》〈新釋漢文大系〉九～十，十六，明治書院，一九三六～六七年。

（55）前野直彬《文章軌範（謝枋得編）》〈新釋漢文大系〉十七～十八，明治書院，一九六一～六二年。

◆（52）到（54）是「古文」代表作品的選集翻譯，除此之外還有許多摘譯本。

（56）陸游著／岩城秀夫譯《入蜀記》東洋文庫，平凡社，一九八六年。

（57）范成大著／小川環樹譯／山本和義・西岡淳解說《吳船錄・攬轡錄・驂鸞錄》東洋文庫，平凡社，二〇〇一年。

◆想了解南宋士大夫「解讀事物的眼光」，以上兩本是最好的參考作品。另外還翻譯許多韻文（詩・詞）、小說等作品，在此僅介紹收錄在同一系列的（58）到（61）。

（58）前野直彬編譯《宋・元・明・清詩集》〈中國古典文學大系〉十九，平凡社，一九七三年。

（59）倉石武四郎編／倉石武四郎・須田禎一・田中謙二譯《宋代詞集》〈中國古典文學大系〉二十，平凡社，一九七〇年。

（60）前野直彬編譯《六朝・唐・宋小說選》〈中國古典文學大系〉二十四，平凡社，一九六八年。

（61）松枝茂夫等譯《宋・元・明通俗小說選》〈中國古典文學大系〉二十五，平凡社，一九七〇年。

（62）小川環樹・山本和義《蘇東坡集》〈中國文明選〉二，朝日新聞社，一九七二年。

◆蘇軾作品的譯本很多，僅介紹（62）。

（63）司馬光著／賴惟勤・石川忠久編／新田大作等譯《資治通鑑選》〈中國古典文學大系〉十四，平凡社，一九七〇年。

◆《資治通鑑》還有其他摘譯本，（63）是我國中時從圖書館借出，每天讀得津津有味的書籍，對我意義深遠。當時在櫃檯管理借書事宜的體育老師（我到現在還不明白為什麼是體育老師負責此事）還驚訝地問我：「同學，你看得懂這本書嗎？」現在想想，這是我選擇研究中國史的初心。

【編註】作者在以上舉出的翻譯書籍，臺灣商務印書館的「古籍今註今譯」系列皆有出版收錄，同時「二十四史」系列中也包含《宋史》。

傳記

（64）礪波護《馮道》〈中國人物叢書〉六，人物往來社，一九六六年。後由中公文庫發行。

（65）竺沙雅章《宋の太祖と太宗》清水書院，一九七五年。

（66）竺沙雅章《范仲淹》〈中国歴史人物選〉五，白帝社，一九九五年。

◆近年出版了從東洋史學立場（政治史與宗族研究），和中國文學立場（古文研究），介紹歐陽修的兩本專書。

（67）小林義廣《欧陽脩　その生涯と宗族》，創文社，二〇〇〇年。

（68）東英壽《欧陽脩古文研究》，汲古書院，二〇〇三年。

（69）木田知生《司馬光とその時代》〈中国歴史人物選〉六，白帝社，一九九四年。

（70）小野寺郁夫《王安石》〈第二期中国人物叢書〉五，人物往來社，一九六七年。

（71）三浦國雄《王安石　濁流に立つ》〈中国の人と思想〉七，集英社，一九八五年。

（72）竺沙雅章《蘇東坡》〈第二期中国人物叢書〉六，人物往來社，一九六七年。

◆除了（72）之外，還有許多文學研究者留下有關蘇軾的傳記研究。在此介紹舉世聞名的林語堂翻譯作品（73）。

（73）林語堂著／合山究譯《蘇東坡》，明德出版社，一九七八年。

（74）衣川強《朱熹》〈中国歴史人物選〉七，白帝社，一九九四年。

（75）佐藤仁《朱子　老い易く学成り難し》〈中国の人と思想〉八，集英社，一九八五年。

（76）佐藤仁《朱子行狀》〈中国古典新書〉，明德出版社，一九六九年。

◆除上述以外，還有不少朱熹傳記。⑺的特色是將記述焦點放在官僚士大夫的生涯。⑺是朱熹門下黃榦所著的傳記翻譯。

（77）梅原郁《文天祥》〈中国人物叢書〉七，人物往來社，一九六六年。

（78）桑原隲藏著／宮崎市定解說《蒲壽庚事蹟》東洋文庫，平凡社，一九八九年。

◆桑原隲藏是與內藤湖南一起建構京都大學中國史學基礎的人物。（78）不只是單純的傳記，也是描寫南宋末期泉州海外交易實況的名著。

（79）陳舜臣責編《中國的文藝復興》〈人物中国の歴史〉七，集英社，一九八一年。

◆（79）藉由記述朱全忠到成吉思汗等十二名人物傳記，描寫當時的時代樣貌。

政治史、制度史、外交史相關（本書第一章、第二章、第三章、第四章與第十章）

（80）栗原益男編《五代・宋初藩鎮年表》，東京堂出版，一九八八年。

（81）梅原郁《宋代官僚制度研究》東洋史研究叢刊三十七，同朋舍出版，一九八五年。

（82）王瑞來《宋代の皇帝權力と士大夫政治》汲古叢書二十八，汲古書院，二〇〇一年。

（83）荒木敏一《宋代科挙制度研究》東洋史研究叢刊二十二，東洋史研究會，一九六九年。

（84）村上哲見《科挙の話　試験制度と文人官僚》，講談社學術文庫，二〇〇〇年。

（85）平田茂樹《科挙與官僚制》世界史選集九，山川出版社，一九九七年。

（86）皮耶・布迪厄、尚-克勞德・帕塞隆（Jean-Claude Passeron）著／宮島喬譯《再生產　教育、社會、文化》（*Bourdieu library*），藤原書店，一九九一年。

◆（86）是論及科舉制度「再生產」作用的知名研究。

（87）寺田剛《宋代教育史概說》，博文社，一九六五年。

（88）小岩井弘光《宋代兵制史の研究》汲古叢書，汲古書院，一九九八年。

（89）寺地遵《南宋初期政治史研究》，溪水社，一九八八年。

（90）島田正郎《契丹国　游牧の民キタイの王朝》東方選書，東方書店，一九九三年。

（91）金成奎《宋代の西北問題と異民族政策》，汲古書院，二〇〇〇年。

（92）王麗萍《宋代の中日交流史研究》，勉誠出版，二〇〇二年。

◆除了上述與宋代有關的研究書籍外，還有下列兩本與王權論有關的作品。

（93）渡邊浩《東アジア王權と思想》，東京大學出版會，一九九七年。

（94）棚橋光男《後白河法皇》，講談社選書專題，一九九五年。

思想史、宗教史相關（本書第五章、第六章）

（95）諸橋轍次《儒學の目的と宋儒の活動　自慶曆至慶元百六十年間》，大修館書店，一九二九年。鎌田正、米山寅太郎編輯《諸橋轍次著作集》一，大修館書店，一九七五—七七年。
（96）岡田武彥《宋明哲学の本質》，木耳社，一九八四年。
（97）荒木見悟《仏教と儒教　中国思想を形成するもの》，平樂寺書店，一九六三年。
（98）島田虔次《朱子学と陽明学》，岩波新書，一九六七年。
（99）島田虔次《中国思想史の研究》東洋史研究叢刊五十九，京都大學學術出版會，二〇〇二年。
（100）今井宇三郎《宋代易学の研究》，明治圖書出版，一九五八年。
（101）三浦國雄《朱子と気と身体》，平凡社，一九九七年。
（102）土田健次郎《道学の形成》東洋學叢書，創文社，二〇〇二年。
（103）市來津由彥《朱熹門人集団形成の研究》東洋學叢書，創文社，二〇〇二年。
（104）吾妻重二《朱子学の新研究　近世士大夫の思想史の地平》東洋學叢書，創文社，二〇〇四年。
（105）木下鐵矢《朱熹再読　朱子学理解への一序說》，研文出版，一九九九年。
（106）木下鐵矢《朱子学の位置（一）、（二）——闘う民政官たち——》〈東洋古典学研究〉六～七，一九九八～九九年。
◆本書使用的「奮鬥的民政官們」一詞即出自這篇論文。
（107）上山春平《仏教と儒教》〈上山春平著作集〉七，法藏館，一九九五年。
◆本卷收錄本人寫的〈朱子の《家礼》と《礼儀経伝通解》〉論文。我雖然不是狹義的中國學者，但這篇論文是將朱熹這兩本著作闡述得最出色的概要介紹。
（108）石井修道《宋代禅宗史研究　中国曹洞宗と道元禅》學術叢書、禪佛教，大東出版社，一九八七年。

（109）鈴木哲雄編《宋代禅宗の社會的影響》，山喜房佛書林，二〇〇二年。

（110）林鳴宇《宋代天台教学の研究　〈金光明経〉の研究史を中心として》，三喜房佛書林，二〇〇三年。

◆關於三教名稱與「教」的意義，請見下列（111）論文。

（111）小林正美《六朝道教史研究》東洋學叢書，創文社，一九九〇年。

◆「名公」們如何面對「愚民」？請看：

（112）大澤正昭《主張する〈愚民〉たち 伝統中国の紛争と解決法》，角川書店，一九九六年。

◆本書引用的《文明的進程》源自於：

（113）諾博特・伊里亞思著／波田節夫等譯《文明的進程》上・下、大學叢書七十五—七十六，法政大學出版局，一九七七~七八年。

◆以下是我個人的著作。

（114）小島毅《中国近世における礼の言説》，東京大學出版會，一九九六年。

（115）小島毅《宋学形成と展開》中國學藝叢書八，創文社，一九九九年。

（116）小島毅《朱子学と陽明学》，放送大學教育振興會，二〇〇四年。

（117）小島毅《東アジア儒教と礼》，世界史選集六十八，山川出版社，二〇〇四年。

科學技術史相關（本書第七章）

（118）李約瑟著／礪波護等譯《中国の科学と文明》（共十一卷），思索社，一九七四~八一年。

（119）杜石然等編著／川原秀城等譯《中国科学技術史》上・下，東京大學出版社，一九九七年。

（120）藪內清編《宋元時代の科学技術史》〈京都大學人文科學研究所研究報告〉，京都大學人文科學研究所，一九六七年。

（121）長澤規矩也著／長澤規矩也大師喜壽紀念會編輯《宋元版の研究》〈長澤規矩也著作集〉三，汲古書院，一九八三年。

（122）井上進《中国出版文化史　書物世界と知の風景》，名古屋大學出版會，二〇〇二年。

（123）山田慶兒《氣の自然相》，岩波書店，二〇〇二年。
（124）石田秀實《中国医学思想史　もう一つの医学》東洋叢書七，東京大學出版會，一九九二年。
（125）宋慈著／德田隆譯《中国人の死体観察学　「洗冤集錄」の世界》，雄山閣出版，一九九九年。
（126）中村喬《宋代の料理と食品》，中國藝文研究會，朋友書店（發售），二〇〇〇年。
（127）吉岡義信《宋代黃河史研究》，御茶水書房，一九七八年。
（128）長瀬守《宋元水利史研究》，國書刊行會，一九八三年。
（129）山田慶兒《朱子の自然学》，岩波書店，一九七八年。
（130）田中淡《中國建築史研究》，弘文堂，一九八九年。
（131）竹島卓一《営造法式の研究》（共）三巻，中央公論美術出版，一九七〇～七二年。

文化史、文學史相關（本書第八章）

（132）高橋忠彥編《東洋の茶》〈茶道学大系〉七，淡交社，二〇〇〇年。
（133）弓場紀知責編／出川哲朗文物解說／長谷部樂爾監修《宋・元の陶瓷》〈故宮博物院〉六，日本放送出版協會，一九九七年。
（134）石田肇《五代・宋・金》〈ヴィッジュアル書芸術全集〉七，雄山閣出版，一九九二年。
（135）角井博監修《宋・元の書》〈故宮博物院〉十，日本放送出版協會，一九九八年。
（136）小川裕充監修《南北朝～北宋の絵画》〈故宮博物院〉一，日本放送出版協會，一九九七年。
（137）小川裕充監修《南宋の絵画》〈故宮博物院〉二，日本放送出版協會，一九九八年。
（138）戸田禎佑・小川裕充監修《中国の花鳥画と日本》〈花鳥画の世界〉十，学習研究社，一九八三年。
（139）杉村勇造《中国の庭　造園と建築伝統》，求龍堂，一九六六年。
（140）吉川幸次郎《吉川幸次郎全集　第一三巻　宋

篇》，筑摩書房，一九六九年。

（141）村上哲見《宋詞の世界 中国近世の抒情歌曲》，大修館書店，二〇〇二年。

（142）船津富彥《唐宋文学論》，汲古書院，一九八六年。

（143）松本肇《唐宋の文学》中國學藝叢書十，創文社，二〇〇〇年。

（144）王國維著／井波陵一譯注《宋元戲曲考》東洋文庫，平凡社，一九七七年。

（145）岡本不二明《唐宋の小説と社会》，汲古書院，二〇〇三年。

社會史、經濟史相關（主要為本書第九章）

◆在「研究史回顧」中介紹過的許多研究都屬於這個領域，此外還有以下研究。

（146）日野開三郎《宋代の貨幣と金融》〈日野三郎東洋史学論集〉六—七，三一書房，一九八三年。

（147）河上光一《宋代の経済生活》歐亞大陸文化史選書七，吉川弘文館，一九六六年。

（148）河原由郎《宋代社会経済史研究》，勁草書房，一九八〇年。

（149）草野靖《中国の地主経済 分種制》，汲古書院，一九八五年。

（150）佐竹靖彥《唐宋変革の地域的研究》東洋史研究叢刊四十四，同朋舍，一九九〇年。

（151）大澤正昭《唐宋変革期農業社会史研究》汲古叢書九，汲古書院，一九九六年。

（152）高橋芳郎《宋代中国の法制と社會》汲古叢書四十二，汲古書院，二〇〇二年。

（153）島居一康《宋代税史研究》汲古叢書二，汲古書院，一九九三年。

（154）宮澤知之《宋代中国の国家と経済 財政、市場、貨幣》，創文社，一九九八年。

（155）古林森廣《中国宋代の社会と経済》，國書刊行會，一九九五年。

（156）柳田節子《宋代庶民の女たち》汲古選書三十六，汲古書院，二〇〇三年。

◆以下為都市史研究。

（157）梅原郁編《中国近世の都市と文化》，京都大學人文科學研究所，一九八四年。

（158）謝和耐（Jacques Gernet）著／栗本一男譯《中国近世の百万都市モンゴル襲　前夜の杭州》，平凡社，一九九〇年。
（159）伊原弘《中国中世都市紀行　宋代の都市と都市生活》，中公新書，一九八八年。
（160）伊原弘《中国開封の生活と歳時　描かれた宋代の都市生活》，山川出版社，一九九一年。
（161）伊原弘《中国人の都市と空間》，原書房，一九九三年。
（162）伊原弘編《「清明上河図」をよむ》，勉誠出版，二〇〇三年。
◆（162）原為《アジア遊学》（勉誠出版）的特集（第十一期、一九九九年）與先前介紹的(8)《知識人の諸相》一樣（第七期、一九九九年）。以下再介紹幾本該特集中與本書內容有關的書籍。
（163）第十八期〈宋銭の世界　東アジアの国際通貨〉，二〇〇〇年。
（164）第六十四期〈徽宗とその時代〉，二〇〇四年。
（165）第七十期〈波騒ぐ東アジア〉，二〇〇四年。

年表

西元	宋代年號	宋代大事	國外大事
八七五		黃巢之亂（至八八四）	
八九四			日本菅原道真提案廢止遣唐使。
九〇七		朱全忠即位為皇，國號為後梁（唐梁禪讓）。	契丹建國。
九一八			王建即位（高麗建國）。
九二三		晉王李存勗成為後唐皇帝，同年後梁滅亡。	
九三二		洛陽展開經書印刷事業（九五三年在開封完成）	
九三六		石敬塘在契丹支持下建立後晉。後唐滅亡。	
九四六		契丹軍進攻開封，帶走後晉出帝為人質。	
九四七		劉知遠登基，定國號為漢，是為後漢。	
九五一		郭威即位（漢周禪讓）。	
九六〇	建隆元	趙匡胤即位（周宋禪讓）。	
九六二			奧托一世稱帝，史稱奧托大帝（神聖羅馬帝國成立）。

九七一	開寶四	四川開始發行大藏經（九八三年完成）。南漢滅亡，於廣州設市舶司。	
九七三	開寶六	科舉增加殿試。	
九七九	太平興國四	北漢滅亡（終於完成統一）。	
九八二	太平興國七	西夏李繼捧歸順宋代，但李繼遷反對並自行登基。	
九八四	雍熙元	日本僧侶奝然入宋，拿到剛完成的大藏經。	
九九七	至道三	全國分十五路，依職務統轄所屬的州。	
一〇〇四	景德元	締結澶淵之盟，促成與遼國的議和（嚴格來說是西元一〇〇五年）。	
一〇〇八	大中祥符元	天書降臨。真宗行幸泰山封禪，回程在曲阜祭祀孔子。	
一〇一六			日本藤原道長攝政。
一〇四三	慶曆三	范仲淹就任參知政事。	
一〇五四			基督教東西教會分裂。
一〇六五	治平二	引發濮議爭論。	
一〇六九	熙寧二	王安石擔任參知政事，展開新法改革。	
一〇七三	熙寧六	成尋奉神宗之命在開封祈雨。	
一〇七五	熙寧八	頒布《三經新義》。	

一〇七六	熙寧九	張載門人呂氏兄弟在陝西實施鄉約。	
一〇八五	元豐八	神宗駕崩，舊黨奪權（元祐更化）。	
一〇八六			日本白河天皇讓位，院政開始。
一〇八七	元佑二	在泉州設市舶司。	
一〇九三	元佑八	哲宗親政，新黨復權。	
一〇九六			第一次十字軍東征。
一一〇二	崇寧元	分別在杭州與明州設市舶司。 刻元祐黨籍碑，打壓舊黨派。	
一一一五			金建國。
一一二五	宣和七	金軍入侵，徽宗引咎退位。	遼國滅亡。
一一二七	建炎七	金國帶走徽宗與欽宗父子，擁立張邦昌為皇帝。 高宗即位，張邦昌歸順。	
一一二九	建炎三	杭州行在所改稱臨安府。	
一一三〇			金國立劉予為齊國皇帝。
一一四一	紹興十一	宋金議和成立。	
一一五六			日本發生保元之亂，藤原賴長戰死。
一一六一	紹興三十一	金軍入侵，在采石磯落敗。	
一一六八	乾道四	榮西第一次入宋（第二次為一一八七年）。	

一一七五	淳熙二	呂祖謙、朱熹共著《近思錄》。	
一一八五			壇之浦大戰，平家滅亡。
一一九二			日本後白河法皇駕崩，源賴朝成為征夷大將軍。
一一九六	慶元二	打壓朱子學（慶元黨禁）。	
一二〇六			鐵木真當上蒙古皇帝，是為成吉思汗。
一二二三	嘉定十六	日本道元隨師父明全入宋	
一二三三	紹定六	史彌遠逝世，政權交替（端平更化）。	
一二三四	端平元	宋蒙聯軍在蔡州滅金。	
一二四一	淳祐元	王安石被逐出孔廟，由周敦頤、朱熹等五人取代。	
一二六〇			忽必烈即位。
一二六三	景定四	賈似道實施公田法。	
一二六八	咸淳四	襄陽保衛戰開始（至一二七三）。	
一二七一			忽必烈改國號為「大元」。
一二七四			文永之役（日本第一次蒙古來襲）。

一二七六	德祐二	臨安失守。皇帝遞交降書，南宋滅亡。	
一二七九		抵抗到最後一刻的宋朝流亡政府在厓山滅亡。	
一二八一			弘安之役（第二次蒙古來襲）。
一二八二		文天祥被處死。	

ISBN 978-957-05-3107-7

中國・歷史的長河

07

中國思想與宗教的奔流

宋朝

初版一刷—2017 年 11 月
初版四刷—2022 年 9 月
定價—新台幣 480 元

作者 小島毅
譯者 游韻馨
發行人 王春申
總編輯 張曉蕊
責任編輯 賴秉薇、王育涵
封面設計 吳郁婷
內頁編排 菩薩蠻
地圖繪製 吳郁嫻
出版發行 臺灣商務印書館股份有限公司
地址 23141 新北市新店區民權路 108-3 號 5 樓
電話 (02) 8667-3712
傳真 (02) 8667-3709
讀者服務專線 0800056196
郵撥 0000165-1
郵件信箱 ecptw@cptw.com.tw
網路書店網址 www.cptw.com.tw
臉書 facebook.com.tw/ecptw
局版北市業字第 993 號

中國思想與宗教的奔流：宋／小島毅著；游韻馨譯.-- 初版一新北市：臺灣商務，2017.11
面；14.8x21 公分
ISBN 978-957-05-3107-7（平裝）

1. 宋史 2. 思想史

625.1 106017193